高职高专经济管理基础课系列教材

人力资源开发与管理
(微课版)

吴婷琳　李　远　主　编
王　朋　余海燕　刘静意　副主编
曹　娇　朱　营

清华大学出版社
北京

内 容 简 介

本书以工作过程为导向，以工作任务为载体，以职业活动能力培养为目标，对人力资源开发与管理的知识体系和技能体系进行了重构和梳理。内容由9个项目构成，包括人力资源管理认知、设计组织结构、工作分析与设计、人员招聘、员工培训、绩效管理、薪酬福利、员工关系管理及人力资源规划。每个项目围绕着知识目标、能力目标、核心概念、项目框架图及任务展开论述，使在校学历教育和继续教育的学习者通过学习"任务介绍"等模块即可掌握相关的知识和技能。

本书的读者对象为人力资源及管理专业的在校大学生，该专业接受继续教育的学生，以及对人力资源管理和管理学等相关学科及实践内容感兴趣的学习者。

本书封面贴有清华大学出版社防伪标签，无标签者不得销售。
版权所有，侵权必究。举报：010-62782989，beiqinquan@tup.tsinghua.edu.cn。

图书在版编目(CIP)数据

人力资源开发与管理：微课版/吴婷琳，李远主编. —北京：清华大学出版社，2022.7
高职高专经济管理基础课系列教材
ISBN 978-7-302-60055-8

Ⅰ.①人… Ⅱ.①吴… ②李… Ⅲ.①人力资源开发—高等职业教育—教材 ②人力资源管理—高等职业教育—教材 Ⅳ.①F241

中国版本图书馆CIP数据核字(2022)第022852号

责任编辑：章忆文　桑任松
装帧设计：刘孝琼
责任校对：李玉茹
责任印制：丛怀宇

出版发行：清华大学出版社
　　　　　网　　址：http://www.tup.com.cn，http://www.wqbook.com
　　　　　地　　址：北京清华大学学研大厦A座　　邮　　编：100084
　　　　　社 总 机：010-83470000　　邮　　购：010-62786544
　　　　　投稿与读者服务：010-62776969，c-service@tup.tsinghua.edu.cn
　　　　　质量反馈：010-62772015，zhiliang@tup.tsinghua.edu.cn
　　　　　课件下载：http://www.tup.com.cn，010-62791865
印 装 者：三河市东方印刷有限公司
经　　销：全国新华书店
开　　本：185mm×260mm　　印　　张：18.75　　字　　数：453千字
版　　次：2022年8月第1版　　印　　次：2022年8月第1次印刷
定　　价：58.00元

产品编号：091717-01

前　言

随着中国经济社会的快速发展，经商环境的日臻完善，经济法规的日益健全，各种类型的企业不断快速涌现，公司内部对配套的、健全的人力资源开发与管理体系的建立需求日渐迫切，进而对同时掌握完善的人力资源知识体系和实操经验的管理类人才的需求也相应增多。人力资源管理工作是一项涉及人力资源所有模块的工作，人力资源开发与管理课程是人力资源管理专业的核心专业基础课程，也是工商管理类相关专业的公共专业课程。而现有已出版的传统人力资源开发与管理类书籍，有两点缺失：一是可作为高职类学生的校本教材的种类少；二是多数书籍内容陈旧。有鉴于此，我们在"重庆市人力资源管理专业资源库建设项目"的建设过程中，根据行业发展与需求以及高等职业教育人力资源管理专业的人才培养目标编写了本书。

本书以工作任务为载体，通过校企双元合作，以职业活动能力为目标，对本书的知识体系和技能体系进行了重构和梳理。教材内容采用项目为单元、工作任务为载体的结构。以项目为单位组织内容，以工作任务为内容选择参照点，以行为导向为方法，根据职业能力培养的需要，将课程内容设计为具体技能的工作任务。本书选取的项目均是基于人力资源管理工作过程而提炼出的典型工作岗位和工作任务，项目内容与人力资源管理业务岗位实践紧密结合，具有创新性。在具体的项目内容设计上遵循"理论适度，重在技能"的理念。

本书分为9个项目，主题分别为人力资源管理认知、设计组织结构、工作分析与设计、人员招聘、员工培训、绩效管理、薪酬福利、员工关系管理及人力资源规划。

每个项目包括下述各栏目或板块。

(1) 知识目标、能力目标及核心概念。知识目标和能力目标是通过本项目的学习后对相关知识和工作能力的最低要求，同时也是对本项目相关内容的难易点和重点内容的提示；核心概念是对本项目重点内容的强调和提示。

(2) 项目框架图。该图展示了本项目的任务体系，可以使学习者整体上把握项目的知识结构和技能体系。

(3) 任务介绍。每个项目根据本项目的知识体系和技能体系安排了若干个彼此相对独立的、逻辑上有衔接的任务。为了让学习者更好地理解每个任务的内容，任务又包括：①引导案例，通过案例展示和提问的形式引出每个任务所涉及的知识点和需要掌握的工作技能；②正文介绍，主要介绍每个任务的知识体系和技能体系；③引导案例解析，在知识和技能体系介绍完毕后，对引导案例进行分析和说明，以使学习者能够更好地理解正文内容；④企业实战&经典案例(可选)，介绍与每个任务知识和技能相关的代表性企业案例；⑤课堂实训&案例讨论(可选)，通过案例提问的形式再次检验学习者对每个任务的知识和能力目标的掌握程度；⑥阅读参考(可选)，对每个任务的知识和技能的阅读延伸和补充。

人才的选拔、任用、培养、慰留是人力资源的核心管理工作，它们之间虽相对独立，却又彼此衔接、相互制约，单一的人力资源模块脱离整体的人力资源体系架构是无法发展的,所以人力资源管理工作对企业来说更显重要。学习者通过对本书的学习,既可以从事公司内部的人力资源招聘工作,也可以到外部的第三方公司从事人力资源管理相关工作。

本书由重庆青年职业技术学院的吴婷琳、李远为主编,重庆青年职业技术学院的王朋、余海燕、刘静意、曹娇,以及担任上海踏瑞计算机软件有限公司总经理、上海创狐软件科技有限公司总经理的朱营为副主编,共同编写完成。其中,吴婷琳和李远负责编写本书的结构和样章,并对本书的编写进行指导;李远负责编写项目1(人力资源管理认知)、项目2(设计组织结构)、项目3(工作分析与设计),以及项目9(人力资源规划);朱营负责编写项目4(人员招聘);余海燕负责编写项目5(员工培训);刘静意负责编写项目6(绩效管理);曹娇负责编写项目7(薪酬福利);王朋负责编写项目8(员工关系管理)。此外,北京华科易汇科技股份有限公司的魏文佳对本书进行了整理及统稿。

本书在编写过程中充分吸取了人力资源管理工作中的企业实践经验和案例,重庆青年职业技术学院项目课程组的相关老师对本书的编写及修改工作给予了大力支持,并提出了宝贵的修改意见。

由于本书编写时受到编写时间、编者水平及截稿时间限制等多种条件制约,书中难免存在不完善及需要改进的地方,恳请广大学者在阅读、学习本书时,能够提出宝贵的意见和建议。

编　者

目 录

项目 1 人力资源管理认知 1

任务 1.1 认识人力资源管理 2
  - 1.1.1 人力资源与相关概念 2
  - 1.1.2 人力资源的构成与特点 4
  - 1.1.3 人力资源管理的含义与内容 6
  - 1.1.4 人力资源管理的发展趋势 9

任务 1.2 人力资源管理专业的就业方向和岗位认知 10
  - 1.2.1 人力资源管理专业的培养目标 11
  - 1.2.2 人力资源管理专业的必备知识与技能 12
  - 1.2.3 人力资源管理专业的就业前景与方向 12
  - 1.2.4 人力资源管理部门的岗位设置 12

任务 1.3 人力资源管理工作者的职业素质与职业能力 18
  - 1.3.1 人力资源管理工作者的职业素质 18
  - 1.3.2 人力资源管理工作者的职业能力 19

项目 2 设计组织结构 22

任务 2.1 认识组织结构 23
  - 2.1.1 企业组织结构的含义 23
  - 2.1.2 设计组织结构的目的 23
  - 2.1.3 企业组织结构的诊断与调整 23
  - 2.1.4 组织结构的设计原则 24

任务 2.2 组织结构内容的设计 25
  - 2.2.1 职能设计 26
  - 2.2.2 框架设计 26
  - 2.2.3 协调设计 27
  - 2.2.4 规范设计 27
  - 2.2.5 人员设计 27
  - 2.2.6 激励设计 27

任务 2.3 组织结构类型的设计 28
  - 2.3.1 直线型组织结构 29
  - 2.3.2 职能型组织结构 29
  - 2.3.3 事业部型组织结构 30
  - 2.3.4 矩阵型组织结构 30
  - 2.3.5 直线职能型组织结构 31

任务 2.4 绘制组织结构图 32
2.4.1 绘制要素 33
2.4.2 前期准备 33
2.4.3 绘制方法 34

项目 3 工作分析与设计 36

任务 3.1 认识工作分析 37
3.1.1 与工作分析相关的基本术语 38
3.1.2 工作分析的含义和内容 38
3.1.3 工作分析的目的 39
3.1.4 工作分析的意义 40
3.1.5 工作分析的成果 41
3.1.6 工作分析的时机 41

任务 3.2 了解工作分析的步骤 43
3.2.1 准备阶段 44
3.2.2 调查阶段 44
3.2.3 分析阶段 45
3.2.4 完成阶段 45
3.2.5 运用阶段 46

任务 3.3 掌握工作分析的方法 47
3.3.1 问卷调查法 48
3.3.2 面谈法 53
3.3.3 观察法 55
3.3.4 关键事件法 56
3.3.5 工作日志法 57
3.3.6 工作实践法 57
3.3.7 工作分析方法比较 57

任务 3.4 编制岗位说明书 59
3.4.1 岗位说明书的含义 59
3.4.2 工作描述 60
3.4.3 任职资格 64
3.4.4 岗位说明书的编制要求 67
3.4.5 岗位说明书的编制流程 68

任务 3.5 岗位设计 69
3.5.1 岗位设计的含义及意义 70
3.5.2 岗位设计的内容 70
3.5.3 岗位设计的原则 71
3.5.4 岗位设计的方法 72

项目 4　人员招聘 ... 75

任务 4.1　设计招聘方案 ... 76
4.1.1　员工招聘的适用情况和意义 ... 77
4.1.2　员工招聘的内容与原则 ... 78
4.1.3　影响招聘的因素 ... 79
4.1.4　员工招聘的流程 ... 80

任务 4.2　设计招聘广告 ... 84
4.2.1　广告招聘的意义 ... 85
4.2.2　广告招聘的优点 ... 85
4.2.3　设计招聘广告的方法 ... 85

任务 4.3　招聘渠道及方法选择 ... 88
4.3.1　招聘渠道 ... 89
4.3.2　内部招聘与外部招聘的比较 ... 95
4.3.3　招聘渠道的选择 ... 96

任务 4.4　筛选简历 ... 99
4.4.1　筛选简历的方法 ... 100
4.4.2　筛选申请表的方法 ... 101

任务 4.5　人员面试 ... 102
4.5.1　面试的形式及技巧 ... 103
4.5.2　面试评估 ... 104

项目 5　员工培训 ... 109

任务 5.1　认识员工培训 ... 110
5.1.1　员工培训的概念 ... 111
5.1.2　员工培训的意义与原则 ... 112
5.1.3　员工培训的内容与分类 ... 114
5.1.4　培训的要素 ... 116
5.1.5　培训效益分析 ... 117

任务 5.2　培训需求分析 ... 119
5.2.1　培训需求分析的含义 ... 120
5.2.2　培训需求分析的内容 ... 120
5.2.3　培训需求分析的方法 ... 123
5.2.4　培训需求分析报告 ... 124

任务 5.3　培训计划的制订 ... 125
5.3.1　培训对象的确定与培训项目设计 ... 126
5.3.2　培训实施过程设计 ... 126
5.3.3　培训效果评估方式选择 ... 128
5.3.4　培训成本预算 ... 129

任务 5.4　培训项目的实施 130
5.4.1　编写课程大纲与教材 130
5.4.2　制定培训师资的选拔与培养制度 131
5.4.3　培训方法的确定 131
5.4.4　培训的管理 134
5.4.5　培训成果的转化阶段 135
任务 5.5　培训效果的评估 136
5.5.1　培训与开发评估的步骤 137
5.5.2　培训与开发评估的方法 138

项目 6　绩效管理 142
任务 6.1　认识绩效管理 143
6.1.1　绩效的含义和特点 144
6.1.2　绩效管理的含义和根本目的 144
6.1.3　绩效考评与绩效管理 145
6.1.4　绩效管理的影响因素 146
6.1.5　绩效管理的意义 147
6.1.6　绩效管理与人力资源管理的关系 148
任务 6.2　绩效管理的方法 150
6.2.1　绩效管理工具 151
6.2.2　目标管理法 151
6.2.3　关键绩效指标法 153
6.2.4　平衡计分卡法 156
6.2.5　360°考评法 161
任务 6.3　绩效管理的流程 163
6.3.1　绩效计划 164
6.3.2　绩效监控及辅导 166
6.3.3　绩效考评 168
6.3.4　绩效反馈 176
6.3.5　绩效改进 178
任务 6.4　绩效管理体系落地实施 181
6.4.1　绩效管理的误区 181
6.4.2　绩效管理推行不力的表现 182
6.4.3　绩效管理有效落地策略 183

项目 7　薪酬福利 186
任务 7.1　认识薪酬管理 187
7.1.1　薪酬的概念 187
7.1.2　薪酬的构成 189

	7.1.3 薪酬的功能	189
	7.1.4 薪酬的水平	191
	7.1.5 薪酬管理	193
任务 7.2	薪酬体系的设计	196
	7.2.1 薪酬体系的内容	198
	7.2.2 薪酬结构体系和系统	199
	7.2.3 薪酬体系设计原则	201
	7.2.4 薪酬体系设计程序	202
任务 7.3	福利管理	205
	7.3.1 福利概述	205
	7.3.2 福利的作用	206
	7.3.3 福利的内容	206
	7.3.4 弹性福利制	209
任务 7.4	工资构成及计算	213
	7.4.1 工资总额构成	213
	7.4.2 工资计算凭证	215
	7.4.3 工资计算的法规政策	216
	7.4.4 工资的计算	222

项目 8　员工关系管理 ... 225

任务 8.1	员工关系管理概述	226
	8.1.1 员工关系管理的含义	227
	8.1.2 员工关系管理的内容	227
	8.1.3 我国员工关系管理现状	228
	8.1.4 员工关系管理的意义	229
任务 8.2	员工关系管理的误区及原则	229
	8.2.1 员工关系管理的误区	230
	8.2.2 员工关系管理的原则	231
任务 8.3	员工关系管理的类别	232
	8.3.1 员工沟通管理	233
	8.3.2 员工纪律管理	236
	8.3.3 员工活动管理	242
	8.3.4 劳动关系管理	242
	8.3.5 劳动合同管理	252
	8.3.6 劳动争议的处理	256
任务 8.4	员工关系管理风险的规避	261
	8.4.1 招聘录用管理风险的规避	261
	8.4.2 薪酬福利风险的规避	263
	8.4.3 绩效管理风险	264

项目 9　人力资源规划 266

任务 9.1　人力资源规划的内涵 267
9.1.1　人力资源规划的含义 267
9.1.2　人力资源规划的种类 268

任务 9.2　人力资源规划的程序 270
9.2.1　收集信息 271
9.2.2　预测人力资源需求 272
9.2.3　预测人力资源供给 272
9.2.4　确定人力资源净需求 272
9.2.5　制定人力资源规划 273
9.2.6　人力资源规划的实施、评价与修正 273

任务 9.3　人力资源预测 274
9.3.1　人力资源需求预测的影响因素 275
9.3.2　人力资源需求预测的方法 275
9.3.3　人力资源供给预测 278
9.3.4　人力资源供需平衡 279

任务 9.4　人力资源规划的编制方法 281
9.4.1　人力资源规划的编制 281
9.4.2　人力资源规划的评价 283
9.4.3　人力资源规划的修正 284

参考文献 286

项目 1　人力资源管理认知

【知识目标】

- 掌握人力资源管理的含义及特点；
- 掌握人力资源管理的内容；
- 了解人力资源管理与人事管理的区别；
- 了解人力资源管理工作者的职业素养及职业技能要求。

【能力目标】

- 能够建立对人力资源管理理论及政策的框架认识；
- 能够具备人力资源管理的职业认知，提高岗位选择能力。

【核心概念】

人力资源、人力资源管理、人事管理、人力资源数量、人力资源质量

【项目框架图】

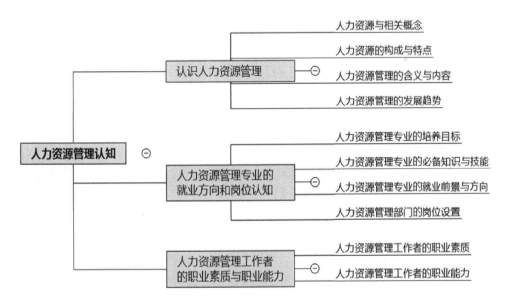

任务 1.1 认识人力资源管理

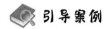引导案例

辞 职 风 波

安徽某汽车公司从汽车零部件产销起家，经过 25 年的艰苦创业，公司逐渐发展成为集科、工、贸于一体的省级企业集团，成为当地颇具名气的乡镇企业。

然而，一场"辞职风波"却不期而至，80 名被千方百计引进的大、中专毕业生在同一天递交了辞职报告，并宣布不再上班。同时，他们中的几位代表手拿状纸，开始上访控告，并在网络上发布信息，诉说他们受到的种种"不公平待遇"。企业的负责人则满腹委屈地感叹：这些"人才"真是难伺候呀！

在有关部门的干预下，风波基本平息了，但风波留给人们颇多思考！

(资料来源：中国人力资源网，www.hr.com.cn/category/读书)

【问题思考】

(1) 80 名被引进的大、中专毕业生是企业的人力资源吗？
(2) 这些大、中专毕业生是企业的人才吗？

在经济快速发展和经济全球化日益盛行的今天，企业的人力资源管理已经一跃成为企业管理中最重要的组成部分。人力资源管理可以为企业提供充足的人力支持，能够使企业在强大的人力作用下得到更好的发展。通过人力资源管理对企业人才的有效安排和调整，可以使人才格局更有利于企业的管理和发展，带给企业管理与发展强大的动力。企业的人力资源管理对于企业发展具有重要战略意义，是企业核心竞争力和市场地位的来源。

1.1.1 人力资源与相关概念

1. 资源

资源是经济学中的一个专业术语，是指一国或一定地区内拥有的物力、财力、人力等各种物质要素的总称。资源可分为自然资源和社会资源两大类。前者如阳光、空气、水、土地、森林、草原、动物、矿藏等；后者包括人力资源、信息资源以及经过劳动创造的各种物质财富。通常所讲的资源一般包括人力资源、财力资源和物力资源。

微课 01 人力资源的内涵

2. 人力资源

"人力资源"是将"人"看成一种"资源"，与物质资源和信息资源相对应，构成企业的三大资源。人力资源可以从广义和狭义两方面来理解。

1) 广义的人力资源

广义的人力资源是指智力正常的人。

2) 狭义的人力资源

狭义的人力资源有以下几种定义。

(1) 能够推动整个经济和社会发展的具有智力劳动能力和体力劳动能力的人口的总和,它体现为数量和质量两个指标。

(2) 一个国家或地区有劳动能力的人口的总和。

(3) 具有智力劳动能力和体力劳动能力的人口的总和。

(4) 包含在人体内的一种生产能力,若被开发出来,则可成为现实的劳动生产力,否则,就是潜在的劳动生产力。

(5) 能够推动整个经济和社会发展的劳动者的能力,即处于劳动年龄的已直接投入建设的人的能力。

(6) 一切具有为社会创造物质文化财富、为社会提供劳务和服务的人。

以上概念有的侧重于人力资源的数量,有的侧重于人力资源的质量。这里,我们定义人力资源为企业组织内外具有劳动能力的人口的总和,具体表现为数量和质量两个方面。

3. 人力资源与人口资源、人才资源

人口资源是指一个国家或地区所拥有的人口的总量,它是一个最基本的底数,一切人力资源、人才资源皆产生于这个最基本的资源中,它主要表现为人口的数量。

人才资源则是指一个国家或地区中具有较多科学知识、较强劳动技能,在价值创造过程中起关键或重要作用的那部分人。人才资源是人力资源的一部分,即优质的人力资源。

应当说,这三个概念的本质有所不同。人口资源和人才资源的本质是人,而人力资源的本质则是智力和体力,从本质上来讲它们之间并没有什么可比性。就人口资源和人才资源来说,它们关注的重点也不同,人口资源更多的是一种数量概念,而人才资源更多的是一种质量概念。但是,这三者在数量上却存在一种包含关系,如图 1-1 所示。

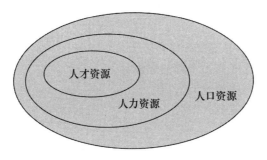

图 1-1 人口资源、人力资源和人才资源的数量关系

在数量上,人口资源是最大的,它是人力资源形成的数量基础,人口资源中具备一定智力资本和体能的那部分才是人力资源;而人才资源又是人力资源的一部分,是人力资源中质量较高的那部分,是具有特殊智力资本和体能的人力资源,它也是数量最少的。

在比例上,人才资源是最小的,它是从人力资源中产生的,而人力资源又是从人口资源中产生的。

4. 人力资源与人力资本

"人力资源"和"人力资本"也是容易混淆的两个概念,很多人甚至将它们混用,其实这两个概念是有一定区别的。

"资本"一词，语义上有三种解释：一是指掌握在资本家手里的生产资料和用来雇用工人的货币；二是指经营工商业的本钱；三是指牟取利益的凭借。马克思则认为，资本是指那些能够带来剩余价值的价值。

人力资本是劳动者身上所具备的两种能力：一种能力是通过先天遗传获得的，是由个人与生俱来的基因所决定的；另一种是后天获得的，由个人努力经过学习而形成，而学习能力是任何民族人口的人力资本质量的关键成分。人力资本这种体现在具有劳动能力(现实或潜在)的人身上的、以劳动者的数量和质量(即知识、技能、经验、体质与健康)所表示的资本，是需要通过投资才能够获得的。

人力资本的投资主要有三种形式，即教育和培训、迁移、医疗保健。与其他类型的投资一样，人力资本的投资也包含着这样一种含义：在当前时期付出一定的成本并希望在将来能够带来收益，因此，人们在进行人力资本的投资决策时主要考虑收益和成本两个因素，只有当收益大于或等于成本时，人们才愿意进行人力资本的投资。否则，人们将不会进行人力资本的投资。

1.1.2 人力资源的构成与特点

1. 人力资源的构成

人力资源的构成主要包括人力资源的数量和质量两个方面。

人力资源的数量：人力资源的数量体现为人力资源的绝对数量和相对数量。

1) 人力资源的绝对数量

人力资源的绝对数量是指一个国家或地区具有劳动能力、从事社会劳动的人口总数。

人力资源的绝对数量=劳动适龄人口-适龄人口中丧失劳动能力的人口+适龄人口之外具有劳动能力的人口。

具体来说，人力资源的绝对数量包括以下几个部分。

(1) 适龄就业人口，构成人力资源的大部分。

(2) 未成年劳动者或未成年就业人口。

(3) 老年劳动者或老年就业人口。

(4) 就业人口或待业人口。

(5) 就学人口。

(6) 从事家务劳动的人口。

(7) 军队服役的人口。

(8) 其他人口。

前四部分是现实的社会劳动力供给，具有直接性和已开发性；后四部分并未构成现实的社会劳动力供给，具有间接性和尚未开发性，是人力资源的潜在形态。人力资源数量的构成如图 1-2 所示。

2) 人力资源的相对数量

人力资源率：是指人力资源的绝对量占总人口的比例，是反映经济实力的重要指标。

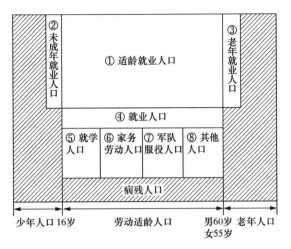

图 1-2 人力资源数量的构成

3) 影响人力资源数量的因素

(1) 人口总量及其再生产状况。

(2) 人口的年龄构成。

(3) 人口迁移。

4) 人力资源的质量

人力资源的质量是指人力资源所具有的体质、智力、知识、技能水平及劳动者的劳动态度。常体现为劳动者的体质水平、文化水平、专业技术水平、劳动积极性。

(1) 衡量指标。

① 健康卫生指标,如平均寿命、婴儿死亡率、每万人口拥有的医务人员数量、人均摄入热量等。

② 教育状况指标,如劳动者的人均教育年限、每万人中大学生拥有量、大中小学入学比例。

③ 劳动者的技术等级状况指标。

④ 劳动态度指标。

(2) 影响人力资源质量的因素。

① 遗传和其他先天因素。

② 营养因素。

③ 教育方面的因素。

5) 企业人力资源的数量和质量

(1) 企业人力资源的数量。

其绝对数量=企业内在岗员工+企业外要招聘的潜在员工;其相对数量(企业人力资源率)=企业人力资源绝对数量/企业总员工数,是企业竞争力的表征指标之一。

(2) 企业人力资源的质量。

它与上述宏观方面的人力资源质量相同。

需要指出的是,人力资源在数量和质量上均随时间而动态变化,宏观方面的人力资源在一定时间内则是相对稳定的。

2. 人力资源的特点

1) 生物性

与其他任何资源不同，人力资源属于人类自身所有，存在于人体之中，是一种活的资源，与人的生理特征、基因遗传等因素密切相关，具有生物性。

2) 时代性

人力资源的数量、质量及人力资源素质的提高，即人力资源的形成受时代条件的制约，具有时代性。

3) 能动性

人力资源的能动性是指人力资源是体力与智力的结合，具有主观能动性，具有不断开发的潜力。

4) 两重性

两重性(双重性)是指人力资源既具有生产性，又具有消费性。

5) 时效性

人力资源的时效性是指人力资源如果长期不用，就会荒废和退化。

6) 连续性

人力资源的连续性是指人力资源是可以不断开发的资源，不仅人力资源的使用过程是开发的过程，对人力资源的培训、积累、创造过程也是开发的过程。

7) 再生性

人力资源是可再生资源，通过人口总体内个体的不断替换更新和劳动力的消耗→生产→再消耗→再生产的过程实现其再生。人力资源的再生性除受生物规律支配外，还受到人类自身意识、意志的支配，受人类文明发展活动的影响，受新技术革命的制约。

1.1.3 人力资源管理的含义与内容

1. 人力资源管理的含义

人力资源管理(Human Resource Management，HRM)就是根据企业战略目标，通过工作分析、人力资源规划、员工招聘选拔、绩效考评、薪酬管理、员工激励、人才培训和开发等一系列手段来提高劳动生产率，最终实现企业发展目标的一种管理行为。

微课02 人力资源管理的内容

人力资源管理将人视为一种资本来进行管理。人作为资本参与生产活动，具有以下特点：人力资本可以产生利润；人作为资本，可以自然升值；对人力资本的投资，可以产生利润；人作为一种资本，可参与利润分配。

2. 人力资源管理的基本任务与工作内容

1) 人力资源管理的基本任务

人力资源管理是一个系统工程，它的基本任务可以用"5P"模型加以阐述，即识人(Perception)、选人(Pick)、用人(Placement)、育人(Professional)和留人(Preservation)。

(1) 识人。识人是"基础"。人才识别是以科学的人才观念为指导的，借助科学的人才测评技术和手段，才能识别出符合企业需求的真正人才。只有具备正确识别出人才的知识与能力，才能为人才的选用提供科学的依据，为人力资源管理奠定基础。

(2) 选人。选人是"先导"。选人只有在"识人"的基础上，设计科学的选拔方案，同时借助科学的选拔工具和手段，才能提高选拔的信度和效度。

(3) 用人。用人是"核心"。企业人力资源管理的出发点和落脚点在于用人，通过对人力资源的合理配置和使用，实现人尽其才、才尽其用，同时达成组织既定的目标。具体来说，首先，应在企业发展战略的基础上，制订人力资源战略规划，并分解制订科学、合理的年度招聘计划，严格界定需引进人才的数量、层次和结构等内容。其次，在人力资源配置过程中，应遵循"量才适用、科学合理配置"的原则，建立和完善人员流动机制。

(4) 育人。育人是"动力"。育人必须以战略为导向，既注重满足当前需求的培训，又注重满足未来需求的开发，着力于建立一套科学的培训与开发体系。首先，应从战略层次提出企业当前和未来发展所需的人力资源数量和素质特征。其次，针对企业当前对人力资源素质的需求，制订培训计划并实施，以化解企业当前的技能风险。最后，针对企业未来发展对人力资源的数量和素质的需求，制订具体的开发方案，以化解企业未来的技能风险。

(5) 留人。留人是"目的"。留人要解决"留什么人，怎样留人"的问题，必须围绕"持续激励人"这个核心，建立科学的考核与薪酬体系。企业应该留住的是人才，而人才又可以分为"现实的人才"和"潜在的人才"两类。对于前者，要给予奖励和晋升，激励他们继续为企业工作；对于后者，要对其进行培训与开发，使他们尽快变成现实的人才。绩效考核与薪酬体系必须围绕如何留住企业所需要的人才展开。

2) 人力资源管理的工作内容

人力资源管理的工作内容包括七大功能模块，即人力资源规划、岗位分析与设计、招聘与录用、培训与开发、绩效管理、薪酬福利管理、劳动关系管理。

(1) 人力资源规划。企业人力资源管理的首项任务，就是要依据组织业务发展的蓝图，制订企业用人规划。一方面要保证人力资源管理活动与企业的战略方向和目标相一致；另一方面要保证人力资源管理活动的各个环节互相协调、避免互相冲突。与此同时，要考虑影响劳动力供求的有关因素，把市场竞争、同业挖角、员工流动和企业内部组织架构、业务流程的改变与整合等可变因素纳入人力资源规划的分析框架，使人力资源规划符合企业特点，满足中长期发展需求。

(2) 岗位分析与设计。岗位分析与设计是人力资源管理中的一项重要工作。通过对工作任务的分解，可以设计不同的工作岗位，并规定每个岗位的任职条件、工作要求和应承担的责任，确定胜任工作岗位应有的技能、知识与经验等，以确保各工作岗位职责清晰，工作描述规范，工作要求具体。在此基础上，配备与工作岗位任职资格要求相吻合的员工，以实现企业人力资源与工作岗位合理配置的目标。

(3) 招聘与录用。企业通过人力资源规划，可以对企业未来用人的数量和质量进行具体的测算与评估，明确是否招聘，招聘多少员工，用什么标准招聘。这些具体工作都会以招聘计划的形式来完成。依据招聘计划，按照招聘流程，通过适当的途径，寻找符合工作要求的求职者，并以人事相宜的原则，将合适的求职者录用并安排到相应的工作岗位上。

(4) 培训与开发。企业员工素质的提升、潜能的开发，是人力资源管理工作的重要内容之一。对于普通员工而言，其素质的提升主要是通过在职培训的方式来实现。在职培训的特点是以提高员工工作效率为目的，以提高员工工作技能为手段，围绕企业工作目标、员工工作技能和员工整体素质来设计和规划培训项目、培训内容、培训评估、培训对象的选择与分类等。

(5) 绩效管理。绩效管理是人力资源管理的重要内容，其目的在于跟踪、评估指导员工的工作过程，提高员工的工作绩效，具体内容涉及绩效管理体系的建立，阶段性沟通反馈，依据考核结果进行奖惩、培训和辅导等。

(6) 薪酬福利管理。薪酬福利是企业支付给员工的物质报酬，表明企业对员工劳动价值的评价，也体现了员工个人在企业的地位。因此，企业薪酬福利的支付，实质上体现的是企业与员工的分配关系和分配制度。企业的薪酬福利管理，涉及薪酬制度的设计、薪酬预算的管理、福利制度的设计、福利项目的管理等。合理科学的薪酬福利制度，是做好薪酬福利管理工作的前提条件。薪酬福利制度要适应市场竞争的变化，适时进行改革与调整，使其适应企业发展和市场竞争，为处理好企业与员工之间的利益分配关系提供制度保障，为落实薪酬福利管理提供政策依据。

(7) 劳动关系管理。企业长期、健康发展的关键是建立企业与员工共同发展的双赢机制。这就涉及企业与员工关系的协调问题。企业在追求商业利益的过程中，必须重视员工健康、人身安全和各种利益关系的综合协调，保障企业员工的合法权益，建立企业高层与员工之间良好的沟通渠道和信息反馈制度，建立具有人文关怀的企业文化，建立企业与员工共存共荣的牢固关系。

3. 人力资源管理与人事管理

传统的人事管理将人看成一种成本，是被管理、被控制的对象，人事部门则是一个不能创造收益的辅助部门，重复着事务性工作。如表 1-1 所示，与传统的人事管理相比，现代人力资源管理则将人看作企业中最宝贵、最有创造力的资源，既需要管理，又需要开发，人力资源部则被提升到企业发展战略的高度，其工作的效率直接关系到企业的成败，人力资源战略也成为企业的核心竞争力之一。

微课03　人事管理与人力资源管理的区别

表 1-1　人力资源管理与人事管理的差异比较

比较项目	人事管理	人力资源管理
管理理念	视人为成本，关注管控	视人为资源，关注开发
管理内容	相对简单	相对丰富
管理活动	被动反应	主动开发
管理地位	多为事务执行层	多为战略决策层
管理性质	非生产与效益部门	生产与效益部门
管理导向	注重工作成果	注重工作过程，关心对人的培养
管理重心	多以事为中心	强调人与事的统一，更关注人
管理深度	管好现有的人	注重潜能开发
与各部门的关系	职能式	合作关系

1.1.4 人力资源管理的发展趋势

1. 趋势一：人力资源管理专业化

知识经济时代，企业组织结构由金字塔式的刚性结构逐渐柔化，管理权威的维系越来越难以依靠单纯的权力来实现，这种情况使得管理者的专业化作用更加突出。合格的人力资源管理者需具备良好的文化素养和管理潜质，因为当企业达到一定规模时，关键制约因素已经从资金、实力、市场环节等转移到管理环节，人力资源管理是重要的一环。

2. 趋势二：人力资源管理中职能外包

很多企业已经把人力资源管理中的招聘事务外包，既有利于企业专注于自身核心业务，又可充分利用外包服务商的专业化服务获得规模效益。如简历筛选，企业人力部门要面对大量的应聘材料，人工处理效率低。招聘网站可以通过专业的手段把简历汇集起来后利用简历筛选软件，根据企业设定的个性化条件，不符合者可以直接淘汰。随着中国金融服务业的成熟，中国企业特别是中小企业人力资源管理中的养老、公积金等员工福利方面的事务性工作，也可外包给相应的保险公司、银行等。人力资源管理部门则可把精力主要集中到人力规划、培训方案设计、福利方案设计等重要的战略性事务上来。

3. 趋势三：人力资源管理职能的内部直线化

在组织扁平化导致管理层次减少、员工素质提高及人力资源管理事务性业务增多等因素作用下，不同层次的管理者掌握必要的人力资源管理技术成为趋势。业务部门的直线管理者面对的管理任务主要有部门裁员、角色重塑、员工跳槽等。人力资源部要通过关注更具战略性的问题，提高部门间(最主要是业务部)的协作并对直线部门经理的人力管理知识进行开发，以体现自身价值，成为企业利润的创造中心。

4. 趋势四：人力资源管理技术更多地基于云平台、大数据

传统人力资源很多决策都是基于定性，然而进入大数据时代，人力资源将向数据化管理与应用转型。组织建立大数据人力资源云平台可以将人力资源管理工作从烦琐的事务性工作和日常管理中解脱出来。

通过云平台实现科学系统的体系设计，贯穿于人力资源规划、招聘、培训、薪酬、绩效、劳动关系整个流程，并提供强大的数据支撑功能，以实现人员管理流程电子化、自动化，提高企业招聘的规范性和流程化管理效率。

■ 引导案例解析

首先要明确界定企业"员工"和企业"人才"的区别；其次要从人力资源管理(而不是人力资源)的角度来查找问题；最后是着重解决"如何才能使潜在的人力资源成为企业的人才"这一根本性问题。

80 名被引进的大、中专毕业生符合人力资源的基本条件，所以是人力资源，由于受教育程度较高，他们还是优质的人力资源；现阶段他们还算不上是该企业的人才，因为他们并没有为企业创造出价值；企业要树立正确的人才观，同时通过做好人力资源规划、工作分析、招聘、培训开发、绩效考核、薪资管理和员工关系管理等人力资源管理的各项工作，他们就能成为企业所需要的人才。

 课堂实训&案例讨论

王珪鉴才

在一次宴会上，唐太宗对王珪说："你善于鉴别人才，尤其善于评论，你不妨从房玄龄等人开始，都一一做些评论，评判一下他们的优缺点，同时和他们相互比较一下，你在哪些方面比他们优秀？"

王珪回答说：

"孜孜不倦地办公，一心为国效劳，凡所知道的事没有不尽心尽力去做，在这方面我比不上房玄龄。

常常留心于向皇上直言建议，认为皇上能力德行比不上尧舜很丢面子，在这方面我比不上魏徵。

文武全才，既可以在外带兵打仗做将军，又可以进入朝廷搞管理并担任宰相，在这方面，我比不上李靖。

向皇上报告国家公务详细明了，宣布皇上的命令或传达下属官员的汇报能坚持做到公平公正，在这方面我不如温彦博。

处理繁重的事务，解决难题，办事井井有条，在这方面我也比不上戴胄。

至于批评贪官污吏，表扬清正廉洁，疾恶如仇，好善喜乐，在这方面与其他几位能人相比，我也有一日之长。"

唐太宗非常同意他的话，而大臣们也认为王珪完全道出了他们的心声，都说这些评论是正确的。

(资料来源：中国人力资源网，www.hr.com.cn/category/读书)

【案例讨论】

这个故事能给在校大学生的未来就业带来什么启示？

【案例解析】、【企业实战&经典案例】与【阅读参考】可登录清华大学出版社网址(http://www.tup.tsinghua.edu.cn 或 http://www.tup.com.cn)查看。

任务1.2　人力资源管理专业的就业方向和岗位认知

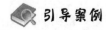 **引导案例**

谁更适合做狮王

森林被砍伐、水土流失、草原沙化等现象，导致狮群面临的生存环境越来越严峻。辛巴狮群有30多头狮子，狮王辛巴非常强悍，尤其擅长捕杀大型猎物，可以很容易地打败豹子、鬣狗群，守护或夺得食物。

辛巴狮群在狮王辛巴带领下，也可保持温饱，解决基本生存问题。不幸的是，狮王辛巴在一次出猎时，被一名猎人猎杀。

众狮皆悲伤欲绝，失去了狮王辛巴的狮群，猎物明显减少，再加上原本恶劣的生存环境，狮群面临生存危机。于是在狮王辛巴的葬礼上，为了让狮群能更好地生存下去，狮子们决定选出一头最优秀的狮子来担任狮子王。

狮子们有的毛遂自荐，有的推荐他人，自荐的狮子和被推荐的狮子，为了显示自己的实力，在草原上分为两组比武，最后亚伦、安德森分别胜出。

狮子亚伦说："我是所有狮子中最高大威猛的，能为大家捕获更多的食物，因此我是狮子王的最佳人选。"狮子安德森说："我是所有狮子中最聪明的，能想办法让大家捕获更多的食物，因此我才是狮子王的最佳人选。"亚伦、安德森两狮互不相让，又打了一天一夜，难分胜负。

两狮相争，为避免内部伤亡，保存狮群力量，经狮群中年长者商议，大家决定分别给它们一个月的试用期，看看到底谁才是狮子王的最佳人选。

狮子亚伦担任 1 个月狮王期间，早出晚归，四处寻找猎物，平均每天能捕获十多只大大小小不同种类动物分给大家食用，这相当于平时狮子们人均捕获量的 5 倍以上，令其他狮子不得不叹服。

狮子安德森担任 1 个月的狮王期间，并不急于外出寻找食物，而是用了 2 天时间对所有狮子的特点进行了深入了解，然后把 30 多头狮子分成 5 组，每组负责在一个片区捕食，捕获到的食物一半留给小组内部自行分配，一半上交狮子王汇总后再在所有狮子中按多劳多得的原则进行二次分配。狮子们情绪高涨，5 个小组各显神通、通力合作，在各自负责的片区积极捕食，1 个月下来，平均每头狮子一天捕获 2 份食物，相当于原来的 2 倍。

试用期满了，狮子们又聚在一起讨论，狮子亚伦、安德森到底谁更适合当狮子王呢？

(资料来源：中国人力资源网，www.hr.com.cn/category/读书)

【问题思考】

(1) 如果由你来帮狮子们做抉择，你会建议狮子们选谁当狮子王？为什么？
(2) 从人力资源管理的角度而言，这则哲理故事的启示是什么？

随着经济的发展，人力资源开发和管理越来越受到重视。一个现代企业，最重要的不是资金是否充足，而是是否有一群有知识、有能力并与企业同生共死的员工，而这些需要人力资源工作者去开发、管理和培训。

1.2.1 人力资源管理专业的培养目标

为了适应现代市场经济和社会发展的需要，全社会应该培养具有人文精神、诚信品质和科学素养，掌握现代人力资源管理的理论和方法，熟悉相关法律法规和政策，具备从事员工招聘、培训、考核、激励等工作的专业技能，能够在党政机关或企事业单位从事人力资源管理相关工作的高素质应用型、技能型人才。

1.2.2　人力资源管理专业的必备知识与技能

人力资源管理专业毕业生需要掌握管理学、经济学及人力资源管理的基本理论、基本知识；掌握人力资源管理的定性、定量分析方法；具有较强的语言与文字表达、人际沟通、组织协调及领导能力；熟悉与人力资源管理有关的方针、政策及法规；了解学科理论前沿与发展动态；掌握人力资源管理技巧及常用工具，具有分析和解决人力资源管理问题的能力。

1.2.3　人力资源管理专业的就业前景与方向

国内的许多企业对人力资源管理的定位是错误的，往往把过去的人事部门换块牌子就成了人力资源部，但真正掌握专业人力资源管理知识，拥有职业资格证书的从业人员极其稀少，中国的人力资源从业人员中，专业人才十分稀缺。近几年部分高校开设了人力资源专业，但和市场的需求量相比还有较大的差距。

人力资源工作是一种可以通过给企业增加价值从而实现自身价值的工作，前途十分光明。

2011 年，人民网评选出的"未来十年十大高薪职业"中，有三个职业分别都与人力资源管理相关，具体如图 1-3 所示。

图 1-3　未来十年十大高薪职业中与人力资源管理相关的职业排名

2015 年，网络排行"未来十年最受欢迎中国十大高薪职业"，人力资源相关职业再登金榜，尤其是人力资源管理师荣登榜首。

1.2.4　人力资源管理部门的岗位设置

1. 人力资源部的职能

根据企业整体发展战略，只有招聘、选拔、配置、培训、开发、激励、考核企业所需的各类人才，制定并实施各项薪酬福利政策及员工职业生涯规划，调动员工的积极性，激发员工的潜能，才能满足企业持续发展对人力资源的需求。

2. 人力资源部的工作目标

人力资源管理工作的根本目标是根据企业发展战略和总体目标，考虑企业经济效益最大化的需求，实现企业劳动生产率的最大化。人力资源部的具体工作目标包括以下 8 项内容。

(1) 做到"岗适其人、人尽其才、才尽其用"。

(2) 在保证企业经营水平的前提下，提高员工的工作满意度。

(3) 构建符合企业实际需要的先进合理的人力资源管理和开发体系。

(4) 贯彻"以人为本"的管理理念，使员工与企业协调发展、共同成长。
(5) 确保企业各部门在人力资源管理制度和程序方面的一致性、连贯性。
(6) 确保企业内部各期人力资源管理制度符合国家和地方的有关法规和政策。
(7) 处理好员工与企业之间的劳动关系，确保双方利益的最大化。
(8) 弘扬与企业发展战略相适应的、和谐的企业文化。

3. 人力资源部的职责

企业人力资源部作为公司人力资源管理的专业部门，主要负有人员招聘、培训与开发、考核与激励等多项职责，具体内容如表1-2所示。

表1-2 人力资源部工作职责一览表

人力资源部部门职责	职责描述
1.人力资源管理制度建设	(1) 制订企业人力资源战略规划； (2) 编制员工手册，建立员工日常管理规范； (3) 制定企业人事管理制度与工作流程，组织、协调、监督人事制度和流程的落实
2.企业组织结构设计与职位说明书编写	(1) 企业组织结构设计； (2) 编制各部门职责与各岗位的职位说明书
3.人员招聘管理	(1) 根据人员编制，制订年度人力资源需求计划、招聘计划； (2) 招聘渠道的拓展与维护； (3) 招聘过程中的人才测评与人员甄选； (4) 人员招聘工作的具体实施； (5) 建立后备人才选拔方案和人才储备机制
4.员工培训与开发	(1) 制订企业年度培训计划与培训大纲； (2) 外部培训讲师的联系与内部讲师的管理； (3) 培训课程的开发与管理； (4) 员工培训的组织与过程管理，进行培训效果的评估； (5) 管理员工因公出国培训、学历教育和继续教育等工作
5.员工绩效管理	(1) 员工日常考核； (2) 设计企业绩效考核方案并组织实施； (3) 企业绩效成果的评估与管理
6.员工薪酬管理	(1) 企业薪酬状况的调查分析，提供决策参考依据； (2) 制定企业人力成本预算并监督其执行情况； (3) 企业薪酬体系的设计； (4) 员工薪资福利的调整与奖励实施

续表

人力资源部部门职责	职责描述
7.劳动关系管理	(1) 定期进行员工满意度调查，建立良好的沟通渠道； (2) 协调有关政府部门、保险监督部门及业内企业的关系； (3) 企业员工劳动合同、人事档案等资料的管理； (4) 员工离职与劳动纠纷处理
8.人事管理信息系统管理	(1) 人员信息的录入、更新； (2) 提供各类人力资源统计数据与分析表单； (3) 人事管理信息系统的使用与日常维护

4. 人力资源部岗位设置

不同企业及企业发展的不同阶段，人力资源部的工作内容及工作重点不同，人力资源部的岗位设置也有所不同。以某成熟型中型企业为例，其人力资源部岗位设置及主要职责如表1-3所示。

表1-3　企业人力资源管理部门的岗位设置

岗位名称	职责描述
人力资源总监	(1) 领导和管理人力资源部门； (2) 全面负责人力资源规划、招聘、培训和发展、薪酬、员工福利、机构建设、绩效管理、企业文化、管理者发展等战略及政策的制定和实施； (3) 规划公司人力资源的未来发展，使之符合公司整体的战略方向； (4) 审核人力资源部门预算，做好人力资源管理成本控制； (5) 协助总经理做好跨部门协调工作
人力资源经理	(1) 组织拟订公司的人力资源发展规划、人力资源管理相关政策，并监督制度与政策的落实与执行； (2) 管理人力资源部门的日常工作，对人力资源管理的综合效能负责； (3) 组织搭建并完善人力资源管理体系，监督并指导人力资源规划配置、招聘、培训、薪酬福利、人事及劳动关系、绩效管理等工作的开展； (4) 参与公司机构建设工作； (5) 组织并完善公司文化建设； (6) 拟订人力资源成本预算，监督、控制预算的执行
招聘经理	(1) 根据人力资源战略规划，协助制定公司的人力资源政策； (2) 制定公司的招聘政策并制订年度招聘计划； (3) 组织、监督、推进招聘工作的执行，确保及时满足公司的用人需求； (4) 管理日常的招聘管理工作，给予下属员工相应的指导； (5) 修订原有的招聘政策，保证公司战略规划的实施； (6) 负责招聘费用的整体控制； (7) 为公司业务部门提供人力资源管理方面的内部咨询与服务

续表

岗位名称	职责描述
薪酬福利经理	(1) 根据人力资源规划，协助拟订公司的人力资源政策； (2) 拟订完善公司的福利政策，制订阶段性工作计划； (3) 组织并监督公司薪酬福利日常活动的开展； (4) 监控公司的人工成本，提出薪酬福利工作的合理性建议； (5) 能够负责实施考核体系的搭建与执行； (6) 为公司业务部门提供人力资源管理方面的内容咨询与服务
培训经理	(1) 根据相关的战略规划，协助制定公司的人力资源政策； (2) 制定公司的培训政策，并监督其实施； (3) 管理日常的培训工作，给予下属员工相应的指导； (4) 修订原有的培训政策，保证公司战略规划的实施； (5) 为公司业务部门提供人力资源管理方面的内部咨询与服务
人力资源主管	(1) 参与制订人力资源规划； (2) 根据部门分工，协助人力资源经理统筹管理部门某几项关键职能的工作； (3) 参与组织结构设计、职位设置与职位管理； (4) 参与管理者选拔、培训、发展； (5) 统筹并监督人事管理、劳工关系等工作，代表公司处理劳动纠纷与争议； (6) 指导下属日常人力资源业务； (7) 为公司业务部门提供人力资源管理方面的内部咨询与服务
招聘主管	(1) 参与拟订招聘工作计划、协助招聘经理开展招聘活动； (2) 执行招聘管理制度流程，参与招聘需求调查分析、招聘渠道选择、招聘活动策划与执行、人员甄选、确保及时完成人员补充计划目标； (3) 做好所辖招聘项目的费用控制； (4) 监督并指导下属工作； (5) 协助部门经理开展人力资源管理的其他相关工作
薪酬福利主管	(1) 参与拟订公司年度薪酬福利政策、阶段性规划与调整实施方案； (2) 审核公司每月工资福利报表，确保准确及时地发放工资； (3) 定期收集市场薪酬数据、为薪酬决策提供市场依据、组织薪酬福利预算与相关的统计分析工作； (4) 监督员工考勤制度的执行，审核员工月度考勤表与出勤报表； (5) 监督薪酬福利信息的系统化管理； (6) 监督各类福利手续的办理

续表

岗位名称	职责描述
培训主管	(1) 参与制定公司内部的培训政策； (2) 分析培训需求； (3) 策划培训与员工发展活动； (4) 组织培训工作的具体落实； (5) 参与部分内容的组织、编写； (6) 负责内外部培训资源的建设与维护； (7) 参与部分内容的培训、授课； (8) 培训效果分析与追踪； (9) 参与与人力资源发展相关的其他工作
人力资源专员	(1) 参与职位管理、组织机构设置，协助跨部门协调； (2) 负责员工的录用、升迁、轮岗、离职手续等人事行政性事务的落实； (3) 协助组织劳动合同管理、劳动纪律管理、档案管理、员工奖惩、员工晋升等工作，不断完善相关管理流程和制度； (4) 公司员工基本信息的管理与维护
招聘专员	(1) 在上级主管的指导下执行招聘和选拔程序，为用人部门提供候选人名单； (2) 协助用人部门组织面试； (3) 提供招聘活动的行政性支持； (4) 做好简历管理与候选人信息管理工作
薪酬福利专员	(1) 进行员工工资测算与发放； (2) 办理员工社会保险及其他福利手续； (3) 负责考勤统计与管理； (4) 收集市场薪酬信息； (5) 参与与薪酬福利相关的其他工作； (6) 为绩效考核提供行政性支持
培训专员	(1) 执行培训计划，落实培训项目的具体操作环节工作； (2) 协调主管做好培训资源管理； (3) 执行培训过程中的行政事务性工作
人事助理	(1) 作为初级管理或培训岗位，协助办理日常与雇佣相关的手续； (2) 协助部门其他成员完成人力资源各方面的行政支持性工作

■ 引导案例解析

管理者的主要职责不在于自己单打独斗，而在于充分调动下属的工作积极性和主动性，群策群力地实现组织目标；人力资源管理的根本落脚点，是将合适的人安排在合适的岗位上，使员工们各司其职，在各自的岗位上最大限度地发挥自己的才干。

课堂实训&案例讨论

新上任人事经理的苦恼

赵亮是国内某名牌大学人力资源专业应届硕士毕业生,经过几轮竞聘,他从众多应聘者中脱颖而出,成为深圳某珠宝公司人事部门经理。赵亮对未来的工作充满期待、满怀信心。上班第一周,赵亮翻阅了公司的人事制度文件和 220 多名员工的档案资料,希望能尽快熟悉情况。

让赵亮十分吃惊的是,在公司十几个部门中,人事部员工的基本情况是最糟糕的,集中体现在三个方面:第一,员工人数少,人事部门只有一位经理、两名普通员工;第二,员工素质低,仅有的两名员工中一名是高中学历的 41 岁阿姨,据说是公司一名骨干员工的亲属,一名是中专学历的 19 岁女孩,刚从学校毕业,学的是旅游管理专业,据说是公司一个重要客户的女儿;第三,人事部门职能没有充分发挥,目前仅限于档案管理、考勤、发工资奖金等事务性工作,员工培训、参与公司决策等重要职能基本没有。

雄心勃勃的赵亮经过一个月的调研和思考,制定了一份公司人事部门工作改革方案,其中,核心内容就是要完善人事部门的工作职能以发挥更大的作用,招聘 1~2 名高素质员工,让现有人事部门的两名员工参加培训以提高综合能力,制订公司员工中长期培训计划等。

赵亮满怀期待地把厚厚一沓人事工作改革方案递给了公司老总。老总笑眯眯地接过了方案,随意地翻了翻说:"小伙子不错啊!这么快就制定出了改革方案,很好啊!改革一步一步来,目前先把公司常规的人事工作做好。对了,这里有一份简历,你拿去看看,如果没有什么问题,就安排她到你们人事部工作吧!这个人是上级主管部门的亲属,不安排不行啊,她年龄偏大,已 46 岁了,又没什么学历和专业特长,安排到别的部门恐怕不合适,在人事部负责一下档案管理工作应该是没问题的。"

赵亮从老总办公室走了出来,心情十分沉重,工作热情一下子跌到了低谷,看着手上那份求职材料,如同拿着一个烫手的山芋。

(资料来源:中国人力资源网,www.hr.com.cn/category/读书)

【案例讨论】
(1) 现代企业人事部门的工作职责有哪些?
(2) 赵亮应如何应对目前的工作形势?

【案例解析】、【企业实战&经典案例】与【阅读参考】可登录清华大学出版社网址(http://www.tup.tsinghua.edu.cn 或 http://www.tup.com.cn)查看。

任务1.3 人力资源管理工作者的职业素质与职业能力

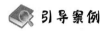 引导案例

小李的求职之路

小李大学毕业后被一家广告公司录用,试用期间,总经理对同时应聘的5个人说:"试用期满,将在你们中间选一名业务主管。"小李暗下决心,一定要当上业务主管!

此后,小李开始利用网络的优势进入广告设计网博览别人的设计创意并频频跟网络设计高手交流;"不耻下问"地向4名同事学习。然而,当其他4人向小李请教问题时,小李每次都把自己独特的见解藏起来,只说一些能在网上查询到的观点,他常常自我安慰说:"我并没有伤害他们,我只是努力提高自己而已。"

试用期满,小李的业绩果然比其他4人突出……

(资料来源:通过互联网综合收集、整理及加工。)

【问题思考】

(1) 小李能当上业务主管吗?为什么?

(2) 如果你是这家公司的总经理,你会如何选择主管人选?

1.3.1 人力资源管理工作者的职业素质

人力资源是企业最宝贵的资源,要实现人力资源有效开发和管理,必须有一支高素质的人力资源管理专业队伍。因此,人力资源管理人员必须具备以下几种素质。

1. 思想素质

人力资源管理人员应具有强烈的事业心和责任感,在人力资源开发与管理中严格自律、坚持原则、不徇私情、秉公办事、脚踏实地、兢兢业业、与时俱进、开拓创新、团结协作。

2. 心理素质

人力资源管理人员应具有较强的心理承受能力,良好的心理健康素质。面对各种压力要意志坚强、不怕压力、无所畏惧,还要心胸开阔、不计较个人得失,并能容忍和原谅别人的过失,以良好的心理健康素质面对人力资源开发与管理中可能出现的新情况、新问题。

3. 知识素质

人力资源管理人员应具备本体性知识、信息知识、人文知识和实践知识,对企业经营管理活动的主要内容要有所了解和掌握,从而具备较强的政策水平、宽广的业务知识、精湛的理论水平、丰富的实践能力。只有这样才能得到别人的尊重和信任,才能在人力资源有效开发与管理中施展各自的才华,把握时代的脉搏,推动人力资源开发与管理工作的协调发展、整体推进。

4. 能力素质

人力资源管理人员应具备的能力主要有管理能力、文字组织能力、语言表达能力、计算机操作能力、外语能力、交流与合作能力、获取和处理信息的能力、学习能力、计算能力、分析和解决问题的能力等。

5. 身体素质

身体是革命的本钱，干好本职工作，必须有健康的身体，要劳逸结合，做到精力充沛、精神饱满、身体健康，适应人力资源开发与管理这一繁重的工作，承受住各种压力，始终保持旺盛的精力。

1.3.2 人力资源管理工作者的职业能力

人力资源管理工作者的职业能力，其内涵非常丰富，涵盖面也很广。只有那些与工作绩效密切相关的能力才是我们关注的重点，才是人力资源能力建设的重心。人力资源管理者的职业能力主要包括以下几个关键成分。

1. 学习能力

人力资源管理在我国起步较晚，现有的人力资源管理者大多缺乏专业背景，这尤其需要人力资源管理者树立终身学习理念，培养终身学习能力，通过学习系统把握国家的政策法规，掌握心理学、经济学、管理学及人际关系学知识，提升自己的专业管理水平。

2. 创新能力

"创新是管理的生命力。"而我国一些企业，尤其是国企的人力资源管理者由于传统文化环境，已经习惯于机械被动地处理例行的日常事务。这种状态远远不能适应当今的人力资源工作要求。时代趋势要求人力资源管理者在吸纳、留住、开发、激励人才上必须不断创新。

3. 育人能力

组织竞争能力来源于员工能力的开发，人力资源管理者要善于培育人才，通过为员工设置职业发展通道，提供施展才能的舞台以及培训和发展机会，充分挖掘员工潜能，调动员工内在积极性，促进企业目标的实现。

4. 影响力

人力资源管理者作为人力资源产品和服务的提供者，必须具备影响力。这种影响力主要表现在与员工建立彼此信任并达成共识的基础上成为员工的"利益代言人"，同时成为人力资源管理领域的专家，依赖专业权威性影响推动企业变革，发挥人力资源管理对企业运营实践的支持作用。

5. 沟通能力

管理中70%的错误是由于不善于沟通造成的。作为人力资源管理者来说，归根结底是做人的工作，沟通更是一门必修课，人力资源管理者要不断增强人际沟通的本领，包括口头表达能力、书面写作能力、演讲能力、倾听能力以及谈判的技巧等。

6. 协调能力

只有协调才能取得行动的一致。人力资源管理部门同组织内所有其他部门有着密切的关系，人力资源管理者必须具备良好的协调能力，指导和帮助其他部门的经理做好人力资源管理工作。同时还要善于协调人力资源部门内部的关系，使人力资源部成为一个富有战斗力的团队。

7. 信息能力

信息对人力资源管理十分关键，无论是人力资源招聘、绩效考核，还是薪酬管理，都需要来自政府人事法规政策、人才市场行情、行业动态、客户态度、员工满意度等方方面面的信息。只有拥有准确、丰富的信息并对信息进行仔细的分析，才能作出各项正确的人力资源管理决策。因此，人力资源管理者要养成强烈的信息意识，提高信息感受力。

8. 危机处理能力

对突发事件的处理是人力资源管理的一个新课题，它包含很多内容，如企业优秀人才突然跳槽，生产经营中的突发事件，劳资关系紧张……一系列危机往往给企业造成巨大的损失。因此，人力资源管理者必须具备危机管理意识和管理能力，建立一套完善的人力资源危机管理系统，尤其是危机预警系统，以达到防患于未然的目的。

■ 引导案例解析

小李不能当上业务主管。主管作为一个管理者，不仅要自己业务强，还要能帮助并指导他人提升能力、提升团队的绩效。主管要有团队合作精神，能团结和组织团队完成共同目标。而小李只考虑自身能力提升，对他人的求助消极处之，这既是一种自私的表现，更不具备团队精神。

管理者应该具备责任心，具有责任心的管理者，才会认识到自己的工作在公司的重要性，把实现公司的目标当成是自己的目标。基层管理者除了要有过硬的业务能力，还要有团队建设的能力、培训能力，一个部门内成员的工作绩效与所在部门主管的培训能力有着直接的关系。个人的业绩可能非常优秀，但是只注重个人的业绩而忽视了团队，充其量只是一个人业务精，只有整个部门的大部分员工都是积极上进的，整个团队才能进步。

 课堂实训&案例讨论

卖 油 翁

陈康肃公善射，当世无双，公亦以此自矜。尝射于家圃，有卖油翁释担而立，睨之久而不去。见其发矢十中八九，但微颔之。

康肃问曰："汝亦知射乎？吾射不亦精乎？"翁曰："无他，但手熟尔。"康肃忿然曰："尔安敢轻吾射！"翁曰："以我酌油知之。"乃取一葫芦置于地，以钱覆其口，徐以杓酌油沥之，自钱孔入，而钱不湿。因曰："我亦无他，惟手熟尔。"康肃笑而遣之。

(资料来源：通过互联网综合收集、整理及加工。)

【问题思考】

从职场竞争的角度分析,《卖油翁》能给我们什么启示?

【案例解析】、【企业实战&经典案例】、【阅读参考】、【知识巩固】可登录清华大学出版社网址(http://www.tup.tsinghua.edu.cn 或 http://www.tup.com.cn)查看。

项目 2　设计组织结构

【知识目标】

- 认识企业组织结构；
- 了解组织结构的类型；
- 了解组织结构设计的内容。

微课 04　如何设置组织部门

【能力目标】

- 能够掌握组织结构的设计原则；
- 能够熟练绘制组织结构图。

【核心概念】

组织结构设计原则、直线制、职能制、直线职能制、事业部制、矩阵制

【项目框架图】

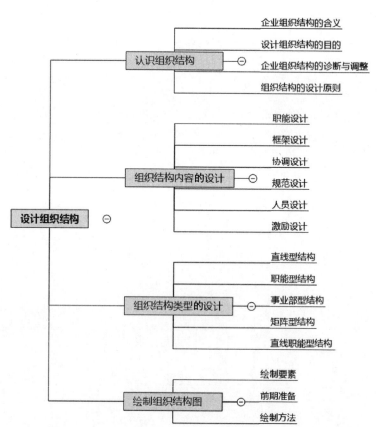

项目 2 设计组织结构

任务 2.1 认识组织结构

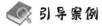

谁 的 过 错

有一个男孩买了一条长裤,穿上一试,裤子长了一些。他请奶奶帮忙把裤子剪短一点儿,可奶奶说,眼下的家务太多,让他去找妈妈。而妈妈回答他,今天她已经同别人约好去玩桥牌。男孩又去找姐姐,但姐姐有约会,约会时间马上就要到了。这男孩非常失望,在担心明天穿不上这条裤子的心情中入睡。奶奶忙完家务事,想起了孙子的裤子,就去把裤子剪短了一点儿;姐姐回来后心疼弟弟,她也把裤子剪短了一点儿;妈妈回来后同样把裤子剪短了一点儿。

【问题思考】

案例中谁应该为小男孩的裤子负责呢?

组织结构(Organizational Structure)是组织的全体成员为实现组织目标,在管理工作中进行分工协作,在职务范围、责任、权利方面所形成的结构体系。

2.1.1 企业组织结构的含义

企业为了实现战略目标,根据自身的发展需要,必须在内部设立多个权责分明的职能部门,并使各部门之间分工合作、共同发展。组织结构是组织内部各单位间关系、界限、职权和责任的沟通框架,是内部分工协作的基本形式或者构架。

企业组织结构的含义可以从动态和静态两个方面来阐述,动态方面的企业组织结构是维持与变革组织结构以实现组织目标的工作过程;而静态方面则是反映人、职位、任务以及它们之间的特定关系的网络。

2.1.2 设计组织结构的目的

企业组织结构设计的目的是根据组织的需要(即总目标和总任务),明确组织的目标和任务,勾画组织必须完成的全部任务,并为组织任务的完成提供制度保障和支持,规定组织任务完成的方法、方式,确保组织任务的高效完成。

在企业日常管理工作中,企业管理者为了加强企业的价值链管理,优化组织结构和业务流程,降低组织和经营成本,增强企业的竞争力,应该定期或不定期地调整自己的组织结构,进行部门的合理划分。

2.1.3 企业组织结构的诊断与调整

组织结构诊断是针对企业组织结构存在的问题,通过调查分析,找出原因,提出可行的改进方案，进而帮助指导实施的一种管理活动，它是组织结构变革的重要步骤和科学方法。

一般来说，组织结构诊断的基本内容包括：调查分析组织结构是否体现企业发展战略要求，分析组织中是否存在权责不一、职能冗余、残缺等问题，分析组织制定决策的方法、流程及最终决策是否科学，分析组织总管理层的管辖范围、管理幅度、方法及成效。当然，企业组织结构并不是一成不变的，它应当随着企业的战略发展规划和经营目标的调整而进行相应调整。当原先的企业组织结构无法适应市场发展时，企业管理者应根据实际情况对企业现有的组织结构进行组织诊断、组织结构改革等。不过当企业出现业绩下降、管理效率低下和员工士气低落等情况时，企业就需要考虑变革组织结构了。

2.1.4　组织结构的设计原则

企业组织结构设计是否合理规范，对于企业的整体经营活动能否正常运营有着至关重要的作用。为了设计出符合企业发展要求的组织结构，企业管理者在设计企业组织结构时，应当遵循相应的工作原则。

1. 任务与目标原则

企业组织设计的根本目的是为实现企业的战略任务和经营目标服务的，企业任务、目标是最终目的，组织结构是手段。

2. 专业分工和协作的原则

在合理分工的基础上，各专业部门只有加强协作与配合，才能保证各项专业管理的顺利开展，实现组织的整体目标。

3. 有效管理幅度原则

管理者能直接管理的人数是有限的，只有在管理工作中控制一定的管理幅度才能发挥管理的有效性。

4. 集权与分权相结合的原则

集权是生产经营活动的客观条件，分权是调动下级积极性、主动性的必要组织条件，二者是相辅相成的关系。

5. 稳定性和适应性相结合的原则

组织在外部环境和企业任务发生变化时，既能有序正常运转又能及时作出变更，这就要求组织必须具有一定的弹性和适应性。

6. 角色相互之间关系的界定

界定单位、部门和部门角色各部分在发挥作用时，彼此如何协调、配合、补充、替代的关系。

■ 引导案例解析

引导案例中的这个故事形象而又深入浅出地说明了组织分工管理的重要性。由上述事件可以看出，任何组织活动都需要分工管理，明确工作任务，确保没有多余的环节，只有如此，才能使组织活动有效运转。在没有组织分工管理活动时，集体中每个成员的行动方向并不一定相同，以至于可能互相抵触。即使目标一致，由于没有整体的配合，也难以实现总体的目标。

 课堂实训&案例讨论

一封辞职信

尊敬的钟院长：

您好！

我叫李玲，是医院内科的护士长，我当护士长已有半年，但我再也无法忍受这种工作了，我实在干不下去了。我有两个上司，她们都有不同的要求，都要求优先处理自己布置的事情。然而我只是一个凡人，没有分身术，我已经尽了自己最大的努力来适应这样的工作要求，但看来我还是失败了，让我给您举个例子吧！

昨天早上 8 点，我刚到办公室，医院的主任护士叫住我，告诉我她下午要在董事会上作汇报，现急需一份床位利用情况报告，让我 10 点前务必完成。而这样一份报告至少要花一个半小时才能写出来。30 分钟以后，我的直接主管基层护士监督员王华走进来突然质问我为什么不见我管理的两位护士上班。我告诉她外科李主任因急诊外科手术正缺少人手，从我这要走了她们两位借用一下，尽管我表示反对，但李主任坚持说只能这么办。王华听完我的解释，叫我立即让这些护士回到内科来，并告诉我一个小时后，她回来检查我是否把这事办好了！像这样的事情我实在无法胜任，特向您辞职，请批准！

李　玲

20××年 12 月 20 日

(资料来源：通过互联网综合收集、整理及加工。)

【案例讨论】

(1) 案例中李玲所在的这家医院在组织结构的运行上合理吗？为什么？

(2) 要避免案例中的这种结局，谈谈你的建议。

【案例解析】可登录清华大学出版社网址 (http://www.tup.tsinghua.edu.cn) 或 http://www.tup.com.cn) 查看。

任务 2.2　组织结构内容的设计

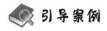 引导案例

张明晖的提拔

张明晖是南方机械产品公司生产总经理职位的几个候选人之一。这个企业在最近几年扩张得较快，已有五个制造工厂。张明晖自从在某名牌大学获得机械工程学位之后来到该公司，最初在制图室当制图员，后来由于他总能主动而且出色地完成工作任务，有时甚至

在周末去制图室，使图纸达到最精确的规格，一年后他被提拔为组长，主管十个制图员。在他任组长期间，他们组的图纸是公司中准确性最高的。在图纸被呈送给部门领导之前，张明晖总要对图纸进行全面而彻底的审核，不止一次重新绘制下属的图纸。几年后，他升任研究实验室助理经理，由于他工作努力，几个重要产品得到改进。干几年研究工作后，他到一个工厂担任主管生产部门助理经理，在他的监督下，这个制造部门的生产成本总是全公司最低的。五年后，工厂经理退休，张明晖由于工作能力出色以及对公司的忠诚成为该工厂经理。

张明晖担任经理后，作业效率虽然只稍有提高，但管理费用却大幅度降低，工厂的盈利水平也提高了。但是他担任工厂经理后，厂里不再召开每周的干部会议，他告诉各部门主管人员，如果有什么改进工作的好主意应该直接找他。另外，他改变了过去各主管人员可在公司工薪计划规定的范围内批准本部门工程师的工薪的做法，由他来批准所有的工薪变动。他还要批准所有部门的加班，不管是一般管理部门的，还是生产部门的，而这通常是工厂助理经理的管理职责。同时他还控制成本计划的制订，而原来各部门负责人可在年度预算范围内自行管理，现在则由张明晖一人掌握。所有的费用报告不经部门负责人而直接送给张明晖，他要求每天电话员报告所有长途电话的情况。许多部门主管对张明晖独揽大权颇有微词。有一次，张明晖要求一名部门主管去他办公室汇报，以便考察他的工作，这激怒了该部门主管，不久他辞职离开了公司。

(资料来源：通过互联网综合收集、整理及加工。)

【问题思考】

中小企业在进行组织结构设计时应注意什么问题？

组织结构的设计不是无源之水，而应有章可循，应从职能、框架、协调、规范、人员和激励多个方面综合考虑，整体设计组织结构。企业为了保证各项经济活动的有序进行，实现企业的发展目标，必须建立适合自身发展的组织结构，形成科学有效的企业组织结构。不同的企业组织的组织结构也存在些许差异，但组织结构设计工作大致相同。

2.2.1 职能设计

职能设计是指企业的经营职能和管理职能的设计。企业作为一个经营单位，要根据其战略任务设计经营、管理职能。如果企业的有些职能不合理，那就需要进行调整，将其弱化或取消。

2.2.2 框架设计

框架设计是企业组织设计的主要部分，运用较多，其内容简单来说就是纵向分层次、横向分部门。

例如某外贸公司，横向包括配送中心、财务部、投资管理部、技术研究部、质量管理部、人力资源部、企划部、办公室和事业部等。纵向以事业部为例，事务部下设供应部和营销部。横向和纵向整体构成企业的组织结构职能框架。

2.2.3 协调设计

协调设计是指协调方式的设计。框架设计主要研究分工,有分工就必须有协作。协调方式的设计就是研究分工的各个层次、各个部门之间如何进行合理的协调、联系、配合,以保证其高效率地配合,发挥管理系统的整体效应。

2.2.4 规范设计

规范设计就是管理规范的设计。管理规范就是企业的规章制度,它是管理的规范和准则。结构本身设计最后要落实并体现为规章制度。管理规范保证了各个层次、部门和岗位按照统一的要求和标准进行配合和行动。

例如对部门的部门职责设置,对部门内部岗位对应的岗位职能、岗位工作内容等,进行明文规范说明。

2.2.5 人员设计

人员设计就是管理人员的设计。企业结构本身设计和规范设计,都要以管理者为依托,并由管理者来执行。因此,按照组织设计的要求,必须进行人员设计,配备相应数量和质量的人员。

对于人员的设计,这里需要结合人力资源的规划,对人力需求、供给进行科学预测,在组织人力供需的前提下,合理设计组织结构的人员安排,确保组织人力的精简。

2.2.6 激励设计

激励设计就是设计激励制度,对管理人员进行激励,其中包括正激励和负激励。正激励包括工资、福利等,负激励包括各种约束机制,也就是所谓的奖惩制度。激励制度既有利于调动管理人员的积极性,也有利于防止一些不正当和不规范的行为。

■ 引导案例解析

案例中张明晖的工作能力虽然比较强,在每一个所在职位上都做出了突出贡献,说明他能够胜任领导工作;但是他不能成功地下放权力,过于集权化的管理风格,也是导致他不被组织接受的原因,这也正是中小企业需要慎重考虑的问题,即集权与放权的管理尺度。

 课堂实训&案例讨论

子贱放权

孔子的学生子贱有一次奉命担任某地方的官吏。当他到任以后,却时常弹琴自娱,不管政事,可是他所管辖的地方却治理得井井有条,民兴业旺。这使那位卸任的官吏百思不得其解,因为他每天即使起早摸黑,从早忙到晚,也没有把地方治理好。于是他请教子贱:

"为什么你能治理得这么好？"子贱回答说："你只靠自己的力量去进行，所以十分辛苦；而我却是借助别人的力量来完成任务。"

(资料来源：通过互联网综合收集、整理及加工。)

【案例讨论】

这个故事对你有什么启发？

【案例解析】、【企业实战&经典案例】可登录清华大学出版社网址(http://www.tup.tsinghua.edu.cn 或 http://www.tup.com.cn)查看。

任务2.3 组织结构类型的设计

引导案例

西门子确立已久的德国事业部体制

西门子公司于1874年成立，它在德国电气工业史上发挥着核心作用，并成为德国工业最具声望的品牌，其早期历史与德国工业的发展是密切联系在一起的，西门子公司是多国多分部管理最初的代表之一。

第二次世界大战后，该公司经历了两次重大的结构变化，两次结构变化的目的都是加强分权化和运营的灵活性，同时保持利用和发展组织协调的能力。第一次结构变化发生在1966—1969年，起初组建了6个事业部，后来增加到了7个。公司组建了5个总部职能部门，分别是计划、财务、人事、R&D和分配，这一结构实行到1989年，由于规模的扩张以及电气和电子市场的快速变化，西门子于1989年采取了一种修正结构的方式，即引入更小、更为专业化的"事业部"(见图2-1)。值得注意的是，和许多其他组织(如奔驰)不同的是，这种事业部大多数不具有独立的法律地位。

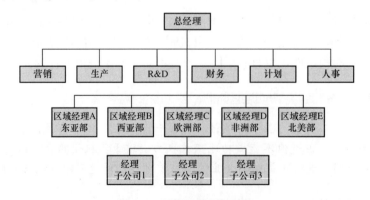

图2-1 西门子的组织结构

(资料来源：http://wenku.com/view)

【问题思考】

西门子的组织结构变化说明了什么问题？

企业组织结构为整个企业经济活动的开展、企业发展规划和经济决策的确立、实行包括经济业务的控制等一系列企业活动奠定了基础，对企业管理工作的正常开展具有重要意义。

在企业发展过程中，出现过不同类型的组织结构类型。不同类型的组织结构的出现说明了企业管理者应当根据实际情况的变化，不断调整其原有的企业组织结构，以适应市场经济体制下的发展要求。

2.3.1 直线型组织结构

直线型组织结构较为简单，管理层对下属部门实行垂直领导，属于一种集权式的组织结构类型。领导与被领导关系垂直体现，结构层次清晰明了，组织内部没有划分职能部门，如图2-2所示。

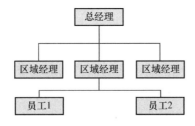

图2-2 直线型组织结构

直线型组织结构同其他组织结构类型相比，优势明显。直线型组织结构简单，统一指挥，分工明确，办事效率高，垂直管理，信息沟通顺畅。但是，在直线型组织结构中，经营管理依赖于少数人，对于企业领导人管理能力要求过高，难度过大。因此，该组织结构难以适应企业扩大化生产。

直线型组织结构作为一种最简单的组织结构，在提供信息沟通顺畅、组织分工明确等便利的同时，也存在一些不足，例如组织内部横向沟通缺乏，低水平分工不利于管理，以及结构缺乏必要的弹性发展。

2.3.2 职能型组织结构

职能型组织结构从下至上按照相同的职能将各种活动组合起来，并通过纵向层级来进行控制和协调，体现企业生产管理活动的职能分工，适用于计划经济体制下的企业。例如，所有销售人员被安排在销售部，主管销售的副总裁负责所有的销售活动。当组织需要通过纵向层级来进行控制和协调时，这种结构是很有效的。图2-3所示为职能型组织结构。

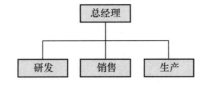

图2-3 职能型组织结构

职能型组织结构实现了企业内部的职能性分工，可促使企业管理趋向于专业化，有利于整个企业的生产经营活动高效率、高质量地运转，组织内的规模经济也更易实现，组织的知识和技能也能得到深层次的提高。但是职能型组织结构在开展工作的过程中，也凸显了许多不足，可能会引起高层决策堆积、层级超负荷。较高程度的职能分工，也会让员工短视，对组织目标的认识不足，对外界环境变化的反应较慢，从而导致缺乏创新，部门之间缺少横向协调。

2.3.3　事业部型组织结构

事业部型组织结构在组织内部基于业务、产品、项目，划分成一些相对独立、自主经营的单元，有时也称产品部式结构或战略经营单位。事业部型组织结构将企业生产活动的各个环节划分为相对独立的经营单位，给予各事业部经营经济活动的极大自由。该组织结构适用于规模较大、市场环境比较复杂、生产经营业务多元化的企业。

事业部型组织结构将内部生产经营活动划分为不同板块，当组织需要以适应和变革为导向时，这种组织结构是很有效的。事业部型组织结构中的各事业部在生产经营过程中自负盈亏，独立自主，总部通过业绩对事业部经济活动进行管理。图2-4所示为事业部型组织结构。

图2-4　事业部型组织结构

事业部型组织结构由于其清晰的产品责任和联系环节及各分部能够适应不同的产品、地区和顾客的优势，多适用于多产品的大公司，能够满足大型综合企业的发展需求。但这种组织结构同样存在不足之处，由于组织被分割成单独的事业部，从而失去职能部门内部的规模经济，产品线之间缺乏协调，产品线间的整合与标准化较为困难，容易失去深度竞争力和技术专门化。

2.3.4　矩阵型组织结构

矩阵型组织结构是指结合职能型、事业部型的结构形成的组织类型，兼顾业务与职能，或同时强调业务与区域。矩阵型组织结构便于产品间的各项资源的共享，交叉式的管理模式促进了部门之间的有效信息沟通，有利于企业管理职能及生产技能的提升，尤其适用于迫切需要创新改革的中型企业。

一个组织的结构可能会同时专注于业务和职能，或强调业务和区域，而将职能型、事业部型结构进行组合。当组织结构内部纵向控制与变革创新都非常必要时，这种结构是比较有效的。图2-5所示为矩阵型组织结构。

矩阵型组织结构由于能够在产品间实现人力资源的共享，适应突发状况下的决策与变革，使这种组织结构在拥有多种产品的中等组织中效果最佳。然而这种组织结构也存在着不容忽视的不足，员工容易受到双重领导，压力过大；同一岗位的人员可能会在不同产品间切换，导致岗位任职的要求增加，维持权利平衡难度较大。因此，这种组织结构在具体的实施过程中阻力也较大。

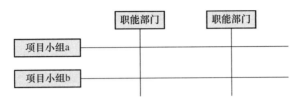

图 2-5 矩阵型组织结构

2.3.5 直线职能型组织结构

直线职能型组织结构是直线型与职能型组织结构的结合，它是在组织内部既有保证组织目标实现的直线部门，也有按专业分工设置的职能部门，如图 2-6 所示。直线部门的管理人员在自己的职权范围内有决定权，对其下属的工作实行指挥和命令，并负全部责任。按专业分工原则设立的职能部门构成参谋系统，可以充当直线人员的参谋，他们对直线部门没有任何指挥命令权，只能向直线部门提供建议和业务指导。

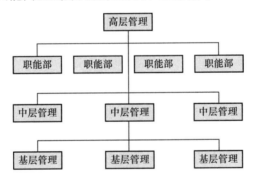

图 2-6 直线职能型组织结构

因此，直线职能型组织结构将直线型组织结构和职能型组织结构的优点结合起来，既能保持统一指挥，又能发挥参谋人员的作用。各职能部门分工精细，责任清楚，各部门仅对自己应做的工作负责，效率较高，而且组织稳定性较高。在外部环境变化不大的情况下，易于发挥组织的集团效率。不过当组织面临的外部环境不够稳定，且企业发展规模较大，管理层决策需要考虑较多因素时，这种组织结构就不太适用了。

■引导案例解析■

西门子的组织结构变化说明组织结构类型并不是一成不变的，由于组织战略目标以及内外部环境的变化，组织结构也应进行相应调整，以更好地适应环境的变化。同时，不同的组织结构也有其优缺点，可以根据自己的实际情况采取改良结构。例如，西门子的事业部制并不是独立的子公司，它不具有独立的法律地位。

课堂实训&案例讨论

　　某民营企业是一个由仅有几十名员工的小作坊式机电企业发展起来的，目前已拥有3000多名员工，年销售额达几千万元，其组织结构属于比较典型的直线职能制形式。随着本行业的技术更新和竞争的加剧，高层领导者开始意识到，企业必须向产品多元化的方向发展。其中一个重要的决策是转产与原生产工艺较为接近、市场前景较好的电信产品。恰逢某国有电子设备厂濒临倒闭，于是他们并购了该厂，在对其进行技术和设备改造的基础上，组建了电信产品事业部。

　　然而，企业在转型过程中的各种人力资源管理问题日益显现出来。除了需要进行组织结构的调整之外，还需要加强企业人力资源管理的基础工作，调整不合理的人员结构，裁减一批冗余的员工，从根本上改变企业人力资源管理落后的局面。

　　此外，根据并购协议，安排在新组建的电信产品事业部工作的原厂18名中低管理人员，与公司新委派来的12名管理人员之间的沟通与合作也出现了一些问题。如双方沟通交往较少，彼此的信任程度有待提高；沟通中存在着障碍和干扰，导致了一些误会、矛盾，甚至冲突的发生。他们希望公司能够通过一些培训来帮助他们解决这些问题。

(资料来源：通过互联网综合收集、整理及加工。)

【案例讨论】

　　(1) 与企业原来的直线职能型组织结构相比，新的电信产品事业部的组织结构具有哪些优点和缺点？

　　(2) 在组织结构设计合理化的基础上，企业应当采取哪些措施加强基础工作，使人力资源管理纳入正轨？

【案例解析】、【企业实战&经典案例】可登录清华大学出版社网址(http://www.tup.tsinghua.edu.cn 或 http://www.tup.com.cn)查看。

任务2.4　绘制组织结构图

 引导案例

新东方教育科技有限公司

　　新东方，全名为北京新东方教育科技(集团)有限公司，总部位于北京市海淀区中关村，是一家综合性教育集团，同时也是教育培训集团。公司业务包括外语培训、中小学基础教育、学前教育、在线教育、出国咨询、图书出版等。

　　除新东方外，旗下还有优能中学教育、泡泡少儿教育、前途出国咨询、迅程在线教育、大愚文化出版、满天星亲子教育、同文高考复读等子品牌。公司于2006年在美国纽约证券交易所上市，是中国大陆第一家在美国上市的教育机构。

【问题思考】

请你以对新东方教育科技(集团)有限公司的了解,绘制出其组织结构图。

2.4.1 绘制要素

绘制组织结构图,需要了解组织结构图的要素,一般来说,企业组织结构图应包括如下所述具体内容。

(1) 公司名称、Logo。
(2) 标题,其中应该包括"组织结构图"字样。
(3) 发布的日期、版本。
(4) 结构图主体,以框、线、部门或岗位名称等构成。
(5) 读图说明、备注。
(6) 修改记录。
(7) 制作部门、制作人,批准人员签名等。

具体案例如图 2-7 所示。

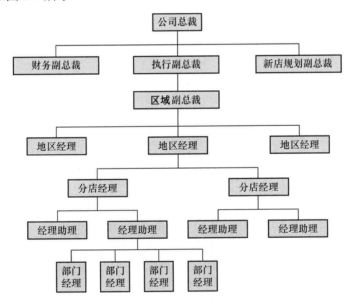

图 2-7 沃尔玛总部组织结构图

2.4.2 前期准备

组织结构图的绘制不是简单的绘画,是将组织结构设计的内容准确地体现出来,因此需要做大量的前期准备工作,主要包括明确企业各层级机构的职能、业务内容、工作岗位的合并与分层等。

1. 应明确企业各级机构的职能

组织结构图首先应反映组织的层次，这就需要把握企业各级机构的职能。例如苏宁企业根据连锁经营的要求以及自身发展的特点，创新出来"总部—大区—子公司"的三级管理体制，并以"专业化分工，标准化作业"为原则建立规范化的管理平台；将采购和销售两大关键职能进行剥离，并对其进行了清晰的功能和职责界定。

2. 将所管辖的业务内容一一列出

绘制组织结构图需要了解每项业务内容，因此要提前将企业的各项业务一一列出，为下一步工作整理归纳做准备。

3. 将相似的工作综合归类

无论是采用哪种组织结构类型，都需要将工作内容进行综合归类。例如在苏宁的三级管理体制中，形成了14个管理中心、28个管理大区、数百个分公司。

4. 工作的逐层分级

工作的逐层分级就是将已分类的工作逐项分配给下一个层次，并按所管业务的性质划分出执行命令的实际工作部门和参谋机构。例如，苏宁2004年以顾客为中心的直线职能型和矩阵型相结合的组织结构正式形成，在这一组织结构下，苏宁的员工总共分为六个等级，即文员、主管、部长、经理、总监、总裁，每个等级之间有明确的分工和隶属关系。

2.4.3 绘制方法

在绘制组织结构图时，应注意细节，包括表现形式、框图大小、形状位置等，具体的绘制方法如下所述。

(1) 框图一般要画四层，从中心层计算，其上画一层，其下画两层，用框图表示。
(2) 功能、职责、权限相同机构(岗位)的框图大小应一致，并列在同一水平线上。
(3) 表示接受命令指挥系统的线，从上一层垂下来与框图中间或左端横向引出线相接。
(4) 命令指挥系统用实线，彼此有协作服务关系的用虚线。
(5) 具有参谋作用的机构、岗位的框图，用横线与上一层垂线相连，并画在左、右上方。

■ 引导案例解析

新东方教育科技(集团)有限公司的组织结构如图2-8所示。

项目2　设计组织结构

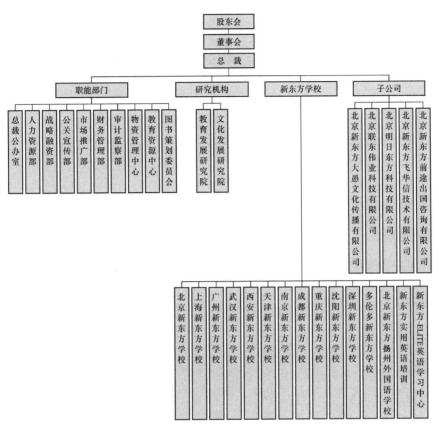

图2-8　新东方教育科技(集团)有限公司组织结构图

  课堂实训&案例讨论

某高新技术企业按业务的分类，成立了 3 个针对不同产品的事业部，各事业部下设销售团队、技术支持团队和研发团队。各部门的业务收入和成本都是独立核算的，但需要平摊后勤部门(行政部、人力资源部、财务部)所产生的成本。目前，公司共有员工134人，其中3个事业部共有员工100人，后勤部门有30人，高层领导有4人。由于成立时间不到3年，客户资源还不够稳定，所承接的业务量波动较大。因此，在工作任务繁忙时有些员工，尤其是研发和技术人员，会抱怨压力过大，各事业部经理也会抱怨合格人手太少，招聘来的人不能立即适应项目的工作需要；但在工作任务相对清淡的时期，经理们又会抱怨本部门的人力成本太高，导致利润下降。

(资料来源：通过互联网综合收集、整理及加工。)

【案例讨论】

请绘制该公司的组织结构图。

【案例解析】、【企业实战&经典案例】可登录清华大学出版社网址(http://www.tup.tsinghua.edu.cn 或 http://www.tup.com.cn)查看。

项目 3　工作分析与设计

【知识目标】

- 了解工作分析的基本术语；
- 掌握工作分析的常用方法；
- 掌握岗位说明书的内容；
- 掌握岗位说明书制定的格式及技巧。

【技能目标】

- 能够具有设计、收集、整理工作分析问卷的能力；
- 能够进行工作分析，确定岗位的任职资格和工作职责；
- 能够编制岗位说明书。

【核心概念】

工作分析、观察法、面谈法、问卷法、岗位说明书、岗位职责、任职资格

【项目框架图】

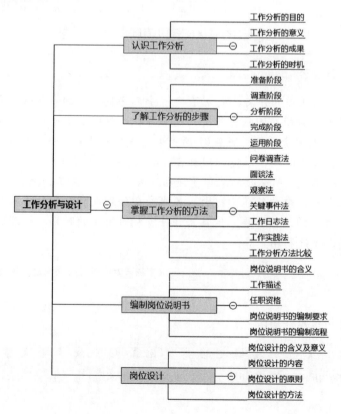

任务 3.1　认识工作分析

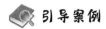

三个和尚没水喝

从前有一座山，山上建了一座小庙，小庙一直没有和尚看管。直到有一天，来了一个小和尚(红衣和尚)，他在庙里拜佛念经，看到观音菩萨绿枝因为没有水的滋养而枯萎了，庙里也没有水了。于是，他挑着水桶到河里挑水回去。

给菩萨水瓶注满了水，绿枝又开始恢复了生长，每天防着老鼠偷东西吃，就这样红衣和尚安顿下来了，从日出到日落，红衣和尚和庙里的小老鼠日复一日地过着简单朴实的生活。

这天，庙里来了个高高瘦瘦的和尚(蓝衣和尚)，因为奔波劳碌，他一来就喝掉缸里的水。红衣和尚就让他一个人去河里挑水，蓝衣和尚挑水回来后，看到红衣和尚在庙里很优哉游哉，这让他心里觉得不平衡。

所以他就不想自己去挑水，而红衣和尚也不想自己一个人去挑水。后来实在是没水喝了，两个和尚商量了两个人一起去抬水喝。两个人每次只能抬一桶水，虽然抬的水少一点，倒也算是有水喝了。就这样蓝衣和尚也安顿了下来，从日出到日落两个人过着还算稳定的生活。

又有一天，庙里来了个胖胖的和尚(黄衣和尚)。他来庙里讨水喝，可是庙里已经没有水喝了。红衣和尚和蓝衣和尚就让他一个人去河里挑水，黄衣和尚挑来一担水后，觉得自己一个人挑水那两个和尚都不挑水，就心里觉得不平衡，自己挑来的水给他们白喝了。

于是自己立刻喝光自己挑来的水。从此之后，三个人都觉得自己去挑水很吃亏，所以谁也不愿意自己去挑水，三个和尚都各自过自己的生活。

大家各念各的经，各敲各的木鱼，谁也不管谁。最后连观音菩萨水瓶装着的水也喝光了，绿枝又开始枯萎了也没人愿意加水，晚上的时候老鼠出来偷东西吃，三个人谁也不管，放纵老鼠偷东西。

就这样一天又一天地过去了，结果老鼠越来越胆大，不仅大摇大摆地偷东西，而且偷的东西越来越多。一天晚上老鼠偷东西吃不小心打翻烛台，庙里瞬间燃烧起来了。火势越来越大，庙里也没有水灭火，害怕庙被烧掉了，于是三个和尚只能去河里挑水回来灭火，经过不懈努力终于将大火扑灭了。

具体内容如图3-1所示。

图 3-1　三个和尚没水喝

(资料来源：通过互联网综合收集、整理及加工。)

【问题思考】

"三个和尚没水喝"的根本症结在哪？如何解决？

企业中的各项职能由相对独立的岗位任职者承担，岗位则是承载企业事务的最基本单元。工作分析就是通过将各项职能分解到岗位，规定各岗位的职责权限和任职要求，明确各岗位与企业内外部的关系，最终形成书面岗位说明书的一项特殊活动。从某种意义上来说，工作分析为人力资源管理提供了基础性的支持作用。作为一种以分解为基础的综合分析活动，工作分析不仅关注其所构成的岗位本身，也关注岗位之间岗位与整个企业的关系及其动态变化。因此，工作分析的本质含义是一种活动或过程，是分析者运用科学的手段与技术，收集、比较并综合有关信息，对岗位概况、基本职责、任职资格等作出规范的描述与说明，即形成书面的岗位说明书体系，从而为企业战略、组织规划和人力资源管理等提供基本依据。

3.1.1 与工作分析相关的基本术语

工作分析活动涉及若干基本术语，它们有着不同的含义，经常被人们混淆误用。了解并掌握工作分析的常用术语，对科学有效地进行工作分析十分重要。与工作分析相关的基本术语如下。

(1) 工作要素。工作中不能再继续分解的最小动作单位。

(2) 任务。为达到某一明确目的所从事的一系列活动。

(3) 职责。组织要求的在特定岗位上需要完成的任务。

(4) 职权。依法赋予的完成特定任务所需要的权力。

(5) 岗位。组织要求个体完成一项或多项任务以及为此赋予个体的权力的总和。

(6) 职务。按规定从事的工作或为实现某一目的而从事的工作，由一组主要职责相似的职位所组成。

(7) 职系。由两项或两项以上有相似特点的工作组成。

(8) 职级。工作内容、难易程度、责任大小、所需资格都很相似的职位。

(9) 职等。工作性质不同或主要职务不同，但其困难程度、职责大小、工作所需资格等条件充分相同的职级为同一职等。

(10) 职业。不同时间、不同组织中，工作要求相似或职责平行(相近或相当)的职位集合。如会计，虽然每个单位会计的具体工作内容与工作量不尽相同，但这一职业要求的职责及任职资格是相似的。

(11) 职业生涯。个人在其生活中所经历的一系列履职、职务或职业的集合或总称。

3.1.2 工作分析的含义和内容

1. 工作分析的含义

工作分析又叫岗位分析、职务分析、职位分析，是运用系统的方法，对企业各类岗位的性质、任务、职责、劳动条件和环境，以及员工承担本岗位任务应具备的资格条件所进行的系统分析与研究，并由此制定出相应的岗位说明书和岗位规范等人力资源管理文件的活动过程。

2. 工作分析的内容

工作分析就是为管理活动提供与工作有关的各种信息，主要包括下述各点。

(1) 职务名称的分析。用简洁准确的文字对职务工作进行概括，包括工种、职称、等级等项目。

(2) 工作任务的分析。要调查研究企业中各个职务岗位的任务性质、内容、形式，执行任务的步骤、方法，使用的设备、器具以及工作影响的对象等。

(3) 工作职责的分析。对本岗位任务范围进行分析和对职责大小、重要程度进行分析。

(4) 职务岗位关系的分析，指该职位与相关的上下左右各职位之间的关系。

(5) 劳动强度和劳动环境的分析。

(6) 岗位对职工的知识、技能、经验、体力、心理素质等要求的分析。这部分内容主要侧重岗位职务对员工必备资格条件的分析研究。

为了方便记忆，以上内容可用 6W1H 加以概括，如图 3-2 所示。

图 3-2　6W1H 示意图

3.1.3　工作分析的目的

工作分析的目的主要体现在以下几个方面。

(1) 确定岗位工作的名称与含义以及在整个企业组织中的地位层面。同时，明确每个岗位职务的实际权力和责任水平。

(2) 确定员工录用或上岗的最低条件。录用员工的任何方法都必须依据对工作表现的预测。这种预测的基础就在于服从已经规定的岗位权、责要求。

(3) 确定工作岗位之间的相互关系，建立沟通程序和方式，以利于合理的晋升、调动与指派。

(4) 获得有关工作与环境的事实和来自各方面的状态信息，以利于发现导致员工不满包括"力不从心"或"大材小用"等配置方面的问题,以及其他导致工作效率下降的原因及环境因素。同时,为工作评价与改进工作方法积累必要的数据和进行正确可行的分类。

(5) 确定工作要求,以明确适当的指导与培训内容。对任何单位来讲,培训员工的费用都是相当高的。因此,培训所涉及的工作内容和责任应准确地反映实际的工作要求,使员工在培训中学到的知识技能与未来的工作实际应用相一致。

(6) 利用职务分析资料可辨明影响岗位职能有效发挥的主要因素,以便及时采取有效措施在动态过程中解决问题、消除隐患,确保岗位工作人员良好的工作条件和氛围。

(7) 在企业重组工作单位时,提供有关工作绩效与工作之间的事实资料。因为只有了解工作的要求及工作之间的关系,才能明确各层次的责任,减少重复与提高效率。同时为管理人员根据工作内容执行监督职能提供条件。而且职务分析是上级管理部门在规划中预测人力资源需求的基础。

(8) 揭示员工工作的各个侧面,反映工作绩效的个别差异,以利于制定考核程序。几乎每一位管理者和一般员工的工作性质上都不可能完全相同,均有主要工作和次要工作之分。因此,工作分析的一个主要作用就是明确对具体岗位的主要工作和次要工作的不同要求,以评价员工完成其主要工作的绩效。

企业大量的管理实践表明,充分科学的职务分析不仅可为与工作有关的人事决策奠定坚实的基础,同时也可促使员工较深刻地理解自己所从事的本职工作的各方面要求。职务工作分析继工作标准化之后,已被人们普遍认为是研究职务的重要手段。工作分析作为企业的一项管理基础工作及其对人力资源资料的管理分类作用,早已成为企业工作评价的基础,对于推动企业组织人事管理工作发挥了极其关键的作用。

3.1.4 工作分析的意义

工作分析(或职务分析)是人力资源管理最基本的工作。具体地讲,工作分析有以下几个方面的意义。

1. 招聘

招聘为应聘者提供了真实的、可靠的需求职位的工作职责、工作内容、工作要求和人员的资格要求。

2. 选录

选录为选拔应聘者提供了客观的选择依据,提高了选择的信度和效度,降低了人力资源选择成本。

3. 绩效考评

绩效考评为绩效考评标准的建立和考评的实施提供了依据,使员工明确了企业对其工作的要求目标,从而减少了因考评引起的员工冲突。

4. 薪酬管理

薪酬管理明确了工作的价值,为工资的发放提供了可参考的标准,保证了薪酬的内部公平,减少了员工间的不公平感。

5. 工作关系

工作关系明确了上级与下级的隶属关系,明晰了工作流程,为提高职务效率提供了保障。

6. 员工发展

员工发展使员工清楚了工作的发展方向,便于员工制订自己的职业发展计划。

3.1.5 工作分析的成果

工作分析的最终成果是形成两个文件,即工作描述和任职资格要求,即岗位说明书,又叫工作说明书、职务说明书、职位说明书。

工作描述规定了对"事"的要求,如任务、责任、职责等;任职资格要求规定了对"人"的要求,如知识、技术、能力、职业素质等。人力资源部门应通过工作说明和任职资格要求来指导人力资源管理工作。

1. 职务描述的主要内容

(1) 基本信息:包括职务名称、职务编号、所属部门、职务等级、制定日期等。

(2) 工作活动和工作程序:包括工作摘要、工作范围、职责范围、工作设备及工具、工作流程、人际交往、管理状态等。

(3) 工作环境:包括工作场所、工作环境的危险因素、职业病、工作时间、工作环境的舒适程度等。

(4) 任职资格:包括年龄要求、学历要求、工作经验要求、性格要求等。

2. 任职资格要求的具体内容

(1) 基本素质:包括最低学历、专长领域、工作经验、接受的培训教育、特殊才能等。

(2) 生理素质:包括体能要求、健康状况、感觉器官的灵敏性等。

(3) 综合素质:包括语言表达能力、合作能力、进取心、职业道德素质、人际交往能力、团队合作能力、性格、气质、兴趣等。

3.1.6 工作分析的时机

1. 新成立的企业

新成立的企业进行职务分析,不仅出自人员招聘的需要,还可以为后续的人力资源管理工作打下基础。企业刚刚成立时,职务分析最迫切的用途是在人员招聘方面由于很多职位还是空缺的,所以职务分析应该通过企业的组织结构、经营发展计划等信息来进行,制定一个粗略的职务分析框架。此时职务分析的结果只要能够满足提供招聘人员的"职位职责"和"任职资格"即可。更为详细的职务分析可以在企业稳定运作一段时间之后进行。

2. 职位变动

当职位的工作内容等因素有所变动时,应该对该职位的变动部分重新进行职务分析。

职位变动一般包括职责变更、职位信息的输入或输出变更、对职位人员任职资格要求变更等。在职位变更时,要及时进行职务分析,以保证职务分析成果信息的有效性和准确性。需要注意的是,在职位变动时,往往并不是一个职位发生变化,而是与之相关联的其他职位也会发生相应的变化。在进行职务分析时,一定要注意上述问题,不能漏掉任何一个职位,否则很可能会使职务分析得出矛盾的结果。

3. 没有进行过职务分析的企业

有些企业已经存在了很长时间,但由于企业一直没有人力资源部门,或者人力资源部门人员工作繁忙,所以一直没有进行职务分析。这些企业应该及时进行职务分析。特别是对于新上任的人事经理,有时会发现企业的人事工作一团糟,根本无法理出头绪,这时就应该考虑将职务分析作为工作切入点。

▌引导案例解析

首先,职责明确与否可以直接影响工作结果,并影响工作中个人及团体能力和积极性的充分发挥。其次,面对更复杂的这类问题时,应在约束与激励手段之间加以权衡。

第一,这个问题的实质是通过明晰的岗位职责来解决企业的秩序与效率问题。

第二,对于较简单的"三个和尚没水喝",可从约束的角度出发,在明确团队任务的前提下,确定每个和尚的职责,并按一定的流程和制度来实现"大家都有水喝"的目标。同时配合激励手段,如绩效评价,用绩效结果引导和改变和尚们的行为。

第三,面对复杂的"多个和尚要喝水"时,需建立一个有效的管理体系,划分若干和尚团队(部门),各团队承担相应职责;进而根据团队职能分解出若干岗位及其对应的职责,从而使团队的分工协作井然有序,大家都有水喝。

 课堂实训&案例讨论

清扫的责任

一个机床操作工把大量的机油洒在其机床周围的地板上。车间主任让他把机油清扫干净,操作工拒绝执行,理由是工作说明书里并没有包括清扫的条文。车间主任顾不上去查工作说明书上的原文,就找来一名服务工来清扫,但服务工同样拒绝,理由是工作说明书里没有包括这一类工作。车间主任很恼火,说要解雇他。因为这种服务工是分配到车间来做杂务的临时工,服务工勉强同意,清扫了机油,但是干完之后即向公司投诉。

有关人员看了投诉后,审阅了这三类人员的工作说明书。机床操作工的工作说明书规定:操作工有责任保持机床的清洁,使之处于可操作状态,但并未提及清扫地板。服务工的工作说明书规定:服务工有责任以各种方式协助操作工,如领取原料和工具,随叫随到,即时服务,但也没有包括清扫工作。勤杂工的工作说明书中确实包含了各种形式的清扫,但是他的工作时间是从工人正常下班后开始。

(资料来源:通过互联网综合收集、整理及加工。)

【案例讨论】

(1) 对于服务工的投诉,你认为该如何解决?

(2) 如何防止类似意见分歧事例的重复发生？

【案例解析】、【企业实战&经典案例】与【阅读参考】可登录清华大学出版社网址 (http://www.tup.tsinghua.edu.cn 或 http://www.tup.com.cn)查看。

任务 3.2　了解工作分析的步骤

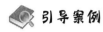

王经理的烦恼

DQ公司是一家民营企业。经过几年的运作，企业的业务规模逐渐扩大，但也出现了管理混乱、员工职责不清的问题。很多员工向总经理反映了这些问题，希望公司尽快解决。为此，总经理找到人力资源部的王经理，希望他来负责这项工作。根据其他企业的经验和相关资料，王经理决定从工作分析入手，对公司的组织结构和人员配置做适当调整。

总经理批准后，王经理召集人力资源部的两位人事专员成立工作分析小组，着手开展这项工作。首先是对公司内部的几个关键岗位进行访谈，没有想到的是，他们在访谈过程中遭遇了员工的不理解，甚至某些员工产生了对立的情绪和行为。

比如，有的员工语句中带有明显的冷淡和抵触情绪："你们这么做，对我们根本没多大用处""真不知领导怎么想的，做这种事真是费时费力又费财""我们整天忙得团团转，还得额外为你们提供这些东西""你先等着，等我忙完正事再跟你谈"。

即使有些员工表现得比较配合，但王经理在检查他们提供的信息时却发现，这些信息与实际情况出入较大，有的信息甚至是故意歪曲的。比如，一位员工说："我这个岗位(财务处会计岗位)是全公司责任最重、权力最小、工资最低的岗位，每天要对全公司的所有账务进行核对，月末得加班盘点，平时还要抽空制定财务制度，比别的岗位的工作累多了，他们基本上只拿工资不干什么活……"可实际上这个岗位并无"制定财务制度"这项任务，明显属于员工提供的虚假信息，故意夸大自己岗位的实际责任和工作内容，并对其他岗位的工作予以贬低。

面对此种状况，王经理很头疼，为什么员工如此不配合这次工作分析活动呢？

(资料来源：通过互联网综合收集、整理及加工。)

【问题思考】

(1) 为什么员工如此不配合这次工作分析活动呢？
(2) 如何缓解或消除工作分析中的员工恐惧心理？

工作分析是对工作进行全面评价的过程，当新成立一个组织、组织需要建立系统的人力资源管理体系、组织运作职责不清、岗位整合、工作内容发生变化时，都需要进行工作分析。

3.2.1 准备阶段

1. 成立工作分析项目小组

分配进行分析活动的责任和权限，明确活动的流程、方法及安排。

2. 明确工作分析的目标

工作分析的组织与实施，需投入大量人力、物力甚至财力，只有在明确目标的前提下，通过寻找问题的具体成因，才有利于高效快捷地解决问题。

3. 了解部门职责、组织流程

工作分析源于部门职责、业务流程、管理流程及组织设计，最终把部门职责分解落实到每个岗位、每个人。因此，参与工作分析的人员需要对它们有很好的理解。

4. 员工动员与解释

进行信息收集之前，应该向与工作有关的员工介绍工作分析的意义、目的及过程，并说明需要他们怎样配合。

5. 编制问卷及提纲

编制工作分析所需的各种调查问卷及观察、访谈提纲等。

6. 选择信息来源

信息来源包括组织设计、业务流程说明书、管理流程等书面文件，以及岗位任职者、管理监督者、内外部客户等。在收集整理信息时应注意下述两点。

(1) 不同来源的信息是有差别的。

(2) 应从不同角度收集，不要事先抱有偏见。

3.2.2 调查阶段

1. 依据工作分析目的确定调查方法

工作分析的主要目的包括：为空缺岗位招聘员工、确定绩效考核的标准、确定薪酬体系、用于员工的培训与开发等。而调查方法通常包括观察法、访谈法、问卷法等。观察法适用于大量标准化、周期短的体力活动为主的工作。访谈法可以发现新的、未预料到的重要工作信息。问卷法可以面面俱到，收集尽可能多的工作信息。所以应该结合工作分析的目标体系确定调查方法。

2. 收集工作的相关背景资料

相关背景资料包括组织结构图、工作流程图、国家职位分类标准等。

3. 收集职位的相关信息

相关信息包括工作活动的内容、权利、责任、体能消耗、工具、绩效信息、环境条件、对人的素质和能力的要求等。

4．工作分析调查阶段信息的着重点

工作分析调查阶段着重要调查的信息如下。

(1) 上下级汇报情况。
(2) 岗位存在的基本目的是什么。
(3) 为达到这一目的，该岗位的主要职责是什么。
(4) 什么是该岗位最关键(必不可少)的职责和负责的核心领域。
(5) 要完成该岗位职责，需要执行哪些关键流程。
(6) 该岗位任职者需要负责并被考核的具体工作成果是什么。
(7) 该岗位的工作如何与组织的其他工作协调。
(8) 组织的内部和外部需要有哪些接触。
(9) 怎样把工作分配给该岗位员工，如何检查和评价工作绩效。
(10) 有怎样的决策权。(事实上很多企业在整理工作说明书时并不列入该项)
(11) 该岗位工作的其他特点：如办公场所、特殊的工作环境。
(12) 要获得所期望的工作成果，该岗位任职人员需要有什么技能、知识和经验。

3.2.3 分析阶段

(1) 整理所收集的信息，即将收集的信息进行归类整理并检查是否有缺漏。
(2) 审核资料，即审查资料的准确性。
(3) 分析资料，即分析有关工作的主要成分和关键要素。

具体内容如图 3-3 所示。

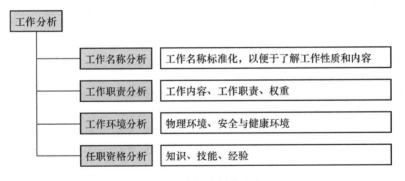

图 3-3　分析资料的内容

3.2.4 完成阶段

(1) 编写工作说明书。
(2) 对工作分析进行总结。
(3) 工作分析结果的运用。

以上具体内容如图 3-4 所示。

职务基本资料

员工编号	9900	填写人	李红忠	部门	管理部
职阶		职称		职务代理人	
直属主管		从事同一工作的员工人数			人
职位设立的目的(请简单叙述本职位的主要功能与目的)					
担任本职位所应具备的资格条件					
最低学历					
相关经验与最低年资要求					
语言能力					
专业知识					
计算机技能					
证照/其他					

图 3-4　工作说明书的内容

3.2.5　运用阶段

如将岗位说明书用于招聘选拔、人员配置、培训、绩效考核等工作时，在运用过程中发现不足应及时进行调整和修改。

■引导案例解析

工作分析实践中最常见的问题之一就是员工恐惧，这也是导致所获信息失真的根本原因。解决这个问题的关键在于了解员工恐惧的成因、表现形式及影响等，只有这样才能有针对性地提出解决问题的方法。

一般来说，由于员工害怕工作分析对自己已经熟悉的工作带来变化或带来利益损失，因而对工作分析调查采取不合作甚至敌视的态度，可称之为"员工恐惧"。这种心态会对工作分析造成一系列负面影响，不仅可以影响工作分析本身的正常实施，而且还可以影响工作分析结果的应用效果。比如，当员工培训根据不实的岗位说明书设计之时，培训效果将大打折扣。

可从以下几方面着手缓解员工恐惧。

(1) 在工作分析之前与员工进行有效沟通，提高他们对工作分析的认知和兴趣，取得他们的认同和配合，并让员工真正参与到工作分析活动中。

(2) 对员工作出适当承诺，消除其不必要的顾虑，比如向员工承诺，其提供的资料不会给他们带来降薪或减员的负面影响，使其有一定的安全感。

(3) 工作分析活动结束后，向员工提供一定的信息反馈，如及时反馈工作分析的阶段性成果和最终结果，肯定并感谢他们的参与。

(4) 从科学规范的工作分析入手，使工作分析保持一定程度上的制度化和常态化，促进员工对工作分析的理解。

 课堂实训&案例讨论

问题出在哪儿？

宏远公司是一家民营企业，经过几年的发展，公司业绩不断提升，获得了丰厚的利润。为了激励员工，公司决定在业绩增长的前提下，每年给员工增长一级工资。

而令人不解的是，这一政策实行半年后，公司产品的质量却出现下滑，员工出勤率开始降低，不时有员工旷工，员工的辞职率也在上升。

宏远公司的领导非常重视这些问题，责成人力资源部成立一个工作组专门调查这些现象产生的原因，一定要在一个月内把这些问题解决好。

工作组经过调查发现，员工的主要意见集中在如下两方面。

(1) 大部分工人对自己的工作条件、福利待遇表示满意。但工人们普遍反映所从事的工作单调、乏味，同一个工序干了很长时间，早就失去了新鲜感，尤其是年轻人认为工作"没意思"，既没有挑战性，又不能提高技术。

(2) 尽管大多数人对自己的待遇没有意见，但对企业的分配形式不太认可，认为工作与报酬基本不相关，人人都能涨工资，干多干少都一样，干好干坏没区别，这种观念直接导致了产品质量的下滑以及人员的流失。

(资料来源：通过互联网综合收集、整理及加工。)

【案例讨论】

为什么涨了工资产品质量却下降了？你有什么建议？

【案例解析】、【企业实战&经典案例】与【阅读参考】可登录清华大学出版社网址(http://www.tup.tsinghua.edu.cn 或 http://www.tup.com.cn)查看。

任务 3.3　掌握工作分析的方法

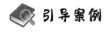 引导案例

房地产公司的工作分析

华龙公司是一家房地产开发公司，因近年房地产业的飞速发展，公司规模持续扩大，已成为省内知名的中型房地产开发公司。随着公司的发展，员工人数急剧增加，人力资源管理问题开始凸显。

目前出现的问题包括公司现有部门、岗位之间的职责与权限缺乏明确界定，扯皮推诿的现象时有发生，有的部门抱怨事情太多，人手不够，有的部门又觉得人员人浮于事，效率低下；在人员招聘方面，用人部门给出的招聘标准常常含混不清，使招来的人大多差强人意；许多岗位人事不匹配，员工的能力根本得不到充分发挥，既挫伤士气，又影响了工作业绩。

面对这样严峻的形势，人力资源部开始着手进行变革。变革首先从工作分析开始。人力资源部经理从一本人力资源管理书籍中选取了一份工作分析问卷，用来作为收集岗位信息的工具。然后人力资源部将问卷发放到各个部门经理手中，同时还在公司的内部网上发了一份关于开展问卷调查的通知，要求各部门配合人力资源部的问卷调查。

问卷下发到各部门后，一直搁置在各部门经理手中，并没有发下去。很多部门直到人力资源部开始催收时才把问卷发放到每个人手中。由于大家都很忙，很多人在拿到问卷之后，根本来不及仔细思考，便草草填写完事；还有一些人在外地出差，自己无法填写，就由同事代笔。此外，很多人都不了解这次问卷调查的意图，也理解不透问卷中那些陌生的管理术语，如职责、工作目的、价值体现等，因此，在回答问卷时无法把握填写的规范和标准，只能凭借自己的理解来进行填写。

两个星期之后，人力资源部收回了问卷。当然，问卷填写的效果不太理想，几乎是五花八门，有的问卷填写不全，有的问卷答非所问，还有一部分问卷根本没有回收。辛苦调查的结果却这样令人失望，没有发挥它应有的功效。

(资料来源：通过互联网综合收集、整理及加工。)

【问题思考】
人力资源部为什么没有实现预期目标？你有什么建议？

工作分析的方法有很多，企业在开展工作分析时需根据工作分析的目的并结合各种工作分析方法的利弊，对不同岗位进行分析，选择适当的方法。

工作分析的方法按照不同的标准有不同的类型。按照分析结果的可量化程度，可分为定性分析法和定量分析法。定性分析法主要有观察法、问卷法、访谈法、关键事件法和工作日志法等。定量分析法主要有职位分析问卷法(Position Analysis Questionnaire，PAQ)、管理岗位描述问卷法(Management Position Description Questionnaire，MPDQ)和功能性工作分析法(Functional Job Analysis，FJA)等。

此处重点介绍几种企业常用的工作分析方法。

3.3.1 问卷调查法

1. 问卷调查法需要注意的问题

问卷调查法即编制工作调查问卷，在一定时间内，对在岗人员的工作行为、特征等进行调查统计，再对统计结果进行统计分析。问卷调查法适用于脑力劳动者和管理工作者等。问卷调查法要获得成功，需要注意下述三个问题。

(1) 问卷设计的全面性，需涉及工作中的一切要素。

(2) 单项问题的设计应合理，使回答者可以在要求的范围内给出真实性的答案。

(3) 问卷有时可能需要采取强制手段回收。

2．问卷调查法的优、缺点

相对其他工作分析方法而言，问卷调查法的优缺点如下所述。

(1) 优点在于速度快、省时；调查范围广，可用于多种目的、多种用途的工作分析；调查样本量大，适用于调查对象数量较多的情况；对调查资料可以数量化处理。

(2) 缺点在于调查对象或分析人员均有可能曲解信息；问卷的设计与测试通常要花费较多的时间和人力，成本较高。

3．问卷调查法的类型

通常来说，问卷类型有以下几种。

(1) 通用型与非通用型。前者的内容具有普遍性，适合各种工作岗位的调查；后者则是专门为特定的工作职务设计的，内容具有特殊性。

(2) 开放型与封闭型。前者允许调查对象自由回答问题；后者只允许其从备选答案中选择。

(3) 工作定向型与人员定向型。前者强调工作本身的条件和结果，后者则集中了解员工的工作行为。

4．应用时要注意的问题

在应用该方法时要注意以下几个问题。

(1) 问卷本身的设计要讲究逻辑顺序，比如按时间先后顺序或从内部到外部的顺序，问题可按先易后难的顺序；问卷形式要有变化，以引起调查对象的兴趣；最关键的是，要以实用为核心，切忌照搬照抄。

(2) 在具体应用阶段，既要在调查前消除员工的顾虑，鼓励员工填写真实的内容，又要在填写过程中随时解答疑问。

(3) 在问卷回收时要查看是否有填写不完整的地方，如果有，需及时请被调查者修正。具体内容见调查问卷模板(见表3-1)。

表3-1　岗位分析调查表

一、基本信息	
姓名：	填写日期：　　年　月　日
岗位名称：	岗位编号：
所属部门：	直接上司：
二、调查信息	
1. 请你列出你直接上司的岗位及工作汇报内容 请列出你可晋升的职位 请列出你可平级调动的职位	

续表

2. 请你列举你直接领导的下属的岗位和工作内容(适用于管理人员)

3. 请准确、简洁地列举你的主要工作内容(若多于10条可以附纸填写,下同)

(1)	(2)
(3)	(4)
(5)	(6)
(7)	(8)
(9)	(10)

4. 请详尽地列举你有决策权的工作项目(请参照实际)

(1)	(2)
(3)	(4)
(5)	(6)
(7)	(8)
(9)	(10)

5. 请详尽地列举你没有决策权的工作项目

(1)	(2)
(3)	(4)
(5)	(6)
(7)	(8)
(9)	(10)

6. 请列举谁能监督你的工作,如何监督

7. 请简明地描述你的哪些工作是不被监督的

续表

8. 请详细地描述你在工作中需要接触哪些岗位的其他员工？并说明接触的原因

9. 请简明地列举你编写的需要作为档案留存的文件名称和内容提要

10. 请列举工作中需要用到的主要办公设备和用品

11. 请描述你在人事和财务方面的权限范围(此题仅适合于经理)

12. 你认为胜任这个岗位需要几年的相关工作经验
不需要□　1年□　2年□　3年□　4年□　5年及以上□　不好估计□

13. 你认为胜任这个岗位需要什么样的文化程度
初中□　高中□　大专□　本科□　硕士及以上□　不好估计□

14. 你认为一位没有相关工作经验的大专学历的人员，需要多长时间的培训可以胜任工作
不需要培训□　3天以内□　15天以内□　1个月以内□　3个月以内□　半年以内□
半年以上□　不好估计□

15. 具有什么能力的人能更好地胜任该岗位
能力是指一个人顺利完成某种活动的必要条件的心理特征的总和，能力可分为以下九大类。
空间判断能力
书写能力
语言能力
数理能力(包括数学运算、类比推理)
观察细节能力
组织管理能力
社会交往能力
运动协调能力
动手能力

续表

16. 你认为什么样的心理素质的人员能更好地胜任该岗位

17. 你认为什么样的知识范围能够更好地胜任该岗位(例如：计算机知识应该怎样等)

18. 请描述该岗位的工作环境，你认为什么样的工作环境更适合工作

19. 你对该岗位的评价

20. 你认为如何才能完成工作

21. 假设现在我们要招聘和你同岗位的人员，请你帮忙出五道考题

22. 认真、详尽地描述你的日常性工作

续表

23. 请将该表没有列出，但你认为有必要的内容写在下面

注意事项：

1. 填写人应保证以上填写的内容真实、客观，并且没有故意的隐瞒；
2. 该问卷内容作为岗位分析的重要依据，如果填写人在填写完成后发现有遗漏、错误，或其他需要说明的事项，请立即与岗位分析小组成员联系。

填写人签字：
日　期：　　年　月　日

3.3.2 面谈法

微课 05　工作分析的方法——访谈法的提问方法

1. 面谈法的定义

面谈法也被称为采访法、访谈法，其应用较为广泛，是指通过工作分析人员和员工面对面的谈话来收集信息资料的方法。谈话应围绕以下内容进行：工作目标、工作内容、工作性质与范围。

2. 面谈法的应用

在实际运用中常使用三类面谈法：一是对组织内的员工进行个人访谈；二是对从事同种工作的员工进行群体访谈；三是对了解工作的专家或管理者进行访谈。群体访谈和专家访谈在实际工作中较为常用，相对能获得较为全面的信息。

3. 面谈法需要解决的难题

采用面谈法时，需要解决两个难题，其一是要和面谈对象建立和谐的关系，尊重被调查人，用词恰当，营造轻松愉快的沟通气氛，面谈专家时应尽量避免发表个人的观点，要采取启发式提问，避免命令式提问。其二是预防面谈对象为了获得理解与认同，有意或无意夸大工作重要程度的现象，最大限度地激发面谈者提供真实详细的资料。为了保证面谈的效度和信度，事先需要确定访谈的内容和问题、对象和岗位，即要准备好面谈的问题提纲。

相较于其他方法而言，使用标准化面谈格式进行记录，不仅便于控制面谈内容，还可比较同一职务的不同任职者的回答。

(1) 优点在于能详细了解任职者较深层的心理信息，如工作态度和工作动机；运用范围广，能简单迅速地收集相关工作信息；有助于与员工的沟通，在解释工作分析必要性及功能时，能缓解员工压力，并发现一些在其他条件下不易了解到的问题。

(2) 缺点在于耗费时间长,当被分析的工作属专业性或管理性职位时,工作成本会更高;信息可能失真或扭曲,这是因为员工可能把工作分析误认为是对其工作绩效的考核,从而人为地夸大或弱化某些信息。

4. 面谈法的典型或常用提问

在进行面谈时可以采用以下提问方式。

(1) 你所做的是一种什么样的工作?
(2) 你所在职位的主要职责工作是什么?你是如何做的呢?
(3) 你的工作环境与别人的有什么不同呢?
(4) 做这项工作所需要的受教育程度、工作经历、技能是怎样的呢?
(5) 做这项工作要求你必须具有什么样的资格证书或工作许可证呢?
(6) 你的责任是什么?
(7) 你工作绩效的标准有哪些?
(8) 工作对身体有什么要求?对情绪和脑力有什么要求?
(9) 工作对安全和健康的影响如何?

根据提问形式的不同,提问可以分为下述几种类型。

(1) 提问式。提出问题要求回答。
(2) 陈述式。直接要求被访人就某一方面问题进行陈述。

根据提问问题的性质,提问可以分为下述几种类型。

(1) 开放式。对回答内容完全不限制,给被访者自由发挥的空间。
(2) 封闭式。回答通常是"是"或"否"。
(3) 或者其他给定的选项。

根据提问内容和时机,提问可以分为下述几种类型。

(1) 探究式。对同一个问题进行追问,以获得全面、透彻的了解。
(2) 连接式。对一个问题上下游的或有关联的其他问题进行追问。
(3) 澄清式。对有疑问的问题进行复述以确认自己准确地理解了被访者想表达的意思。
(4) 总结式。在被访者基本完成陈述后,总结其陈述内容,予以确认并追问是否有遗漏。

在访谈时应注意避免的提问方式有下述几种。

(1) 诱导性问题。
(2) 偏见式陈述。
(3) 多选式问题。

问题举例。

(1) 我觉得你不喜欢督导你的员工,是吧?
(2) 仓保员常常没什么事干。
(3) 你是每周、每月还是每两月与客户见面吗?

3.3.3 观察法

1. 观察法的定义

观察法是一种传统的工作分析方法,是指工作分析人员直接到工作现场,针对某些特定对象的作业活动进行观察,并以标准格式记录各个环节的内容、原因和方法,然后进行分析和归纳的方法。

2. 观察法的优、缺点

(1) 观察法的优点在于工作分析人员能够比较全面和深入地了解工作要求,适用于那些主要依靠体力劳动完成的工作,如装配线工人。

(2) 观察法的缺点在于观察者需经过培训才能了解观察内容和观察方式;这种方法多局限于短期和重复循环的工作,不适用于脑力劳动成分较高的工作,也不适用于处理紧急事件的间歇性工作;此外,有些员工会因觉察到受到监视而产生反感情绪,以致动作变形。在应用观察法时,通常要准备一份工作分析观察提纲作为观察依据,具体可参考表3-2;还可在观察之后与员工面谈,填写观察记录表(见表 3-3),补充未观察到的内容;最后还要对所获得的信息进行核实,以确保信息的完整性及精确性。

表 3-2　工作分析观察提纲(部分)

被观察者姓名：_____　日期：_____
观察时间：_____　观察者姓名：_____
工作部门：_____　工作类型：_____
观察内容：_____
1. 什么时候开始工作?_____
2. 上午工作多少小时?_____
3. 上午休息几次?_____
4. 第一次休息时间从_____到_____
5. 第二次休息时间从_____到_____
6. 上午完成产品多少件?_____
7. 平均多少时间完成一件产品?_____
8. 与同事交谈几次?_____
9. 每次交谈约多长时间?_____
10. 室内温度_____℃
11. 上午抽了几根香烟?_____
12. 上午喝了几次水?_____
13. 什么时候开始午休?_____
14. 生产了多少次品?_____
15. 搬了多少次原材料?_____
16. 工作的噪声分贝是多少?_____

表 3-3 观察记录表

观察对象姓名		观察岗位	
观察者姓名		观察时间	

观察内容：
1. 上班时间：　　　　下班时间：
2. 全天工作时间：　　其中上午工作时间：　　下午工作时间：
3. 上午休息次数：　　休息时间分别为：
   下午休息次数：　　休息时间分别为：
4. 完成一件产品最短需要时间：　　　　最长需要时间：　　　平均时间：
5. 上午完成产量：　　次品量：　　　下午完成产品：　　次品量：
6. 室内温度最低：　　室内温度最高：　　室外温度最低：　　室外温度最高：
7. 离开岗位外出几次？　耗时多少？　离岗是否是工作需要？

问题举例：
(1) 在什么样的情况下你需要去获得上级的批准？
(2) 你的日常工作主要包括哪些内容？
(3) 你是否负有人员管理职责？
(4) 在完成了用户小站现场安装后，还需要做什么后续工作吗？
(5) 你的意思是你只有权审批 300 元以下费用报销单，是吗？
(6) 你刚才介绍了这个岗位的主要工作，还有其他需要补充的吗？

3.3.4 关键事件法

1. 关键事件法的定义和内容

关键事件法(Critical Incident Method，CIM)又被称为关键事件技术，是指工作成功或失败的行为特征或事件。

关键事件记录包括以下几个方面。
(1) 导致事件发生的原因和背景。
(2) 员工特别有效或多余的行为。
(3) 关键行为的后果。
(4) 员工自己能否支配或控制上述后果。

2. 关键事件法的优、缺点

(1) 关键事件法的优点。第一是被广泛用于许多人力资源管理方面，如识别挑选标准及培训的确定，尤其应用于绩效评估的行为锚定与行为观察中；第二是由于是在行为进行时观察与测量，所以描述职务行为，建立行为标准更加准确。

(2) 关键事件法的缺点。需要花大量时间去收集那些"关键事件"并加以概述和分类。

3. 关键事件法运用时的注意事项

(1) 调查的期限不宜过短。
(2) 关键事件的数量应足够说明问题，事件数目不能太少。
(3) 正反两面的事件都要兼顾，不得偏向任何一方。

3.3.5 工作日志法

1. 工作日志法的定义

工作日志法又称工作写实法，指任职者按时间顺序详细记录自己的工作内容与工作过程，经工作分析人员归纳提炼后获取工作信息的方法。其要点是为了使员工及时记录下工作细节，以免遗忘。通常会将工作日志法与访谈法结合起来运用。当观察者与被观察者合二为一时，观察法就成了工作日志法。

2. 工作日志法的优、缺点

(1) 优点在于费用较低，适用于获得有关工作职责、工作内容、工作关系以及劳动强度等信息；该方法不仅对工作分析有用，而且是任职者自我诊断的一种重要工具。此外，遇到分析周期较短、工作状态稳定以及较复杂的工作时，此法比较经济有效。

(2) 缺点在于记录者易将注意力集中于活动过程而非结果；使用范围较小，不适用于工作循环周期较长、工作状态不稳定的职位；信息整理量较大，归纳工作烦琐；工作执行者在填写时的疏忽遗漏和刻意扭曲行为，会影响信息的真实性，而且填写工作日志在一定程度上会影响正常工作。

3.3.6 工作实践法

1. 工作实践法的定义

工作实践法是由工作分析人员亲自参加岗位工作实践，体验整个工作过程从中获得工作分析所需资料的方法，该方法适用于专业性不是很强的岗位。

2. 工作实践法的优、缺点

(1) 优点。更能获得真实可靠的数据资料；可以准确地了解工作的实际任务和体力、环境、社会方面的要求。

(2) 缺点。受工作分析人员本身知识与技能的局限，运用范围很窄；不适用于在现代化大生产条件下，对操作的技术难度、工作频率、质量要求高及危险性的职务。

3.3.7 工作分析方法比较

不同的工作分析各有其优、缺点及适用范围，总结如表 3-4 所示。

表 3-4　工作分析方法比较

方　法	优　点	缺　点	适用范围
观察法	全部深入了解工作要求	不适用于脑力工作、间歇性和周期较长的工作	适用于标准化、周期短的体力工作或事务性工作
面谈法	简单、高效、便于了解人员的工作态度、工作动机等深层次信息	费用较高，员工可能夸大或弱化一些职责	以脑力劳动为主的工作
问卷调查法	调查数量大、范围广、费用较低、效率高、员工有参与感	问卷设计要求高，被调查者可能缺乏耐心，理解存在偏差	要求被调查者具备一定的理解和表达能力
工作日志法	所获信息全面	费时，影响员工工作，整理信息工作量大	适用于琐碎、周期较短、状态稳定的工作
工作实践法	细致、深刻体验工作，工作分析资料的质量高	对工作分析人员要求较高	短期可掌握的工作
关键事件法	既能获得岗位静态信息，又能了解岗位的动态信息	费时，易遗漏工作不显著的行为	工作周期较长的工作

■ 引导案例解析

　　人力资源部的出发点很好，之所以结果令人失望，关键原因在于工作分析的方法选择和组织过程明显存在漏洞。首先，在工作分析准备阶段，没有明确的计划和时间安排；其次，工作分析采用问卷调查法，但问卷直接从人力资源管理书籍中选取，没有针对性；最后，对各部门负责人和参与问卷调查的人员没有任何培训指导，从而最终导致工作分析没有实现预期目标。

　课堂实训&案例讨论

新星公司的工作分析

　　小王是新星公司的人事助理，根据人力资源部陆经理的安排，小王本月的任务是协助他进行各部门人员的工作分析。

　　小王从周一就开始和经理们预约面谈时间，但他们都很忙，要把陆经理和他们的时间凑在一起，实在不容易。因此，两个星期过去了，陆经理只和两个部门经理进行了访谈。

　　小王和普通员工的访谈情况也不乐观。员工要么找借口不接受访谈，要么就借机发牢骚，指责公司的管理问题，抱怨工资太低等。当谈到与岗位工作相关的内容时，他们往往又言辞闪烁，故意夸大，希望小王对他们的工作产生超负荷的印象。而且，很多人根本就说不清自己岗位的工作职责。

　　一个月过去了，才有一半的人接受了访谈，访谈得到的信息很不理想，明显有修饰的痕迹。这时，有人开始在总经理面前打小报告，说人力资源部折腾了半天是光打雷不下雨，既影响大家工作，还动摇了军心。

总经理在会上狠批了陆经理一顿，指责人力资源部工作效率太低，要求陆经理半个月内一定要完成工作分析。

(资料来源：通过互联网综合收集、整理及加工。)

【案例讨论】

(1) 对于新星公司工作分析中遇到的阻力，你认为问题出在哪里？
(2) 人力资源部要完成工作分析任务，应该采取什么措施或者采用其他什么方法？

【案例解析】、【阅读参考】可登录清华大学出版社网址(http://www.tup.tsinghua.edu.cn 或 http://www.tup.com.cn)查看。

任务 3.4 编制岗位说明书

 引导案例

王斌的职责

王斌来自四川农村，今年23岁，18岁高中毕业后跟随叔叔一起到城里打工，干过建筑、司机、电工等，现在是一家小型企业的销售员。由于公司规模小，公司里常常一人兼多职，但工资只有一份。就拿王斌来说，他不仅要做销售工作，还要担任司机，负责接送客户，甚至还要送货。前几天，老板知道王斌以前干过电工，又找他谈话，让他再负责一下公司日常办公设备的维护管理工作。谈话后，王斌心里有些郁闷，每个月只拿底薪和销售提成的他，工资并不比在其他公司工作的员工高，但工作职责却要多很多，王斌萌生了辞职的想法。

(资料来源：通过互联网综合收集、整理及加工。)

【问题思考】

为什么会出现这种现象？

工作分析的目的是使员工工作的内容与要求更加明确与合理，以便更有效地选拔和任用合格人员，改善工作环境，制定奖励制度，实现公平报酬，调动员工的积极性。工作分析的成果最终体现为书面文件——岗位说明书。

3.4.1 岗位说明书的含义

岗位说明书是对岗位所承担的工作任务、职责、任职者要求的书面描述，是整理工作分析结果后的书面文件。岗位说明书主要包括工作描述和任职资格两部分。

3.4.2 工作描述

工作描述又称岗位描述、职务描述，是以"工作"为中心，对岗位工作的具体事务、环境特点进行全面说明的书面描述，主要包括如下所述内容。

1. 岗位基本情况

描述该岗位的总体信息与基本资料，不同公司对岗位基本情况的采集侧重点不同，主要有岗位名称、岗位编号、所属部门、上下级隶属、可升调岗位、岗位等级、岗位编制等信息，具体见表 3-5。此部分案例介绍见表 3-6。

表 3-5　岗位基本情况表

岗位名称		岗位编号	
所属单位		岗位定编	
所属部门			

表 3-6　岗位说明书(案例)

岗位概况：

部门：FE 产品创新部；职务：部门经理；编制：1 人；直接主管：事业部总经理；属员：不定人。

职业发展：

可晋升职位：总监；可平行异动职位：＿＿＿＿

2. 岗位设置目的

岗位设置目的是指描述该岗位存在于企业的目的和意义。在确定岗位设置目的时，应围绕以下几个问题开展。

(1) 该职位对组织的整体目标完成有什么作用？

(2) 组织为什么需要这个职位？

(3) 该职位对组织独一无二的贡献是什么？

(4) 如果该岗位不存在，则会对公司或部门造成哪些影响？

岗位设置目的描述的表述格式：为……在……做……

具体内容见图 3-5。

如人力资源部经理岗位设置的目的是：为实现公司的发展目标和年度工作经营计划，在总经理的领导下，制定公司人力资源管理与开发体系，优化人力资源配置、挖掘人力资源潜能，实现员工同企业的双赢。

图 3-5　岗位设置的目的

具体示例见表 3-7。

表 3-7　康佳集团股份有限公司岗位说明书(示例)

岗位名称：区域经理	岗位等级：	岗位编码：
所属单位：	所属部门：	
工作地点：	工作环境：	
岗位设置目的： 　　为最大限度地利用销售资源增加销售额，扩大市场提升产品形象，在指定的销售范围内和公司政策规定指导下，制定销售策略，并领导销售代表完成销售任务和建立市场信息渠道。		

3. 工作职责

工作职责是指描述该岗位的主要工作内容。在确定主要岗位职责时，应围绕以下几个问题开展。

(1) 总体来说代表了岗位的主要产出。

(2) 描述了工作的成果而非过程。

微课06　提炼岗位职责

(3) 每一个说明都是没有时限的，如果岗位没有改变，职责不会改变。

(4) 每项职责占用的时间一般大于所有职责的 5%。

(5) 未被逐条详细描述的"其他"职责所占用的时间一般不超过该岗位完成所有职责工作时间的 10%。

岗位职责描述的规则如下所述。

(1) 表述格式：动词+宾语+目的描述，或工作依据＋动词＋名词＋目标，具体见表 3-8。

(2) 尽量避免采用模糊性的数量词，如"许多""一些"等，而尽可能表达为准确的数量。

(3) 尽量避免采用任职者或其上级所不熟悉的专业化术语。

(4) 其存在着多个行动和多个对象时，避免引起歧义，需要进行分别表述。

表 3-8 职责描述的表述格式

动词	宾语	目的描述
收集	财务数据	审核各部门提出的预算费用需求
执行	财务预算模型分析	支持公司下年度财务规划
统计	客户数据	向公司管理层汇报老客户流失率
清洁	机房设备	按照清洁手册的排班要求，保证正常操作
驾驶	员工班车	在工作日接送员工上下班

具体示例见表 3-9。

表 3-9 康佳集团股份有限公司岗位说明书(示例)

岗位名称：资金经理		岗位等级：	岗位编码：
所属单位：		所属部门：	
工作地点：		工作环境：	
岗位设置目的：			
岗位职责：			
资金筹集	职责描述：负责筹集公司运营所需资金，保证公司战略发展的资金需求。 关键流程：①依据公司发展战略预测资金需求；②寻找并开发资金来源渠道；③制定资金筹集方案；④实施筹集方案；⑤筹集结果反馈与调整。 重大成果：资金需求分析报告、资金筹集方案、资金筹集方案实施总结及建议		
资金预决	职责描述：负责制订公司预算计划和资金运营计划，监督资金运营和决算审计。 关键流程：①制订预算计划；②制订资金支出计划；③审批公司资金实际支出；④预算管理决算；⑤预算调整。 重大成果：预算计划、资金支出计划、决算报告		

4. 工作权限

工作权限是指根据该岗位的设置目的和主要工作职责，组织赋予该岗位的决策范围、决策层次和控制力度。

主要工作权限可分为三类，即业务类、财务类及人事类，具体见图 3-6。

工作权限的表述格式为：对……有……权。对权限描述不能只是简单写到建议权、监督权，而是要具体点明是什么建议权、监督权，具体见图 3-7。

5. 工作关系

工作关系是指该岗位的任职者在工作过程中，与组织内外发生工作联系的主要单位、部门或岗位。

中高层员工	基层员工
业务类： 对……(制度或者计划)有建议权、提案权； 对……(部门内提案)有审核权，并对其执行情况有监控权； 对……(部门内提案)有审批权，并对其执行情况有监控权； 对……(制度或者计划、财务预算、人力资源制度执行状况)有监控权	业务类： 其中，基层员工对……(工作改进和相关工作方案)有建议权、提案权
财务类： 在授权范围内对预算使用、费用报销有审核权或审批权	其中，基层管理人员对业务范围之内的提案有审核权； 对业务范围内的工作计划或工作方案有监控权
人事类： 对部门员工(或者直属下级)有考核权，并对其人事任免、薪酬调整、职位调整有建议权和提案权 注：总经理及副总经理，其人事类权限的对象是直属下级；部门负责人，其人事类权限的对象是部门员工	

图 3-6　工作权限的分类

提案权	提出或编制管理方案(制度、计划等)的权力
审核权	对管理方案(制度、计划等)的科学性、可行性进行审议、修订甚至否定的权力
审批权	批准(或者否决)管理方案(制度、计划等)付之实施的权力
监控权	对管理方案(制度、计划等)执行过程进行监督和调控，并根据需要采取相应措施的权力
考核权	根据管理方案(制度、计划等)执行结果，对相关者进行考核的权力
任免权	对公司内部人员去留问题的决定权
奖惩权	根据考核结果(工作结果或工作表现)或审计结果按照相关规定对相关责任者进行奖惩的权力
建议权	对管理方案(制度、计划等)的科学性、可行性提出建议的权力

图 3-7　工作权限的表述格式

确定岗位工作关系时应注意下述各事项。

(1) 工作联系中的直接上级、直接下级是针对行政隶属关系而言。直接上级是指直接行政主管，直接下级是指直接行政下属。

(2) 内部联系、外部联系是指因履行岗位职责需要与公司内外部发生业务工作关系的主要相关单位、部门、岗位。

(3) 填写"机构名称""部门名称"或"岗位名称"，而不是现任职者人名。内部联系能够具体到岗位的，应明确填写岗位名称。

具体内容如图 3-8 所示。

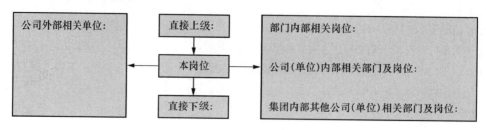

图 3-8　主要工作关系

6. 工作环境

工作环境是指该岗位在工作中的时间要求、所使用的设备及所处的环境等。具体内容如下所述。

(1) 时间要求。指工作的时间要求，是否需要经常出差、是否需要上夜班等。

(2) 工作设备。指该岗位在工作中需经常接触的设备，如计算机、传真机、实验器材等。

(3) 工作环境。指该岗位在工作中所处的环境，是在室内还是室外，是否需要在高温、高湿、高噪声等环境下工作，是否需要接触有害气体或物质等。

3.4.3　任职资格

任职资格指岗位对任职者在学历、专业、工作经验、性别、资格证书、专业知识、专业技能、岗位培训要求、能力素质、个人性格特征及其他等方面的要求。具体内容见表 3-10。

表 3-10　任职资格

最低学历				专业	
工作经验				性别	
资格证书					
专业知识					
专业技能					
岗位培训要求					
能力素质					
个性特征					
其他	身高			户籍	
	年龄			语言	
	仪表			其他	

1. 最低学历

(1) 这是指胜任本岗位工作的最低学历要求。

(2) 填写格式：博士；硕士；本科；大专；技校、职高或中专；高中；初中。

2. 专业

(1) 满足本岗位任职条件的专业类别或具体专业名称。

(2) 专业名称要求按国家统一规范的专业名称填写。

3. 工作经验

(1) 句式：具有××年××工作经验。

举例：具有3年相关工作经验。

(2) 一般工作经验：社会工作经验。

(3) 相关工作经验：与岗位相关的工作经验。

(4) 专业工作经验：专业工作经验。

(5) 管理工作经验：从事管理工作的经验。

4. 性别

填写格式："男性""女性"或"男女不限"。

5. 资格证书

(1) 资格证书指胜任本岗位所必须持有的资格证书，如"会计证"等。

(2) 资格证书也含其他技能证书等。

6. 专业知识

专业知识包括业务知识和管理知识。

(1) 业务知识是指该岗位开展业务工作所必须具备的知识。比如"熟练使用CAD制图软件"等。

(2) 管理知识指针对管理岗位或兼有管理职责的岗位而言的，是指该岗位在进行岗位工作时所必须具备的知识。比如作为一个室主任，必须知晓必要的财务知识、人力资源管理知识、时间管理知识等。

7. 专业技能

(1) 指为完成本职工作所要求具备的专业技能。

(2) 填写格式：程度词汇+专业技能。程度词汇从高到低分别为精通、熟练掌握、熟悉、了解。

(3) 例如："熟练掌握网络技能""精通英语听说读写技能"。

案例见表3-11。

表 3-11　业务技能举例(包括但不限于)

会计电算化软件使用技能、美工设计技能、商务谈判技能、网络维护技能、专业软件能力开发技能、公文写作技能、××设备安装维修技能等

8. 岗位培训要求

(1) 是指担任该岗位工作过程中(包括担任前、担任中)所应该参与的培训要求。
(2) 视公司具体情况，此项在日常管理工作中只起到指导性作用。
案例见表 3-12。

表 3-12　上岗培训举例

某公司人力资源部经理的上岗培训要求：
公司运营体系培训、部门制度与流程培训、岗位职责培训、公司经营技巧培训、公司产品知识培训、质量管理体系知识培训、项目管理技能培训

9. 能力素质

(1) 能力素质指本岗位在日常管理工作中所应该具备处理工作事务的相关工作能力。
(2) 填写格式：具备+程度词汇+能力素质。
(3) 程度词汇从高到低分别为优秀、良好、中等、及格、不及格。
(4) 选择最重要的 3～5 项能力进行填写，如具备优秀的计划能力、良好的分析判断能力和团队协作能力。
具体内容见表 3-13。

表 3-13　岗位能力素质要求举例(包括但不限于)

组织协调能力、创新能力、计划能力、执行能力、团队协作能力、培养下属能力、领导能力、决策能力、控制能力、沟通能力、学习能力、分析判断能力等

10. 个性特征

(1) 个性特征主要指本岗位工作对任职者个人性格特征的要求。
(2) 依照重要性排序，如追求完美、一丝不苟、活泼开朗、乐观积极等，一般不超过五项。
(3) 填写格式举例：如某公司对财务人员个性特征的要求为"耐心细致、正直诚实、保密意识强"。
具体示例见表 3-14。

表 3-14 个性特征要求举例(包括但不限于)

认真负责、踏实肯干、积极主动、耐心细致、严谨稳健、敬业、精力充沛、思维缜密、正直诚实、冷静客观、坚持原则、吃苦耐劳、公正客观、思路清晰、保密意识强、自信、思维敏锐、开拓进取、能够承受较大工作压力

11. 其他方面的填写要求

(1) 身高。
① 填写本岗位对身高的特别要求。
② 举例：填写身高要求，如"男，170cm 以上，女，160cm 以上"等或"身高不限"。
(2) 年龄。
① 填写本岗位对年龄的特别要求。
② 举例：填写年龄区间，如"18~25 岁"等或"年龄不限"。
(3) 仪表/形象。
① 填写本岗位对仪表/形象的特别要求。
② 举例：填写仪表/形象要求，如"五官端正""仪表端庄"等或"仪表/形象不限"。
(4) 户籍。
① 填写本岗位对户籍优先的特别要求。
② 举例：填写户籍要求，如"马鞍山户口"等或"户籍不限"。
(5) 语言。
① 填写本岗位对语言的特别要求。
② 举例：如"英语流利""能用英语进行简单交流"等。
(6) 其他。
① 填写其他方面的特别要求。
② 举例：如"体力较好"等或"无"。

3.4.4 岗位说明书的编制要求

岗位说明书的编写较为复杂，是经验、规范与技巧的结合。工作分析人员不仅要具有较强的专业知识，掌握编写技巧，还应有耐心和责任心。编写应遵照的准则如下所述。

1. 逻辑性

逻辑性是指通常应按重要程度的高低和所花费的时间长短排列各项工作职责，尽可能将相近的工作职责列在一起，使形成的岗位说明书易于理解和使用。

2. 准确性

准确性是指岗位说明书应表达清楚、明确，所说明的工作要求和任职资格条件应该是正确的，能真实反映工作的基本内容和主要特征。

3. 实用性

实用性是指岗位说明书中的表述应以实际工作为依据，切忌华而不实。

4. 完备性

完备性是指对工作的职责描述和任职资格条件应全面完整，切勿遗漏和省略。

5. 统一性

统一性是指同一企业不同岗位的岗位说明书应格式统一，以维持整体的协调和美观。

6. 预见性

预见性是指岗位说明书能够体现工作在不断发展变化的现实，在严格真实地反映工作现实特征的基础上，应具备一定的弹性和灵活性。

7. 简约性

简约性是指条理清楚，措辞简洁、精练、严谨、合理。

8. 专业性

专业性是指对工作特点与任职者条件要求尽量采用专业术语。

3.4.5　岗位说明书的编制流程

1. 确定岗位说明书的格式

工作说明书的具体形式可能有多种，但其核心内容却不应当改变。具体来说，工作说明书中的重要项目如工作名称、工作概要、工作职责、任职资格等必须建立统一的格式要求，注重整体协调，否则将难以发挥工作管理作用。

2. 逐项进行职责描述

岗位的主要工作内容可能很多，但在分类归纳汇总后，应逐项描述。一般情况下，岗位核心职责不超过 6 项。

3. 小组讨论

工作说明书的起草人在初步起草工作说明书后，应经过岗位分析项目小组讨论确定。在讨论过程中如果有不明确的问题，还可以向相关人员进一步了解情况。

小组讨论的意义在于小组各成员对同一岗位有不同视角，他们的意见可保证该工作说明书内容更加确切、完整，文字表达更加准确。

4. 反馈和确认

经岗位分析小组讨论确定后的工作说明书，可返回岗位现任职人员或其直接上级手中，以征求反馈意见并进行必要的修改。

工作说明书最终必须由部门负责人审核、分管领导批准，人力资源部进行编号，成为正式的工作说明书档案。

岗位说明书并非一成不变，工作内容、责任和权限、任用条件等都可能因内外部环境的改变而适时调整，一份与时俱进的岗位说明书才真正具有参考和运用的价值。

■ 引导案例解析

现实社会中，其实也存在这种越是能干的人，干得越多，甚至干了很多额外的工作，但却不一定能得到应有的报酬的现象。这也蕴含着一个管理启示：合格的管理者必须有能力将所属员工的工作内容、范围、职责、责任及考核界定清楚，防止"能者多劳，多劳不多得"这种不公平现象出现。

  课堂实训&案例讨论

赵强到底想要什么样的工人？

"赵强，我一直想象不出你究竟需要什么样的操作工人？"江山机械公司人力资源部负责人王进说，"我已经给你提供了4位面试人选，他们好像都满足岗位说明书中规定的要求，但你一个也没有录用！"

"什么岗位说明书？"赵强答道，"我所关心的是找到一个能胜任那项工作的人。但是你给我提供的人都无法胜任，而且我从来就没有见过什么岗位说明书。"

王进递给赵强一份岗位说明书，并逐条解释给他听。他们发现，要么是岗位说明书与实际工作不相符，要么是规定以后，实际工作又有了很大变化。例如，岗位说明书中说明了有关老式钻床的使用经验，但实际上所使用的是一种新型数显机床。为了有效地使用这种新机器，工人们必须掌握更多的数学知识。

听了赵强对操作工人必须具备的条件及应当履行职责的描述后，王进说："我明白了。让我们今后加强工作联系，这类问题就再也不会发生了。"

(资料来源：通过互联网综合收集、整理及加工。)

【案例讨论】

(1) 王进明白了什么？
(2) 王进怎么做才能避免类似事情的发生？

【案例解析】、【企业实战&经典案例】可登录清华大学出版社网址(http://www.tup.tsinghua.edu.cn 或 http://www.tup.com.cn)查看。

任务3.5 岗 位 设 计

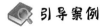 引导案例

猴子取食的启示

美国加利福尼亚大学的学者曾经做过一个试验：把6只猴子分别关在3间空房子里，

每间两只，房子里分别放着一些食物，但食物摆放的位置高度不一样。其中第一间房子里的食物放在地上，第二间房子里的食物分别按照从易到难的顺序悬挂在不同高度的位置上，而第三间房子里的食物悬挂在房顶。过了一些时日，研究人员发现：第一间房子的猴子是一死一伤，剩下的那个受伤的，耳朵没了腿也断了，奄奄一息；第三间房子的猴子全都死了。奇怪的是只有第二间房子的猴子活得好好的。

究其原因，第一间房子里的两只猴子一进房间就看到了地上的食物，于是，为了争夺有限的食物而大动干戈，互不相让，造成的结果是伤的伤，死的死。第三间房子里的猴子虽然努力跳跃，但食物放得实在太高，难度过大够不着，只能被活活饿死。而只有第二间房子里的两只猴子开始是自顾自地各凭本能和蹦跳本领取食，而随着悬挂食物高度的增加，难度增大，两只猴子单独靠自己的力量再也够不着食物，只有选择合作才能取得食物，于是一只猴子托起另一只猴子跳起取食。这样，两只猴子每天都能取得够吃的食物，很好地活了下来。

(资料来源：通过互联网综合收集、整理及加工。)

【问题思考】

为什么会出现这种结果？

岗位设计是建立在工作分析的结果——岗位说明书的基础上的，包括对新建组织进行岗位设计或对已建立组织进行岗位再设计。

3.5.1 岗位设计的含义及意义

岗位设计是指为了有效地实现组织目标，提高工作绩效和满足员工个人需要，对岗位工作内容、工作职能、工作关系等有关方面进行的科学、系统、合理的配置。

微课07 岗位设置目的

岗位设计的主旨是组织如何向员工分配工作任务和职责，岗位设计是否得当对于激发员工的积极性，增强员工的满意感以及提高工作绩效都有重大影响。

3.5.2 岗位设计的内容

1. 工作内容

(1) 工作的广度，即工作的多样性。工作设计得过于单一，员工容易感到枯燥和厌烦，因此设计工作时，应尽量使工作多样化，使员工在完成任务的过程中能进行不同的活动，保持工作的兴趣。

微课08 工作内容设计

(2) 工作的深度。设计的工作应具有从易到难的一定层次，对员工工作的技能提出不同程度的要求，从而增加工作的挑战性，激发员工的创造力和克服困难的能力。

(3) 工作的完整性。保证工作的完整性能使员工有成就感，即使是流水作业中的一个简单程序，也要进行全过程设计，让员工见到自己的工作成果，感受到自己工作的意义。

(4) 工作的自主性。适当的自主权力能增加员工的工作责任感,使员工感到自己得到了信任和重视,认识到自己工作的重要性,从而使员工工作的责任心增强,工作的热情提高。

(5) 工作的反馈性。工作的反馈包括两方面的信息:一是同事及上级对自己工作意见的反馈,如对自己工作能力、工作态度的评价等;二是工作本身的反馈,如工作的质量、数量、效率等。工作反馈信息可使员工对自己的工作效果有个全面的认识,能正确引导和激励员工,有利于工作的精益求精。

2. 工作职责

(1) 工作责任。工作责任设计就是员工在工作中应承担的职责及压力范围的界定,也就是工作负荷的设定。责任的界定要适度,工作负荷过低,无压力,会导致员工行为轻率和低效;工作负荷过高,压力过大又会影响员工的身心健康,会导致员工的抱怨和抵触。

(2) 工作权力。权力与责任是对应的,责任越大权力范围越广,如果二者脱节,会影响员工的工作积极性。

(3) 工作方法。包括领导对下级的工作方法,组织和个人的工作方法设计等。工作方法的设计具有灵活性和多样性,不同性质的工作根据其工作特点的不同采取的具体方法也不同,不能千篇一律。

(4) 相互沟通。沟通是一个信息交流的过程,是整个工作流程顺利进行的信息基础,包括垂直沟通、平行沟通、斜向沟通等形式。

(5) 协作。整个组织是有机联系的整体,是由若干个相互联系、相互制约的环节构成的,每个环节的变化都会影响其他环节以及整个组织运行,因此各环节之间必须相互合作、相互制约。

3. 工作关系

组织中的工作关系,表现为协作关系、监督关系等。

4. 工作结果

工作结果表现为产出,以及依据产出对任职者的奖惩。

5. 工作结果反馈

工作结果反馈主要表现为任职者获得的对工作结果的信息反馈。

6. 任职者的反应

任职者的反应主要表现为工作满意度、出勤率、离职率。

3.5.3 岗位设计的原则

岗位设计的科学合理与否直接决定着人力资源管理工作有效性的高低,进行岗位设计应遵循下述各项原则。

1. 因事设岗

组织在设置工作岗位时,应以工作职能和工作任务量为基础,尽可能充分利用有限的劳动时间,合理分配工作任务,使岗位工作量达到饱和状态。如果岗位的工作量负荷太低,必然增加组织的营运成本，造成资源浪费；如果工作量负荷太高，势必会影响工作质量，损坏员工身心健康，降低员工对岗位的满意度。

2. 规范化

岗位设计需要给岗位赋予一个规范化的工作名称，一个好的岗位名称，可以用简洁准确的文字对工作任务进行概括。岗位名称不仅要与岗位的任务、职责相匹配，而且能同时明确分工，使员工对岗位产生理性和感性的认识。

3. 系统化

岗位是组织结构系统的基本单元，尽管每个岗位功能不同，但各个岗位之间存在着不可分割的配合、支持和协作关系，岗位之间关系的协调与否，严重地影响着组织整体功能发挥的高低。

4. 最低数量化

岗位设计应尽量合并工作性质相同或类似的岗位，以最少的职位数量来承担组织中尽可能多的工作，这样做不仅可以节约人力成本，减轻组织负担，而且可以减少工作过程中信息传递的层次和时间，提高管理的效率。

3.5.4 岗位设计的方法

几种常见的岗位设计方法如下所述。

1. 工作扩大化

工作扩大化是指扩大工作范围，即在横向上扩展工作所包括的任务内容，如让一个只操作一台机器的工人操作两至三台机器。工作扩大化可以增加一个岗位所完成的任务量，降低工作循环重复的频率，减轻由于工作过度专业化而可能导致的单调性，但对员工的工作不具备太多的挑战意义。

2. 岗位轮换

岗位轮换是指在工作流程不受较大影响的前提下，将员工从一个工作岗位调换到另一个工作岗位。岗位轮换可以缓解员工对单一重复工作所产生的厌倦感，使员工在学习和培训新岗位技能的过程中，增加对组织的了解。岗位轮换既有利于打破部门横向间的隔阂和界限，为协作配合打好基础，也有利于员工成为更有价值的"复合型人才"或技能上的"多面手"，为员工以后的晋升和发展积累经验。

但岗位轮换造成的人事横向流动加重了人力资源管理部门的负担，对业务部门的工作也会造成一定影响，尤其是对掌握某些复杂专业技术的员工或部门不利，可能造成业务部门技术水平的下降或停止发展。因此，在岗位轮换时要注意合理安排，工作性质完全不同、过于敏感或有高度机密的职位不宜实施轮换制度，如人事、财务人员调到技术开发部门。

3. 工作丰富化

工作丰富化是指在岗位工作中垂直地增加工作内容，赋予员工更多的责任自主权和控制权，为员工提供更富挑战性的工作，从而满足员工的心理需要，达到激励目的。例如，一家企业的会计业务被分成发票、审核、查询三个岗位，后来将其合并，改成同一个会计对一宗生意的全过程负责，强化了员工的自主权和责任感，丰富了工作的内容，提升了员工对岗位的满意度和效率。

工作丰富化是从纵向充实和丰富工作内容，从增强员工自主性和责任心的角度，通过加深职务深度，将简单和单调的工序合并成较为复杂、内容多样的工序，从而使员工体验工作的内在意义、挑战性和成就感。

4. 弹性工作制

弹性工作制是指在保证完成既定工作任务的前提下，员工可以自由选择安排工作的具体时间。弹性工作制可以使员工按照自己的方式和节奏灵活处理工作与生活的关系，主要有以下两种形式。

(1) 固定与弹性相结合，即将员工工作时间分为固定与弹性两部分，固定时间按照公司规定时间上下班，弹性时间则由自己安排。

(2) 任务中心制，即员工需在保质保量完成工作任务的前提下，自由安排上下班时间。

5. 以员工为中心的岗位再设计

以员工为中心的岗位再设计是指将组织的战略、经营目标与员工对工作的满意度相结合，鼓励员工参与对岗位的设计，提出有利于组织目标实现的岗位调整建议，提高员工工作的主动性和创造性，促使企业效益的增加。

■ 引导案例解析

以上所述虽然是一个动物实验，但在一定程度上也说明了岗位设计的重要性。岗位要求过低，体现不出能力与水平，选拔不出人才，反倒会造成员工间的内耗甚至争斗，其结果无异于第一间房子里的两只猴子。岗位要求过高，虽努力而不能及，势必埋没、抹杀人才，就像第三间房子里的两只猴子的命运。而只有岗位设计适当，通过努力能够实现目标，如同第二间房子里的两只猴子，才能真正体现出能力与水平，发挥人的主观能动性和智慧。

 课堂实训&案例讨论

霓裳公司的轮岗政策

霓裳公司是一家服装企业，因该公司设计的服装相当时尚，所以深得年轻人的喜爱。随着服装企业日益增多，人才竞争越发激烈，公司经常有员工跳槽的事情发生。为了留住员工，该公司人力资源部杨经理想了很多办法，其中之一是尽可能实行岗位轮换制，提高员工的工作满意度。

销售部小陆辞职后，很多部门的人都来应聘，希望能填补这个岗位。经过筛选，采购部的小林脱颖而出。如此一来，采购部又缺采购员了，实行内部招聘的结果是技术部的小黄去了采购部填缺。

这次轮岗招致采购部经理和技术部经理的不满，他们联合向总经理投诉。采购部经理埋怨道："我们部门培养一个人很难，公司使用的原材料很多，光熟悉每个原材料都需要很长的时间。一个新手要熟悉整个采购流程，至少需要花半年到一年时间，小林刚上手不到半年就跑，让我真是很被动！可是销售部的工资比这里高，工作又轻松，我也不能拦着别人的好事。这都怪人力资源部制定的工资政策不合理，才导致这样的问题产生。这已经是第二个人离开我们部门了，好好的搞什么岗位轮换，现在倒好，到我们部门来的技术员小黄，什么都不懂，害得我现在要从头教！"

技术部经理也抱怨道："我们的情况就更糟了！培养一个技术员肯定比培养一个采购员困难多了，需要熟悉生产流程、设备性能、研发知识。但可笑的是，采购员、销售员的薪水比技术员都高，我当然也没本事留住小黄。看到小黄去了别的部门，其他人都开始军心不稳，总盼望有什么好的岗位可以换一换，我看总有一天，技术部就会只剩下我一个人。"

总经理找人力资源部杨经理谈了很久，质疑他推行的岗位轮换政策的合理性，希望他能及时调整，改变目前大家都不安于本职工作的局面。

(资料来源：通过互联网综合收集、整理及加工。)

【案例讨论】

杨经理百思不得其解，他的好心为什么没有好报呢？请你帮他分析一下，问题到底出在哪里了？

【案例解析】、【企业实战&经典案例】、【阅读参考】、【知识巩固】可登录清华大学出版社网址(http://www.tup.tsinghua.edu.cn 或 http://www.tup.com.cn)查看。

项目4 人员招聘

【学习目标】

- 了解员工招聘的意义、内容及原则;
- 掌握员工招聘的流程;
- 了解广告招聘的意义和优点;
- 掌握广告招聘的设计方法;
- 了解招聘的方式及各自优、缺点;
- 掌握招聘渠道的选择方法;
- 掌握筛选简历和申请表的方法;
- 了解面试的形式;
- 掌握面试的方法。

【技能目标】

- 能够制定招聘方案并制订计划;
- 能够设计招聘广告;
- 能够选择不同的招聘方式;
- 能够筛选简历和申请表;
- 能够对应聘者进行面试;
- 能够设计招聘面试表单。

【核心概念】

招聘流程、AIDA、广告、晋升、重聘、工作调换、工作轮换、面试、录用通知书

【项目框架图】

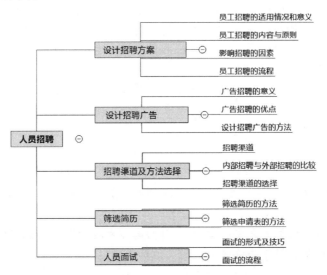

任务4.1 设计招聘方案

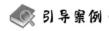引导案例

丰田公司的全面招聘体系

丰田公司的"看板生产系统"和"全面质量管理"体系名扬天下,但是其行之有效的"全面招聘体系"却鲜为人知。正如许多著名的日本公司一样,丰田公司花费大量的人力物力寻求企业需要的人才,用精挑细选来形容一点也不过分。

丰田公司构建全面招聘体系的目的就是招聘最优秀的、有责任感的员工,为此公司付出了极大的努力。丰田公司全面招聘体系大体上可以分成六大招聘阶段,前5个阶段招聘大约要持续5~6天。

第一阶段丰田公司通常会委托专业的职业招聘机构进行初步的甄选。应聘人员一般会先观看丰田公司的工作环境和工作内容的录像资料,同时了解丰田公司的全面招聘体系,随后填写工作申请表。1个小时的录像可以使应聘人员对丰田公司的具体工作情况有个概括了解,初步了解工作岗位的要求,同时也是应聘人员自我评估和选择的过程,许多应聘人员看完录像后知难而退。专业招聘机构也会根据应聘人员的工作申请表和具体的能力和经验做初步筛选。

第二阶段是评估应聘人员的技术知识和工作潜能。通常会要求应聘人员进行基本能力和职业态度心理测试,评估应聘人员解决问题的能力、学习能力和潜能及职业兴趣爱好。如果是技术岗位工作的应聘人员,更需要进行6个小时的现场实际机器和工具操作测试。通过1~2阶段测试的应聘者其有关资料方可转入丰田公司。

第三阶段丰田公司接手有关的招聘工作。本阶段主要是评价应聘人员的人际关系能力和决策能力。应聘人员在公司的评估中心参加一次4个小时的小组讨论,讨论的过程由丰田公司的招聘专家即时观察评估,比较典型的小组讨论可能是应聘人员组成一个小组,讨论未来几年汽车的主要特征是什么。实际问题的解决可以考察应聘者的洞察力、灵活性和创造力。同样在第三阶段应聘者需要参加5个小时的实际汽车生产线的模拟操作。在模拟过程中,应聘人员需要组成项目小组,担负起计划和管理的职能,比如生产一种零配件,应聘人员项目小组负责考虑人员分工、材料采购、资金运用、计划管理、生产过程等一系列生产因素的有效运用。

第四阶段应聘人员需要参加一次1个小时的集体面试,分别向丰田的招聘专家谈论自己取得过的成就,这样可以使丰田的招聘专家更加全面地了解应聘人员的兴趣和爱好,他们以什么为荣,什么样的事业才能使应聘人员兴奋,以便更好地作出工作岗位安排和制订职业生涯规划。

通过以上四个阶段,员工基本上就可被丰田公司录用,但是员工仍需要参加第五阶段25个小时的全面身体检查。目的是了解员工身体的一般状况和特别情况,如酗酒、药物滥用等问题。

最后在第六阶段,新员工需要接受6个月的工作表现和发展潜能评估,在此期间新员工必须接受监控、观察、督导等方面密切的关注和培训。

丰田公司的全面招聘体系使我们了解了如何把招聘工作与未来员工的工作表现紧密结合起来。首先，丰田公司招聘的是具有良好人际关系的员工，因为公司非常注重团队精神；其次，丰田公司生产体系的中心就是品质，因此需要员工高品质的工作承诺；最后，公司强调工作的持续改善，这也是为什么丰田公司需要招收聪明和受过良好教育的员工，基本能力和职业态度心理测试及解决问题能力模拟测试都有助于良好的员工队伍的形成。正如丰田公司的高层经理所说：受过良好教育的员工，必然能在模拟考核中取得优异成绩。

(资料来源：百度知道，https://zhidao.baidu.com/question/14378932.html)

【问题思考】

丰田公司的员工招聘流程是怎样的？

人力资源的使用和配置有三大任务：一是如何获取最称职的人；二是如何充分利用人力；三是如何维持并增强企业员工的工作意愿。员工招聘是三大任务的第一个环节，因此，企业必须给予高度重视。通过本任务的学习，应掌握企业员工招聘的意义和流程。

4.1.1 员工招聘的适用情况和意义

员工招聘是获取人力资源的具体方法，它是按照企业经营战略规划和人力资源规划的要求，把优秀、合适的人员招聘到企业，安置在合适的岗位上。这是企业成败的关键之一。

微课09 招聘的内涵

所谓人力资源招聘，就是通过各种有效途径，寻找和确定工作候选人，以充足的数量和质量来满足组织的人力资源需求的过程。招聘包括两个主要方面：一是向应聘人说明"工作是什么"；二是选择"适合这工作的人"。

西方有句俗话：你可以训练火鸡爬树，但不如直接雇用一只松鼠。因此，第一个策略，是定义出公司的工作：爬树；第二个策略，是找到合适的员工：松鼠。如果公司的目标是创新，就需要找头脑灵活、敢于冒险与尝试的人；如果公司的目标是严格遵守操作流程，那就要找守规矩的人。在知识经济条件下，留住最好和最明智的人是至关重要的。如果从公司内部得不到合适的人，那么，聪明的公司就会花钱出去购买。

1. 人员招聘任务的提出

人员招聘任务的提出有如下几种情形。

(1) 新组建一个企业。
(2) 业务扩大，人手不够。
(3) 因原有人员调任、离职、退休、伤病而出现职位空缺。
(4) 人员队伍结构不合理，在裁减富余人员的同时需要补充短缺人才。

2. 员工招聘对企业的意义

员工招聘对企业的意义非常重大，主要体现在以下几个方面。
1) 招聘工作在企业的人力资源管理中占有首要地位

如果我们把人力资源看成一个系统，是人员的输入与输出转换机制，那么招聘就位于这一系统的输入环节,也就是说,招聘工作的质量直接影响着组织人才输入的质量。招聘工作作为企业人力资源管理的基础,一方面直接关系到企业人力资源的形成,另一方面直接影响到企业人力资源管理的其他环节工作的开展。只有高素质的员工才能保证高质量的产品和服务,企业要发展就必须具备高质量的人力资源,员工招聘是企业获得优秀人力资源的重要程序,是企业发展的基础。

2) 招聘工作的质量将影响企业的人员流动

一方面,一个有效的招聘系统将使企业获得能胜任工作并对所从事工作感到满意的员工,能促进员工通过合理流动找到适合的岗位,达到能位匹配,调动人的积极性、主动性和创造性,使员工的潜能得以充分发挥,人员得以优化配置。另一方面,有效的人力资源招聘可以使企业更多地了解应聘者到本企业工作的动机与目的,企业可以从中选出个人与企业发展目标趋于一致并愿意与企业共同发展的员工,同时可以使应聘者更多地了解企业及应聘岗位,让他们根据自己的能力、兴趣与发展目标来界定是否加入该企业。有效的双向选择可使员工愉快地胜任所从事的工作,减少人员离职及因此而带来的损失。

3) 招聘工作直接影响着人力资源管理的费用

有效的招聘工作不但能使企业的招聘活动开支既经济又有效,更重要的是为企业配备了适合的人员,从而减少培训与能力开发的支出,降低人力资源管理的各项费用。

4) 招聘工作能扩大企业知名度,树立企业良好形象

招聘工作要利用各种媒体将招聘信息发布出去。经常使用的招聘媒体有电视、报刊、广播、计算机网络等。利用以上大众传媒发布招聘信息可以扩大企业知名度,让更多人更多地了解本企业。另外,有的企业在招聘信息中给出的薪酬水平、颇具规模和档次的招聘过程,都表明企业对人才的渴求,有利于企业形象的塑造。

4.1.2 员工招聘的内容与原则

员工招聘的主要目的是企业为了满足自身的发展需要,根据实际需求利用各种渠道、按照科学有效的选拔制度,选拔出适合不同岗位需求的人员,实现人力资源的合理配置,达到利益最大化。因此,人员招聘中不同阶段招聘内容的时间、金钱等资源的合理安排与利用显得尤为重要。此外,掌握员工招聘中的重要原则,将有利于招聘过程的顺利进行。

1. 员工招聘的工作内容

招聘计划是组织根据发展目标和岗位需求对某一阶段招聘工作所做的安排,包括招聘目标、信息发布的时间与渠道、招聘员工的类型与数量以及甄选方案与时间安排等。员工招聘工作涉及范围较广,需要安排的事项较多,其具体内容如图 4-1 所示。

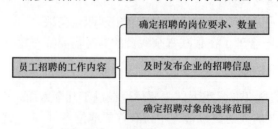

图 4-1 员工招聘的工作内容

2. 员工招聘的工作原则

一方面，员工招聘工作是一个具有整体性、系统性、延续性的过程，在招聘工作的过程中只有很好地遵循员工招聘工作的相关原则，才能更好地保证招聘工作的开展，提高招聘工作的效率及有效性。另一方面，科学的员工招聘原则体现了社会公平与平等，对于招聘公司的整体形象的树立具有积极的作用，并可以间接地为公司在市场竞争中赢得竞争优势。因此，遵循科学合理的员工招聘工作原则对于企业员工招聘工作的有序进行及企业的发展具有重要意义。员工招聘的工作原则如图 4-2 所示。

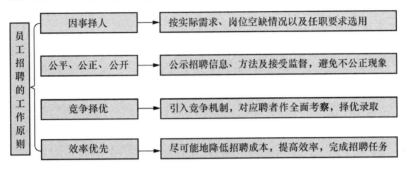

图 4-2　员工招聘的工作原则

4.1.3　影响招聘的因素

为了设计出高效率的招聘程序，首先必须对影响招聘工作的因素进行综合分析。招聘，既受外部环境的制约，也受组织内部环境的影响。只有掌握了各方面的情况，知彼知己，在进行招聘时，才能胸有成竹。

1. 组织外部的因素

1) 国家的政策及法规

国家的政策及法规从客观上来说，对组织(单位)的招聘活动有所限制。例如，西方国家中的人权法规定，在招聘信息中不能有优先招聘哪类性别、种族、年龄、宗教信仰的人员表示，除非这些人员是因为工作岗位的真实需要。

2) 劳动力市场

劳动力市场是实现人力资源配置的场所，它通过劳动力供给和需求相互选择而达到配置人力资源的目的。劳动力市场主要从供求关系方面对招聘产生作用。我们把供给小于需求的市场称为短缺市场，而把劳动力供给充足的市场称为过剩市场。一般来说，在劳动力过剩的情况下，组织(单位)对外招聘活动比较容易；相反，某类人员的短缺可能引起价格的上升，并迫使组织扩大招聘范围，从而使招聘工作变得更加错综复杂。由于我国的高级人才仍十分短缺，组织为了聘用到理想的高层次人才，往往要投入巨大的人力和物力。

3) 市场的地理位置

根据某一特定类型的劳动力供给与需求状况，劳动力市场的地理区域可以是局部性的、区域性的、国家性的和国际性的。通常，那些不需要很高技能的人员可以在局部劳动力市场上招聘，如一般的生产工人、文职人员。而区域性劳动力市场可以用来招聘具有更高技能的人员,如计算机程序员。专业管理人员应在国家性的劳动力市场上招聘,因为他们必须熟悉组织的环境和文化。此外,对某类特殊人员,如科学家、跨国公司中的高层管理者,除了在国内招聘外,还可以在国际市场上招聘。

2. 组织内部的因素

1) 企业形象及号召力

组织(单位)在人们心目中的形象越好,号召力越强,越有利于组织的招聘活动。因为良好的形象和较强的号召力,将会对应聘者产生积极的影响,引起他们对于组织(单位)招聘工作的兴趣,从而对组织的招聘产生促进作用。

2) 组织的福利待遇

不同的福利待遇会对组织的招聘工作产生重要影响。一个组织(单位)内部工资越高,工资制度越合理,各项待遇越好,就越容易吸引高素质的人才,使组织(单位)招收到满意的员工。在我国,有一点与其他国家不同,这就是组织(单位)能否解决户籍问题。户籍问题在我国组织招聘中一直占据很重要位置,虽然现在作用大为下降,但仍不能忽视。

3) 招聘的成本和时间

由于招聘目标包括成本和效益两个方面,各种招聘方法奏效的时间也不一样,所以,成本和时间上的限制明显地影响着招聘效果。一个组织对于招聘资金投入的大小对招聘活动有着重要影响。充足的招聘资金可以使组织在招聘方法上有更多的选择,可以花大量费用做广告,所选择的传播媒体可以是在全国范围内发行的报纸、杂志及影响较大的电视台等。相反,较少的招聘资金将使组织在招聘活动中所选择的方法减少,只能采用费用较低的招聘方法,从而对组织(单位)的招聘活动产生不利影响。

时间上的制约也影响着招聘方法的选择。按照成本最小化原则,组织(单位)应避开人才供应的谷底,而应在人才供应的高峰时入场招聘,这时招聘的效率最高。同样,到农村招聘体力劳动型工人最好在农闲时节。

4.1.4　员工招聘的流程

员工招聘的流程包括制订招聘计划、发布招聘信息、应聘者提出申请、接待和甄别应聘人员、发出录用通知书、评估招聘效益,如图 4-3 所示。

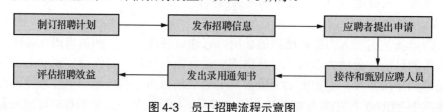

图 4-3　员工招聘流程示意图

1. 制订招聘计划

招聘计划应在人力资源计划的基础上制订。具体内容包括确定本次招聘目的、描述应聘职务和人员的标准和条件、明确招聘对象的来源、确定传播招聘信息的方式、确定招聘组织人员、确定参与面试人员、确定招聘的时间和新员工进入组织的时间、确定招聘经费预算等。

项目4 人员招聘

 案例分享

某公司招聘计划

一、招聘目标(人员需求)

职务名称	人员数量	其他要求
软件工程师	5	本科以上学历，35岁以下
销售代表	3	本科以上学历，相关工作经验3年以上
行政文员	1	专科以上学历，女性，30岁以下

二、信息发布时间和渠道

1. 《××日报》　　　1月18日
2. ××招聘网站　　1月18日
3. 毕业生洽谈会　　1月份3次(本市)
4. 校园宣讲会　　　1月份5所大学(具体大学名称)

三、招聘方式

软件工程师：社会招聘和学校招聘
销售代表：社会招聘
行政文员：学校招聘

四、招聘小组成员名单

组长：王岗成(人力资源部经理)对活动全面负责
成员：赵刚(人力资源部薪酬专员)负责应聘人员接待、应聘资料整理
　　　刘雾英(人力资源部招聘专员)具体负责招聘信息发布，面试、笔试安排

五、选拔方案及时间安排

1. 软件工程师
   资料筛选　　开发部经理　　截至1月25日
   初试(面试)　开发部经理　　1月27日
   复试(笔试)　开发部命题小组　1月29日
2. 销售代表
   资料筛选　　销售部经理　　截至1月25日
   初试(面试)　销售部经理　　1月27日
   复试(面试)　销售副总　　　1月29日

3. 行政文员		
资料筛选	行政部经理	截至1月25日
面试	行政部经理	1月27日

六、新员工的上岗时间

预计在2月1日左右。

七、费用招聘预算

1. 广告费	4800元
2. 大学宣讲会费用	2000元
3. 毕业生洽谈会费用	1200元
4. 考评费用	5000元
总计:	13000元

八、招聘工作时间表

1月11日	起草招聘广告
1月12—13日	进行招聘广告版面设计
1月14日	与报社、网站进行联系
1月18日	报社、网站刊登广告
1月19—25日	接待应聘者、整理应聘资料、对资料进行筛选
1月26日	通知应聘者面试
1月27日	进行面试
1月29日	进行软件工程师笔试(复试)、销售代表面试(复试)
1月30日	向通过复试的人员发出录用通知
2月1日	新员工上班

(资料来源: 通过互联网综合收集、整理及加工。)

2. 发布招聘信息

发布招聘信息是指利用各种传播工具发布岗位信息,鼓励和吸引有关人员参加应聘。在发布招聘信息时应注意以下几点。

1) 信息发布的范围

信息发布的范围取决于招聘对象的范围;发布信息的面越广,接收到该信息的人就越多,应聘者就越多,组织招聘到合适人选的概率越大,但费用支出相应也会增加。

2) 信息发布的时间

在条件允许、时间允许的前提下,招聘信息应尽早发布,以加快招聘进程,同时也有利于使更多的人获取信息,从而增加应聘者。

3) 招聘对象的层次性

组织要招聘的特定对象往往集中于社会的某个层次,因而要根据应聘职务的要求和特点，向特定层次的人员发布招聘信息，比如招聘计算机方面的专业人才，则可以在有关计算机专业杂志上发布招聘信息。

3. 应聘者提出申请

此阶段是从应聘者角度来谈的。应聘者在获取招聘信息后，应向招聘单位提出应聘申请。应聘申请一般有两种方式：一是通过信函向招聘单位提出申请；二是直接填写招聘单位应聘申请表(网上填写提交或到单位填写提交)。无论采用哪种方式，应聘者都应提供以下个人资料。

(1) 应聘申请表，且必须说明应聘的职位。
(2) 个人简历，着重说明学历、工作经验、技能、成果、个人品格等信息。
(3) 各种学历的证明包括获得的奖励、证明(复印件)。
(4) 身份证(复印件)。

4. 接待和甄别应聘人员(也叫作员工选拔过程)

此阶段实质上是在招聘过程中对职务申请人的选拔过程，具体又包括如下环节：审查申请表→初筛→与初筛者面谈、测验→第二次筛选→选中者与主管经理或高级行政管理人员面谈→确定最后合格人选→通知合格入选者进行健康检查。

此阶段一定要客观与公正，尽量减少面谈中各种主观因素的干扰。

5. 发出录用通知书

这是招聘单位与入选者正式签订劳动合同并向其发出上班试工通知的过程。通知中通常应写明入选者开始上班的时间、地点与向谁报到。

6. 评估招聘效益

这是招聘活动的最后阶段。基本工作内容是对本次招聘活动进行总结和评价，并将有关资料整理归档。评价指标包括招聘成本的核算和对录用人员评估。这两类指标可分别从招聘的成本和质量来衡量，若在招聘费用支出较低的情况下，能招聘到高质量的人才，则表明本次招聘效果较好。

■ 引导案例解析

丰田公司的员工招聘流程归纳为 6 个阶段，具体见图 4-4。

图 4-4　丰田公司的招聘流程示意图

(资料来源：通过互联网综合收集、整理及加工。)

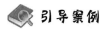

(1) 为一家家电连锁企业写一份招聘财务部经理的方案。

(2) 选择一家你比较熟悉的企业，对它的人力资源管理状况进行分析，并写出一份1000字以上的分析报告。上述报告可以通过各种途径收集资料，可以查阅有关文献，咨询一些专家，也可以到网上搜索一些资料来佐证自己的观点。

【案例解析】、【企业实战&经典案例】可登录清华大学出版社网址(http://www.tup.tsinghua.edu.cn 或 http://www.tup.com.cn)查看。

微课10　给我一个看上你的理由

任务4.2　设计招聘广告

引导案例

××网招聘销售人员广告

××网招聘销售人员：

××网是在××省委宣传部领导下，××省广播电影电视局主管，与《××日报》、××电台、××电视台处于同等地位的省级权威主流媒体。

××网站以新闻、宣传为核心，融合互联网、手机媒体等平台，以各类图文资讯、音视频信息以及丰富的无线产品组成多媒体门户平台，以论坛、博客、社区等互动板块为用户提供互动与交流的空间，立足××省，面向世界，努力打造××省信息资讯最权威、最及时、最准确、最全面的新闻网站。××网主要分为新闻信息、资讯服务、互动交流三大板块，拥有48个频道，重点打造原创新闻、民生热线、汽车、房产、数码IT、人才、健康、旅游、论坛博客、新视听等特色频道和栏目。××网覆盖广阔，××网网民阅读覆盖人数超1000万，仅××省的用户就接近900万。现根据网站发展需要招聘销售人员若干名。

报名要求：

1. 大专及以上学历，一年以上广告营销或销售工作经验；
2. 熟悉广告销售运作模式，有丰富的市场推广品牌经验者优先；
3. 熟悉广告营销及电话销售的流程和技巧；
4. 优秀的文字能力和策划能力，形象好、气质佳、成熟稳重、韧性好；
5. 优秀的沟通技巧和谈判能力，出色的对内对外协调能力；
6. 敬业、认真、学习能力强、团队合作好；
7. 能承担较大的工作压力，能适应经常出差。

见习期待遇：无底薪 奖金＋提成。见习期结束后特别优秀的予以录用。

报名方式：有意者请将个人简历、近期照片发至人力资源部邮箱××××@qq.com。本招聘长期有效。

公司地址：长沙市×路×号

咨询电话：

传真：

邮编：

(资料来源：通过互联网综合收集、整理及加工。)

【问题思考】

以上是××网招聘销售人员的广告，那么设计招聘广告需要考虑哪些因素呢？

4.2.1 广告招聘的意义

广告招聘是补充各种工作岗位人员都可以使用的招聘方法，因此应用最为普遍。阅读招聘广告的不仅有工作申请人，还有潜在的工作申请人，以及客户和一般大众，所以公司的招聘广告代表着公司的形象，需要精心策划。

4.2.2 广告招聘的优点

企业使用广告作为招聘工具，其优点如下所述。

(1) 工作空缺的信息发布迅速，能够在一两天内就传达给外界。

(2) 有广泛的宣传效果，可以展示企业实力。

(3) 在广告中可以同时发布多种类别工作岗位的招聘信息。

(4) 广告发布方式可以使企业保留操作上的优势，这体现在企业可以要求申请人在特定的时间内亲自来企业、打电话或者向企业人力资源部门邮寄自己的简历和工作要求等方面。

4.2.3 设计招聘广告的方法

1. 媒体的选择

广告媒体的选择取决于招聘工作岗位的类型。一般来说，低层次职位可以选择地方性报刊，高层次或专业化程度高的职位则要选择全国性或专业性的报刊。表 4-1 总结了在什么情况下利用哪种媒体较为合适。

表 4-1 几种主要广告媒介的优缺点比较

媒体类型	优 点	缺 点	恰当的使用条件
报纸	标题短小精练；广告大小可灵活选择；发行集中于某一特定的地域；各种栏目分类编排，便于积极的求职者查找	容易被未来可能的求职者所忽视；集中的招聘广告容易导致竞争的出现；发行对象无特定性，企业不得不为大量无用的读者付费；广告的印刷质量一般也较差	当你想将招聘限定在某一地区时；当可能的求职者大量集中于某一地区时；当有大量的求职者在翻看报纸，并且希望被聘用时

续表

媒体类型	优 点	缺 点	恰当的使用条件
杂志	专业杂志会到达特定的职业群体手中；广告大小富有灵活性；广告的印刷质量较高；有较高的编辑声誉；时限较长，求职者可能会将杂志保存起来再次翻看	发行的地域太广，故在希望将招聘限定在某一特定区域时通常不能使用；广告的预约期较长	当所招聘的工作承担者较为专业时；当时间和地区限制不是最重要的时候；当与正在进行的其他招聘计划有关联时
广播电视	不容易被观众忽略；能够比报纸和杂志更好地让那些不是很积极的求职者了解到招聘信息；可以将求职者来源限定在某一特定地区；极富灵活性；比印刷广告能更有效地渲染雇佣气氛；较少因广告集中而引起招聘竞争	只能传递简短的、不是很复杂的信息；缺乏持久性；求职者不能回头再了解(需要不断地重复播出才能给人留下印象)；商业设计和制作(尤其是电视)不仅耗时而且成本很高；缺乏特定的兴趣选择；为无用的广告接受者付费	当处于竞争的情况下，没有足够的求职者看你的印刷广告时；当职位空缺有许多种，而在某一特定地区又有足够多求职者的时候；当需要迅速扩大影响的时候；当在两周或更短的时间内足以对某一地区展开"闪电式轰炸"的时候；当用于引起求职者对印刷广告注意的时候
现场购买(招聘现场的宣传资料)	在求职者可能采取某种立即行动的时候；引起他们对企业雇佣的兴趣；极富灵活性	作用有限。要使此种措施见效，首先必须保证求职者能到招聘现场来	在一些特殊场合，如为劳动者提供就业服务的就业交流会、公开招聘会、定期举行的就业服务会上布置的海报、标语、旗帜、视听设备等。或者当求职者访问组织的某一工作地时，向他散发招聘宣传资料
网站广告	不受时间空间的限制，方式灵活、快捷；成本不高	没有在网站上查找工作的潜在候选人可能会没有看到职位空缺信息	适用于有机会使用计算机和网络的人群，不论急需招聘的职位还是长期招聘的职位都适合

(资料来源：华茂通咨询．员工招聘与选拔．北京：中国物资出版社，2003．)

2. 广告的结构

广告的结构要遵循 AIDA 原则。

(1) A 代表注意(Attention)，广告要吸引人的注意力。在这份招聘广告中，报纸的分类广告字与字之间距离比较大，有比较多的空白空间的广告能够显得比较突出，引起人们的注意。

(2) I 代表兴趣(Interesting)。××网企业背景、企业实力获得大众认可，将引起求职者对工作的兴趣,这种兴趣可能是由工作本身的性质、工作活动所在的地理位置、收入等引发出来的。

(3) D 代表欲望(Desire),要能引起求职者申请工作的愿望。需要在对工作感兴趣的基础上,再加上职位的优点,如工作中所包含的成就感、职业发展前途、旅行机会或其他一些类似的长处。

(4) A 行动(Action)。广告能够鼓励求职者积极采取行动,如"今天就打电话来吧""请马上联系我们"等,这些话语都有让人马上采取行动的力量,也是招聘广告中不可忽略的一部分。

图 4-5 所示为一则广告设计范例。

招　　聘

敢向财富挑战的人!敢向命运挑战的人!××公司欢迎您。

一、国贸人才 10 名,男,大学以上文化程度,精通英语,富有国贸业务及开拓国际市场经验者。

二、业务经理人才 6 名,女,大专以上文化程度,年龄 25 岁以下,精通英语,擅长英文打字。

应聘者请于本月×日,前往×街×路×号人力资源部面谈。

一经录用即享受待遇。

××公司人力资源部

(资料来源:廖泉文.人力资源招聘系统.济南:山东人民出版社,2001.)

图 4-5　一则广告设计范例

■ 引导案例解析

这份招聘广告遵循了 AIDA 原则。A(Attention):这则广告标题比较突出,容易引起求职者的注意。I(Interesting):××网企业背景、企业实力获得大众认可,将引起求职者对工作的兴趣。D(Desire):企业背景与实力能引起求职者申请工作的愿望。A(Action):此广告能够鼓励求职者积极采取行动。

课堂实训&案例讨论

隐藏在招聘广告中的玄机——鑫达高新技术有限公司招聘启事

本公司招聘市场部公关经理 3 名。

一、工作职责

1. 组织实施公司的公关活动。
2. 建立并维护与新闻媒体的良好关系。
3. 组织有利于公司品牌及产品形象的相关报道及传播。
4. 对公关活动进行监控。
5. 参与处理事件公关、危机公关等。
6. 组织实施内部沟通等项目和其他相关工作。

二、应聘要求

1. 中文、广告或相关专业本科以上学历。
2. 3 年以上公关公司或信息类公司从业经验。
3. 有良好媒介关系者优先。
4. 形象好，善沟通，文字表达能力强。
5. 具有良好的媒体合作关系。
6. 较强的客户沟通能力及亲和力。
7. 各种新闻稿件的媒体发放及传播监控工作能力。
8. 具有吃苦耐劳、认真细致、优秀的人际沟通能力。

一经录用，月薪 4000 元以上，具体面议。

有意者请将简历于 3 月 23 日之前寄给本公司，公司将对应聘人员统一进行初试和复试。

(资料来源：通过互联网综合收集、整理及加工。)

【案例讨论】

请问该招聘广告设计上有无问题？怎么完善呢？

【案例解析】可登录清华大学出版社网址(http://www.tup.tsinghua.edu.cn 或 http://www.tup.com.cn)查看。

任务 4.3 招聘渠道及方法选择

微课 11 稻田里钓不到大鱼

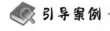引导案例

国际著名企业逐鹿中国名校

作为当时世界第一金融街——华尔街上的美国六大投资银行之一的雷曼兄弟(Lehman Brothers)公司进入中国名牌大学招揽人才。同一天，该公司在北京大学举办了相当规模的招聘演讲。之后经过几轮测试，北京大学、清华大学各有 3 名学生入围。而在此前，已陆续有康柏、摩托罗拉、雀巢、日立、宝洁、中国国际金融公司等 20 多家世界知名企业到北京大学、清华大学举办了校园招聘活动。

1. 跨国公司聚焦中国名校

北京大学毕业生分配办公室李主任介绍说，在北京，跨国公司校园招聘多数只选择北京大学、清华大学、中国人民大学三校。哈佛出身、此番操作雷曼公司校园招聘的诚讯联丰咨询公司董事长许国庆坦言，雷曼公司这次只想从北大、清华两校招人。据他说这完全是沿袭了美国公司传统的聘人习惯。在美国，像咨询顾问、投资银行这些顶尖行业所需人才一般都从纽约大学、哥伦比亚大学、哈佛大学、MIT、耶鲁大学、普林斯顿大学、康奈尔大学、布朗大学、斯坦福大学等有限的十几所学校中选择，因为他们看中的是这些学校人才身上流淌的"常青藤(美国名校的代称)血液"。

2. 招聘考核招数不同

招聘投入、技术手段的不同又构成了内、外资企业校园招聘上的另一反差。据李主任介绍，一般外企来学校招聘有几个共同的步骤：先召开招聘说明会或演讲会，介绍公司背景、所需人才、招聘程序等；然后是报名、笔试和几轮面试。一次招聘下来一般要持续一两个月的时间，即使只招两三个人，这套程序也丝毫不马虎，不省略。像宝洁公司每年要从北大招收10名以上的学生，而其用于校园招聘的费用一年却达几百万元。

此外，外企选择人才的手段也更趋科学与量化，比如素质测试都以心理学等科学作为依据。一位经历过好几家外企公司招聘的应届毕业生介绍，像世界六大会计师事务所之一的普华会计师事务所与壳牌公司都对应聘学生进行人格方面的测试，几百道测试题需要学生做上一个多小时。而最为成熟的测试当数宝洁公司的试卷，它发到学生手中的是印刷精美得几乎可与托福试卷媲美的厚厚的一本问题，学生填完它甚至要花一整天的时间。测试内容包括逻辑智商、分析能力、领导能力、团队精神等内容。

3. 态度与观念：内、外资企业大不相同

面对企业校园招聘的日益扩大，李主任表示，学校不会反对他们来，毕竟对学生来说，在就业形势日益严峻的情况下这是个机会。但他更强调指出，希望更多的内资企业能像外企一样主动来学校招聘，学校会积极为他们创造条件。他坦言，虽然像华为、中兴、康佳、创维等一些民营高科技企业在这方面也做得不错，如深圳华为公司今年就打算在北大招收200人，但与外企相比，大多数内资企业到校园招聘的态度还是不积极。这与企业不景气无关，比如有些想招学生且效益较好的大型企业顶多给学校发个函，一般也不会到学校来。

北京大学、清华大学的两位毕业生介绍说，某内资大企业向他们学校要人时只打了个电话，告诉需要人数，以及"北京户口优先、身高优先等条件"，就算完事；还有一些大的内资机构到校园招聘时面对学生希望了解公司整个结构的要求竟置之不理，用这名学生的话说"他们可能以为招聘只是找个人这么简单的事"。而外企去校园招聘时则往往将不同部门的人带上，回答问题时也分别由不同方面的专家出面。这两名学生感到内资公司在招聘心态上总有点高高在上的感觉，某些单位在让学生去参加考试时甚至还要收考试费。一名学生坦言：她当初仅是冲这一点没去参加考试，原因当然也不仅仅是在钱上。

(资料来源：百度文库，https://wenku.baidu.com/view/a42c2c68667d27284b73f242336c1eb91a3733b6.html)

【问题思考】

剖析内外资企业招聘态度、方式不同的原因及各自的优缺点。

4.3.1 招聘渠道

在企业人员招聘过程中，招聘的方式主要可分为两种，第一种是内部招聘方式，第二种是外部招聘方式。在外部招聘方式中，主要包括校园招聘、网络招聘、人才市场招聘、使用猎头公司及现场招聘等。

1. 内部招聘方式

内部招聘方式对身处经济不够发达、人力资源匮乏、招聘资金有限的企业来说，更为合适。不过，在一些大型企业中，也会通过内部培训的形式为高层次职位储备合适的管理人员。毕竟，老员工的工作稳定性要强一些，通过内部招聘既能带动员工的积极性，还可以有效提高招聘效率，同时也降低了企业招聘的风险和成本。

企业内部招聘通常会公开空缺职位，吸引员工前来应聘，这种方式起到了一种公正合理、公平竞争的作用，给予员工一种平等、无阶级的感觉，每个人都有机会参加竞聘和晋升，可以鼓舞员工士气，使员工为自己未来的发展更加努力奋斗。

在人才紧缺、时间短、人数要求多的招聘情况下，压力是非常大的，如果从外部招聘，从发布信息，到筛选简历，到邀约面试，再到实际面试、复试、录用等整个流程下来，耗时是非常长的，因此，使用内部招聘方式，能够更快、更好地解决人才急需问题。企业进行内部招聘时，可以采用多种招聘方式，如提拔晋升、人员重聘、工作调换、工作轮换等。

1) 提拔晋升

企业对员工进行内部提拔时，应该选择能胜任空缺职位的优秀人员。员工提拔晋升的作用如图4-6所示。

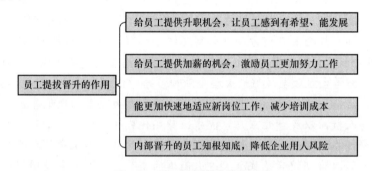

图4-6　员工提拔晋升的作用

2) 人员重聘

人员重聘是指重新聘用因某些原因不在位又恰好适合空缺职位需要的员工。重新聘用公司以前的老员工，可以提供给他们再次上岗的工作机会，这些人员可以尽快上岗，同时也节约了公司再次培训等方面的成本费用。可以重聘的人员类型如图4-7所示。

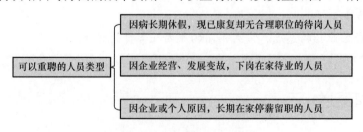

图4-7　可以重聘的人员类型

3) 工作调换

工作调换又称"平调"，通常是从本部门调往其他部门，一般在部门急缺用人的情况下，又没有招到合适的人员时，暂时顶替使用的方法。工作调换的作用如图4-8所示。

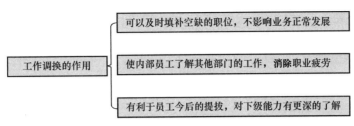

图 4-8 工作调换的作用

4) 工作轮换

工作轮换与工作调换不同,通常时间较短,往往两人以上、有目的、有计划地进行;这些人员可以有机会了解不同职位的工作,减少部分员工因长期做某个项目所积累的压力、烦闷等负面情绪,给其提供升职加薪的有利条件。

2. 外部招聘方式

1) 校园招聘方式

校园招聘是一种特殊的企业外部招聘方式,主要是针对应届毕业生的招聘。通过各种方式招聘各类应届生,人才资源多,成本低。学校是一个庞大的人才储备库,用人单位只需要与学校就业办做好人才招聘的联系、对接等工作,就能取得这样的人才红利。

经过几年的努力学习,这些学生具备了专业的理论基础知识,对未来抱有憧憬和向往。尽管他们还欠缺社会、职场经验,但仍然拥有很多就业优势,如学习能力强、充满热情、能适应新的环境、接受新事物快、积极投入工作等,他们是像"白纸"一般的"职场菜鸟",有着极强的可塑性,也正因为如此,才让许多企业将目光放到这些即将步入社会的年轻人身上。

因此,校园招聘已成为各家企业的重要招聘渠道之一,常见的校园招聘渠道如图 4-9 所示。

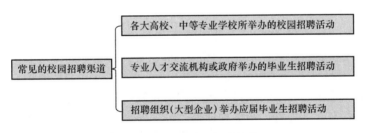

图 4-9 常见的校园招聘渠道

目前有太多青睐于校园招聘的企业公司,校园招聘的形式也更加多样化,以下对校园招聘的形式进行简单介绍。

(1) 专场招聘。校园招聘的时间主要集中在每年的 4—5 月、10—11 月,各企业、学校及政府都会组织一些专场招聘会,在指定的时间、场地"设点摆摊",进行选拔测试,并提供给投递简历的学生一个面对面的交流了解机会,可节省公司招聘成本和时间。这种专场招聘方式适合于招聘对象明确、招聘人数不多的中小型企业,可大幅度节省招聘成本和时间。

(2) 校内宣传。宣传即传播,可以分为两种形式,即校园宣讲和发宣传单。校内宣传的相关分析如图 4-10 所示。

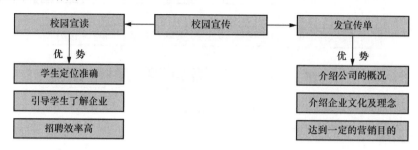

图 4-10 校内宣传的相关分析

（3）实习招聘。实习生计划是校园招聘的一个前奏，一般在应届毕业生正式毕业之前，企业经过初步挑选，为学生提供实习岗位，而表现优秀者将成为正式录用的储备人员。实习招聘对企业的好处如图 4-11 所示。

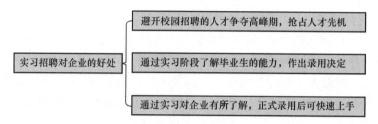

图 4-11 实习招聘对企业的好处

专家提醒

因为校园招聘的时间相对集中，所以用人单位根据企业的发展战略，要拟定中长期的人力资源规划，以免因"临渴掘井"而丧失招聘良机。

2) 网络招聘方式

网络招聘作为一种外部招聘方式，是指招聘者通过在网络平台上发布相关的招聘信息，对于招聘岗位的工作职责、工作内容及任职要求、薪资待遇等进行简单介绍，从而吸引求职者应聘的一种手段。

在社会竞争日益激烈的今天，企业之间的竞争就是人才之间的竞争，谁掌握了人才，谁就有了发展的有力竞争优势。在这种前提下，如何高效地、准确地寻找到合适的人员满足公司发展的需要，是每个公司管理者迫切需要解决的难题。在如今的互联网时代下，网络招聘受到不少公司管理者的青睐。

网络招聘的 3 种主要渠道如图 4-12 所示。

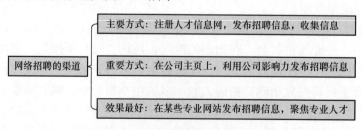

图 4-12 网络招聘的 3 种主要渠道

随着互联网的高速发展,为网络招聘提供了有力的技术保障。部分互联网公司在这种大形势下,纷纷开办了自己的网络招聘平台,为公司管理者与应聘者搭起了沟通的桥梁。

为了更好地了解网络招聘,可以参考图4-13,其中介绍了网络招聘的利与弊。

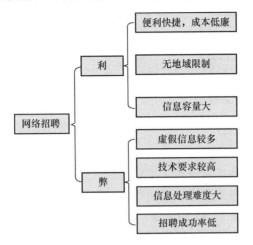

图4-13 网络招聘的利弊分析

> **专家提醒**
>
> 网络招聘依托于互联网覆盖面广的这个特点,获得了传统招聘方式无法获得的效果,深受很多企业青睐。

3) 纸质媒体招聘方式

纸质媒体主要是指报纸杂志,而纸质媒体招聘是指借助纸质媒体(报纸杂志为主)发布招聘信息,介绍招聘岗位的基本任职要求,以此吸引求职者的招聘方式。纸质媒体与广播电视同属于传统招聘媒体,在网络发展相对迟缓的时代,传统媒体招聘为公司招聘及求职者求职发挥了巨大作用。

纸质媒体招聘的适用范围如图4-14所示。

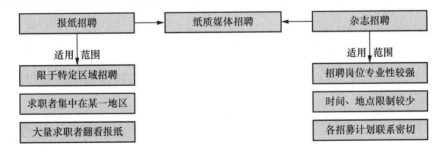

图4-14 纸质媒体招聘的适用范围

随着网络信息时代的高速发展,在现今讲求高效的社会,纸质媒体招聘方式已经不再是公司管理者及各类求职者的主要选择方式,同纸质媒体招聘方式相比,网络媒体招聘方式能更好地满足市场经济中市场主体的发展需求。

下面以纸质招聘方式中的杂志招聘为例,对比分析网络招聘与杂志招聘的优劣,如

图 4-15 所示。

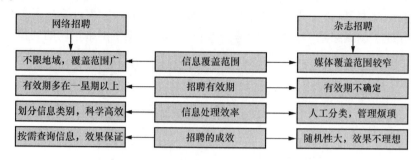

图 4-15　网络招聘与杂志招聘的对比分析

4) 猎头公司招聘方式

猎头公司招聘作为一种高端的人才招聘方式，同普通招聘方式最大的不同点在于招聘对象。猎头公司主要的业务是通过快速而准确的竞争方式，为所需公司招聘高级人才，所招聘的对象大多是各行业精英及尖端人才。

猎头公司招聘作为一种特殊的招聘方式，所猎取对象属于高级管理人才。选择猎头公司需考虑的因素如图 4-16 所示。

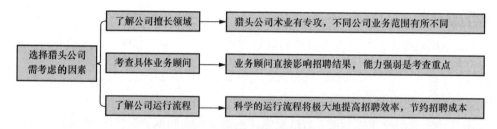

图 4-16　选择猎头公司需考虑的因素

选取适宜的猎头公司，对完成企业的招聘计划、满足企业对高级管理人才的需求具有重要意义。而猎头公司之所以能够在众多招聘方式中脱颖而出，分析它的成功因素对于企业采用其他招聘方式也具有借鉴意义。

猎头公司招聘的优势如图 4-17 所示。

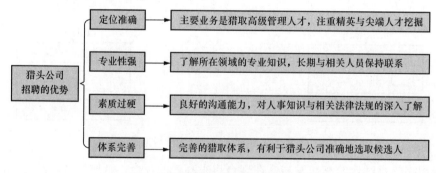

图 4-17　猎头公司招聘的优势分析

5) 现场招聘方式

随着网络及其他媒体招聘渠道的兴起，现场招聘这种传统的招聘渠道虽然在一定程度上受到了冲击，但在招聘高峰期仍有明显优势。作为一种面对面直接交流的招聘方式，效率较高，通过海报、招聘人员以及相关资料，对企业的品牌文化、企业管理体制、企业的工作环境等起到了间接的宣传作用。

企业为保证现场招聘工作的顺利进行，非常注重招聘工作的前期准备，如图 4-18 所示。

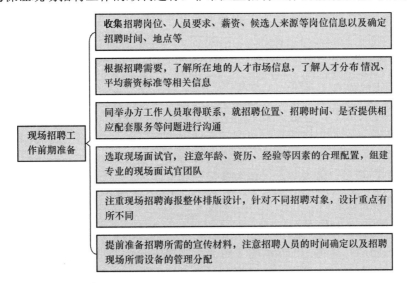

图 4-18 现场招聘工作前期准备

现场招聘工作提供给企业招聘人员与求职人员一个面对面直接交流的平台，能够让求职者直接向招聘者了解相关情况，但是由于其投入成本较高，为保证招聘效果，对现场招聘工作的注意事项要有所了解，如图 4-19 所示。

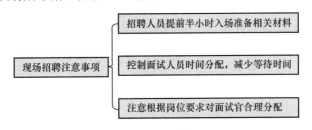

图 4-19 现场招聘注意事项

4.3.2 内部招聘与外部招聘的比较

1. 内部招聘的优点

(1) 对招聘的人员了解比较全面，有较长的实践观察期，对人才能力的把握程度高。

(2) 内部招聘容易形成一种竞争、激励的文化，激发员工的内在积极性。

(3) 由于招聘人员来自组织内部，他们对组织文化、空缺职位的性质十分熟悉，进入岗位上手快。

(4) 上岗人员对组织的培训、指导积累性好，衔接性强，组织对其培训的价值得到充分体现。

(5) 省去了一揽子外部招聘的广告费、差旅费等招聘费用，招聘成本最低。

2. 内部招聘的缺点

(1) 选择范围有限，可能造成职位的长期空缺。
(2) 内部招聘事实上很可能造成"近亲繁殖"的后果，使组织缺乏活力。
(3) 易受主观偏见的影响，不利于应聘者的公平竞争。
(4) 如果内部招聘的人员水平有限、口碑不佳，容易引起内部矛盾，如果选拔标准不科学，其负面影响更大。

3. 外部招聘的优点

(1) 上岗人员来源极为广泛，是通过大样本的候选人选出的，有利于选到一流的人才。
(2) 招聘上岗人员可以带来新的思路、新的工作方法和流程，创新机会多。
(3) 可以消除"近亲繁殖"问题，防止内部拉帮结派。
(4) 招聘到高素质一流人才，可以节省培训投资。

4. 外部招聘的缺点

(1) 招聘费用高，成本大。
(2) 上岗人员对招聘组织的情况不了解，或了解太少，需要较长时间的评估和适应。
(3) 对招进人员的能力把握不易准确，可能进错人，导致工作绩效上的损失。
(4) 外部招聘容易造成"空降兵"占用内部人员晋升机会的问题，影响内部员工的工作积极性。

4.3.3 招聘渠道的选择

由于内外招聘各有优缺点，所以大多数企业都实行内外招聘并举的方针。具体来说，如果一个企业的外部环境和竞争情况变化非常迅速，而它的规模又比较小，则它既需要开发利用内部人力资源，又要更侧重外部人力资源。而对于那些外部环境变化缓慢、规模较大的企业来说，从内部进行提拔则更为有利。从核心员工的种类来看，内部招聘的重点是管理人才，而外部招聘的重点则是技术人才。

内部选拔和外部招募各有其优势与不足。因此，组织在进行新员工招募时，要进行综合考虑，发挥各自的优势，避免其不足。尤其高层管理人员的引进，特别是 CEO，应更为慎重。一旦决策失误，将会严重影响组织的发展。如美国的西屋电器公司，20 世纪 70 年代是与 GE 公司处在同一水平上的竞争对手。但由于接连选错了 5 个 CEO，这家曾经是美国家喻户晓的公司现已风光不再。如果组织想维持现有的强势组织文化，不妨从内部选拔；如果想改善或重塑现有的组织文化，可以尝试从外部招募。例如，20 世纪 90 年代初，在飞利浦公司处于危难之际走马上任的迪默，尽管他本人是通过内部晋升走上 CEO 位置的，但为了改变当时的组织文化，营造创新、参与的组织氛围，他对高级管理层进行了大幅的人事改革，直接从外面进行招募。到 1994 年年中，原来的高层管理者只留下 4 名，而且 14 名高层管理者中只有 5 名是荷兰人。到 1995 年年底，飞利浦公司的财务状况就得到了根本性好转。当然，管理者的选拔还要考虑到文化的差异，例如美国的企业组织就倾向于外部招募，而日本则倾向于内部选拔。

项目4 人员招聘

引导案例解析

员工招聘是获取人力资源的有效方法，它是按照企业经营战略规划和人力资源规划的要求，把优秀、合适的人员招聘到企业，安排在合适的岗位。这是企业成败的关键之一，这一点早已被国外企业及国内的大部分企业所认可。然而，国内在人才招聘方面有时还仅停留在认识层面，还没有深入到更深的层次。本案例通过美国六大投资银行之一的雷曼兄弟公司进入中国名牌大学招揽人才这件事，深刻揭示了国内在招聘人才方面的差距。

首先，在招聘投入、技术手段方面形成了内、外资企业校园招聘上的极大反差。从投入的角度看，外资企业的招聘可以投入很长时间和更多的经费，可谓为获取需要的人力资源不惜血本；在招聘测试方面更加完美、具体和科学，通过测试基本能够体现人力资源的逻辑智商、分析能力、领导能力和团队精神等内容。

其次，在人才招聘的态度与观念上，内、外资企业大不相同。外资企业是通过百般努力，寻找的是高素质的人力资源；而国内企业对于招聘人才重视不够，他们的招聘似乎是以绝对权威的态度寻找一个符合他们所规定条件的人。

 课堂实训&案例讨论

一张白纸好画画，宝洁青睐毕业生

在美国《财富》中文版杂志最近评出的中国最受人力资源经理青睐的、排名前20家企业中，广州宝洁榜上有名。广州宝洁公司公共事务部的许燕辉小姐告诉记者，宝洁公司165年来成功的关键在于宝洁公司企业文化的核心是对人才的重视和承诺。许燕辉简要地介绍了宝洁公司人力资源管理体系的主要内容。

(1) 完善的招聘系统。确保招聘到最合适和最优秀的员工。

(2) 系统的培训体系。在员工的培训和发展方面投入了大量的人力、物力。尤其值得一提的是，上级经理对下属在工作过程中进行的指导，在其企业内被称为"在职培训"，是他们人才培训非常重要的一部分。

(3) "内部提升"的用人哲学。从基层岗位招聘人才，尽量在内部员工中提拔高级管理人员，使员工和公司一起成长，对公司充满主人翁责任感和自豪感。

(4) 对新员工委以重任，为他们设计充满挑战性的工作项目。这点被称为早期责任。早期责任会让新人获得宝贵的实践经验，更快地成长。

(5) "尊重每一位员工"。营造一种互相尊重的工作环境。

(6) 海外学习和工作机会。作为一个跨国公司，宝洁可为员工提供海外学习和工作机会，使员工得以更快地成长。

宝洁公司招聘员工时重视的是应聘人员本身的素质。他们所需要的素质包括诚实正直、领导能力、勇于承担风险、积极创新、发现问题和解决问题的能力、团结合作、不断进取等。有些部门，如产品供应部、研究开发部、信息技术部和财务部，也会要求应聘人员有一些基本的专业背景。

在用人方面，宝洁公司在权衡学历、工作经验方面可谓经验独到。宝洁公司大部分的需求岗位是招聘应届毕业生的。宝洁公司从1989年起，就开始在大学里招聘优秀的应届毕业生。十多年来，他们绝大多数的需求岗位都是由大学应届毕业生来补充的。这是基于公司"内部提升"的理念。在广州宝洁和全球其他地方的宝洁公司,几乎所有的高层、中层管理人员都是从毕业后就直接进入宝洁公司的。他们和公司一起成长,对公司有家一般的亲切感和自豪感。当然另一方面,宝洁也有少部分职位是面向社会招聘有经验的人才。

(资料来源:新浪教育,http://edu.sina.com.cn/l/2002-12-16/35574.html?from=wap)

【案例讨论】

(1) 描述广州宝洁公司的主要招聘策略。

(2) 广州宝洁公司的"内部提升"理念是什么?这样做有什么好处?

(3) 请你谈谈对宝洁公司的招聘条件有什么看法?

【案例解析】可登录清华大学出版社网址(http://www.tup.tsinghua.edu.cn 或 http://www.tup.com.cn)查看。

唐 僧 选 徒

一、背景

唐僧师徒四人一马共五人组成的团队,历经九九八十一难后,胜利从西天取回真经,得到太宗皇帝的赞美,并建了雁塔寺供唐僧研究佛法。

若干年后,太宗又命唐僧再组队西游,由于经费紧张,为了节约成本,太宗要求唐僧在原团队里裁掉一名队员。唐僧很犯难,该裁掉哪一位呢?于是唐僧命令主持召集雁塔寺的四大护法,共同商讨新团队人选,报告唐僧。

二、故事

庄严的主持办公室里,主持与四大护法围坐佛像前。

金护法:猪八戒这个成员,看起来好吃懒做,贪财好色,又不肯干活,最多牵下马,好像留在团队里没有什么用处。其实他的存在还是有很大用处的,因为他性格开朗,能够接受任何批评而毫无负担压力,相当于团队润滑油。

木护法:沙和尚言语不多,任劳任怨,承担的多是挑担这种粗笨无聊的工作。

水护法:孙悟空是取经团队里的核心,但是他的性格极端,回想他那大闹天宫的经历,恐怕作为普通人来说没有人会让这种人待在团队里。

火护法:白龙马是唐僧办公、出差用的座驾,是身份地位的象征。

金护法:孙悟空法力高强,技术精通,业务能手(打怪),可谓技术攻关队长,碰到困难(妖怪)一路排除,保驾护航,确保师父生命安全,取经道路顺畅。况且神魔两界都有关系户,各路神魔 boss 也要让他三分。虽然他有大闹天宫的前科,但是在五指山下反省和历练,为人处世及脾气有所改善。

木护法:猪八戒,他原本是天蓬元帅,因好色毁掉前途。他能当上元帅,肯定有他的过人之处,魅力和沟通能力较强。

水护法:白龙马是唐僧的座驾,是身份地位的象征,如今企业哪位高层出差、办事、接待客人不开豪车?总不能叫他出差办公坐公交车或步行吧?

火护法:沙和尚,他相当于企业中的辅助工、搬运工,任劳任怨,埋头苦干,没有技术含量，可替代性高。

主持：孙悟空虽多次受师父气，且时常发脾气，可是最后还是回到师父身边，共渡难关。"人非圣贤，孰能无过"啊。西天路上，多妖魔鬼怪，不能没有孙悟空，光有司令，没有战士，留几个烧菜的后勤，打仗必败。

猪八戒性格开朗，充满活力，特讨女人喜欢，受尽孙悟空的欺负，经常背黑锅，能够接受任何批评而毫无负担压力，心态特别好，依然开心地做好本职工作。一个团队如果没有"开心果"，只有一股沉闷的气息，没有活力和欢乐，想必后果会很严重，会被逼疯。欢快地工作，才能有好的绩效，因此，猪八戒不能裁。

白龙马对唐僧来说，既是坐骑，更是身份的象征，也可大大提高工作效率，能间接节约成本，所以白龙马也是不可缺少的。

沙和尚干的都是杂事，唐僧在没有招收沙和尚之前，这些杂事还不是悟空和八戒干？

因此建议裁掉沙和尚。如果哪天想要召回他，我想，以沙和尚的性格，他还是会很乐意回来的。

(资料来源：通过互联网综合收集、整理及加工。)

【案例讨论】

你认可主持的建议吗？对你有什么启示？

【案例解析】、【企业实战&经典案例】可登录清华大学出版社网址(http://www.tup.tsinghua.edu.cn 或 http://www.tup.com.cn)查看。

任务4.4 筛选简历

微课12 简历筛选技巧

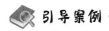

中国移动通信集团公司HR筛选简历的标准

未来职场，投放简历是求职者找工作的第一步，而简历也就成了求职的敲门砖。是否有机会参加下一步的考核赢来工作的机会，全看这敲门砖好不好。中国移动又是如何筛选简历的呢？

中国移动通信集团人力资源部高级项目经理刘灵心先生说："筛选的标准为先看专业再挑学校背景。中国移动采取多种方式进行招聘，包括招聘会以及利用报纸、杂志、猎头等，用得最多的是网络招聘。同时，还会针对招聘项目，进行校园招聘、社会招聘和内部竞聘。移动已经将很多工作外包给专业人才网站，因而在筛选简历、笔试和面试时都遵循着一个既定的程序和标准。一个优秀人才应聘移动，需要经过以下几个程序。

软件系统筛选简历→人工筛选简历→第一轮面试→笔试→第二轮面试。

自动软件系统会通过考查五个方面来挑选简历，即学校和专业、学习成绩、班级排名、英语能力和项目经验。这些都是应聘中国移动的五大拦路虎。中国移动青睐那些来自重点院校、专业对口的大学生，而名校背景、突出的英语能力以及担任过班长、学生会干部、社团组织者的经历,都会成为应聘中国移动的加分亮点。"

(资料来源:豆丁网,http://www.docin.com/p-1522416988.html)

【问题思考】

中国移动如何筛选简历?要从哪几个方面考察应聘者的简历?

初步筛选方法是对应聘者是否符合岗位基本要求的一种资格审查,目的是筛选出那些背景和潜质都与职务规范所需条件相当的候选人,并从合格的应聘者中选出参加后续选拔的人员。最初的资格审查和初选是人力资源部门通过审阅应聘者的个人简历或应聘申请表进行的。

4.4.1 筛选简历的方法

应聘简历是应聘者自带的个人介绍材料。对于如何筛选应聘简历,实际上并没有统一的标准,简历的筛选涉及很多方面的问题。

快速浏览简历的技巧如图 4-20 所示。

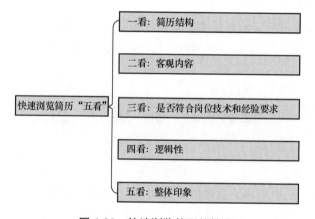

图 4-20 快速浏览简历的技巧

1. 分析简历结构

简历的结构在很大程度上反映了应聘者的组织和沟通能力。结构合理的简历都比较简练,一般不超过两页。通常应聘者为了强调自己近期的工作,书写教育背景和工作经历时,可以采取从现在到过去的时间排列方式。相关经历常被突出表述。书写简历并没有一定格式,只要通俗易懂即可。

2. 审查简历的客观内容

简历的内容大体上可以分为两部分,即主观内容和客观内容。在筛选简历时注意力应放在客观内容上。客观内容主要可分为个人信息、受教育经历、工作经历和个人成绩四个方面。个人信息包括姓名、性别、民族、年龄、学历等;受教育经历包括上学经历和培训经历等;工作经历包括工作单位、起止时间、工作内容、参与项目名称等;个人成绩包括学校、工作单位的各种奖励等。主观内容主要包括应聘者对自己的描述,例如"本人开朗乐观、勤学好问"等对自己的评价性、描述性的内容。

3. 判断是否符合岗位技术和经验要求

在客观内容中,首先要注意个人信息和受教育经历,判断应聘者的专业资格和经历是否与空缺岗位相关并符合要求。如果不符合要求,就没有必要再浏览其他内容,可以直接筛选掉。如在受教育经历中,要特别注意应聘者是否用了一些含糊的字眼,比如没有注明大学教育的起止时间和类别,这样做很有可能是在混淆专科和本科的区别,等等。

4. 审查简历中的逻辑性

在工作经历和个人成绩方面,要注意简历的描述是否有条理,是否符合逻辑。比如一份简历在描述自己的工作经历时,列举了一些著名的单位和一些高级岗位,而他所应聘的却是一个普通岗位,这就需要引起注意。比如另一份简历中称,自己在许多领域取得了什么成绩,获得了很多证书,但是从他的工作经历中分析,很难有这样的条件和机会,这样的简历也要引起注意。如果能够断定在简历中有虚假成分存在,就可以直接将这类应聘者淘汰。

5. 对简历的整体印象

通过阅读简历,问问自己是否留下了好的印象。另外,标出简历中感觉不可信的地方,以及感兴趣的地方,面试时可询问应聘者。

4.4.2 筛选申请表的方法

申请表的筛选方法与简历的筛选有很多相同之处,其特殊的地方如图 4-21 所示。

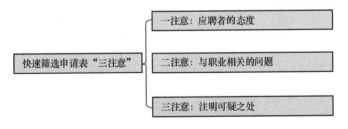

图 4-21 快速筛选申请表的技巧

1. 注意应聘者的态度

在筛选申请表时,首先要筛选出那些填写不完整和字迹难以辨认的材料。为那些态度不认真的应聘者安排面试,纯粹是在浪费时间,可以直接将其淘汰。

2. 关注与职业相关的问题

在审查申请表时,要估计背景材料的可信程度,要注意应聘者以往经历中所任职务、技能、知识与应聘岗位之间的联系。如应聘者是否标明了过去单位的名称、过去的工作经历与现在申请的工作是否相符,工作经历和教育背景是否符合申请条件,是否经常变换工作而这种变换却缺少合理的解释等。在筛选时要注意分析其离职的原因、求职的动机,对那些频繁离职人员应特别关注。

3. 注明可疑之处

不论是简历还是应聘申请表，很多材料都或多或少地存在内容上的虚假。在筛选材料时，应该用铅笔标明这些疑点，在面试时作为重点提问的内容之一加以询问。如在审查应聘申请表时，通过分析求职岗位与原工作岗位的情况，要对高职低就、高薪低就的应聘者加以注意。必要时应该检验应聘者的各类证明身份及能力的证件。

值得注意的是，由于个人资料和招聘申请表所反映的信息不够全面，决策人员往往凭个人的经验与主观臆断来决定参加复试的人选，带有一定的盲目性，经常产生漏选的问题。因此，初选工作在费用和时间允许的前提下应坚持面广的原则，应尽量让更多的人参加复试。

▌引导案例解析

中国移动筛选简历采用自动软件系统。该系统可以从 5 个方面考查应聘者的简历，即学校和专业、学习成绩、班级排名、英语能力和项目经验。

【企业实战&经典案例】与【阅读参考】可登录清华大学出版社网址(http://www.tup.tsinghua.edu.cn 或 http://www.tup.com.cn)查看。

微课 13　后来的遗憾

任务 4.5　人 员 面 试

▌引导案例

A 公司的校园招聘

A 公司是生产电子、网络及通信产品等的大型高科技上市公司。经过十多年的发展，A 公司现有 1 万多员工，已成为蜚声国际的中国电子业巨子，是中国显示技术产品出口的较强企业之一。A 公司在产品、技术、营销、资源以及管理等方面全面提升企业的竞争力，先后获质量免检产品称号和中国名牌称号，在中国电子百强中名列前茅。其电子的销售与服务网络遍布中国并延伸至欧洲、美洲和亚洲，已在全球建立了稳定、可靠、多层次的市场网络，全球的经销商已逾 3000 家，形成了国际化经营模式。现拥有较强的光电科技及信息、宽频和显示技术，拥有国内外一系列研发机构。

A 公司每年都要在全国一批高校中吸纳优秀的毕业生以充实和加强公司的整体实力，整合优秀的人力资源，加强产品的市场竞争力，提升自身的国际化程度。A 公司曾被评为"金梧桐"对人才最具吸引力的 100 家企业之一。今年为了补充企业需要的管理、技术、销售及生产等人才，以实现可持续发展，根据内部各部门、各分公司的发展需求，公司人力资源部制订了年度招聘计划，并根据以往公司员工的使用情况和自身发展的要求，决定在北方选择部分高校，招聘一大批优秀的大学毕业生，以满足公司对人力资源数量、质量和类型的需求。

项目4 人员招聘

公司人力资源部和具体的业务用人部门组成了招聘小组,选择了一所国内著名大学作为招聘工作的第一站,因为该大学每年都为 A 公司提供一批优秀的毕业生。到了大学的第二天下午,经过事先的准备,在学校大学生就业指导中心的配合下,A 公司在该大学举行了专场校园人才招聘会。

校园人才招聘会选择的是一个可以容纳 300 人的报告厅,由于该公司的知名度、声誉和精心的准备,会场座无虚席,甚至过道上都站满了手拿推荐表、自荐材料的大学本科、硕士和博士毕业生。会上,公司人力资源部的负责人向现场大学生发放了介绍公司基本情况的精美小册子,该负责人热情、幽默、详细地介绍了公司的整体情况、招聘的目的和内容、激励机制、薪酬制度和发展规划等。介绍并解释了公司"宁失百万金,不失一人才"的人才发展观、公司文化和经营理念等。随后,用人部门负责人介绍了招聘人员的需求量、工作岗位及工作职责、需求的学历层次和专业等具体情况。招聘人员积极回答了大学生的各种热点问题,招聘双方互动性较强,气氛热烈,富有感染力。

会后,大学生们踊跃自荐,纷纷投上毕业推荐表和自荐材料,以期成为 A 公司的一员。按照招聘流程和步骤,公司按需求岗位的性质、任务、条件以及岗位所需要的专业、技能、知识及资格等条件,对大学生的推荐材料进行了初步筛选;随后通知了一批初试人员;初试人员按通知的时间、地点进行了简单的考试;之后,确立了复试人员;又进行了测试;经过层层筛选和选拔,最后按计划录用了一批优秀的大学毕业生,这些大学毕业生将成为公司的员工。在招聘的过程中,每一轮筛选后,A 公司都会用特制的通知婉言回复推荐申请工作落选的大学毕业生。

(资料来源:通过互联网综合收集、整理及加工。)

【问题思考】
(1) A 公司采用了何种面试形式?
(2) A 公司的面试流程是怎样的?

面试是指根据企业的具体岗位要求对应聘者进行面试,通过科学合理的测试手段,对应聘者的智力水平、思维方式、是否具备科学的管理意识与技能等进行测试,从而选取合适的应聘者的测试方法。

合理的面试方式能够很好地将应聘者的多方面素质与能力展现出来,帮助公司招聘人员判断求职者是否符合公司要求。

4.5.1 面试的形式及技巧

1. 面试的形式

面试的形式包括结构化面试、无领导小组讨论、情境模拟等,如图 4-22 所示。

2. 面试的技巧

面试过程中可以使用的面试技巧与工具是多种多样的,学习面试技巧可以有效地提高面试成功率，常用的面试技巧如图 4-23 所示。

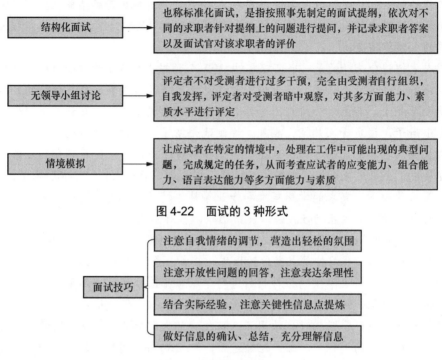

图 4-22　面试的 3 种形式

图 4-23　常用的面试技巧

4.5.2　面试评估

面试评估的流程如图 4-24 所示。

图 4-24　面试评估流程

1. 面试评估简介

面试是一种能有效地测试应试者多方面素质的测试方法，面试官在面试过程中应做好面试记录工作，以防面试信息被遗忘，为后续挑选合适的应聘者做好准备。面试结果评价表主要是帮助面试官对面试人员进行有效的评价，整合应试人员信息，提高了面试工作的效率。面试结果评价表可分为四个评分等级，分别是优秀、良好、合格、不及格，面试官通过对应试者在工作技能、工作经验、应变能力等项目分别打分，并根据最后得分的多少划分等级，从而可以择优录取应试人员。表 4-2 所示为面试结果评价表。

面试评估是分层次的，通常情况下 HR 负责基本素质的评估，如人选加入公司的动机和价值观、团队合作以及适应变化的能力等；用人部门负责专业技能的评估，如招会计由财务经理面试。

表 4-2 面试结果评价表

姓　　名		性　　别	
应聘职位			

评分等级：优秀 5 分，良好 4 分，合格 3 分，不及格 2 分或 1 分

项　　目	面试评分	备　　注
求职动机		
责任和义务		
所需技能		
外貌礼仪		
礼貌态度		
气质谈吐		
应变能力		
自信程度		
工作经验		
交际能力		
判断力		
工作知识		
外语能力		
总分合计		

总评：应聘者的优势和局限

面试意见：(　)推荐(　)存入人才库(　)不接受

主考人签名：

2. 背景调查

在录取之前，企业大多会对预录取人员的教育背景、经历背景以及其他由候选人提供的关键信息的真实性进行调查，尤其是对涉及预录取人员的信誉度、道德水平以及职业素养方面的问题进行调查，有意识地规避企业用人风险。

常用的背景调查方法如图 4-25 所示。

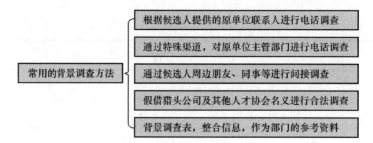

图 4-25 常用的背景调查方法

3. 录用决策

根据面试情况从企业管理的角度综合评估录用人选，如用人紧急程度、人才的市场储备情况、竞争对手的人才状况、团队合作情况等做出录用决策。在进行录用决策时要遵循寻找合适而非最优秀的原则。

1）录用通知单

录用是企业进行招聘工作的最终目的，通过一系列测试方法挑选出最适合岗位要求的应聘者，并且对其发放录用通知书，是整个招聘工作中的重要环节。表 4-3 所示为员工录用通知单。

表 4-3 录用通知单

1. 录用通知单。 　　_____先生/小姐：您好！ 您诚意应聘本公司职位，经初审合格，依本公司任用规定给予录取，竭诚欢迎您加入本公司行列。有关报到事项如下，敬请参照办理。 报到日期：____年____月____日(星期__)____时____分止。 报到地点：_____ 2. 携带资料。 录用通知书； 居民身份证； 最高学历证书原件以及复印件； 资历、资格证书(或上岗证)； 体检合格证明(区以上医院血液肝功能体检证明)； 非本市户口须携带外出就业证明、未婚证(计生证)； 一寸相片三张。 如需公司解决住宿，请自带生活用品。 3. 按本公司之规定新进员工必须先行试用 2 个月，试用期薪资××××元。 4. 前列事项若有疑问或困难，请与本公司人事部联系。 联系电话：_____　　　　报到联系人：_____ 　　　　　　　　　　　　　　　　　　××有限公司 　　　　　　　　　　　　　　　　　　_____部门 　　　　　　　　　　　　　　　　　_____年____月____日

2) 发放录用通知

经过笔试、面试之后，企业需要向确定录取本公司的相应人员发放录用通知书。由于录用通知书不是正式的劳动合同，所以用人单位与录用人员之间容易产生劳动争议。撰写录用通知书需要注意的 4 个问题，如图 4-26 所示。

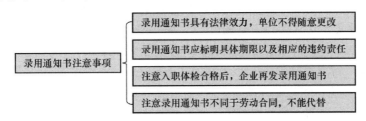

图 4-26　撰写录用通知书需要注意的 4 个问题

3) 通知未被录用的人员

一个具有优秀企业文化的公司，不但会及时向录用者反馈信息，也会同未被录用者进行简单的沟通。如图 4-27 所示，这是未被录用的人员通知方式。

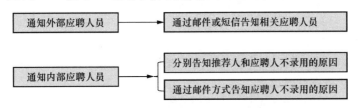

图 4-27　未被录用的人员通知方式

引导案例解析

A 公司采用了结构化面试形式。其面试流程为公司按需求岗位的性质、任务、条件，以及岗位所需要的专业、技能、知识及资格等条件，对大学生的推荐材料进行了初步筛选；随后通知了一批初试人员；初试人员按通知的时间、地点进行了简单的考试；之后，确立了复试人员；又进行了测试；经过层层筛选和选拔，最后按计划录用了一批优秀的大学毕业生，这些大学毕业生将成为公司的员工。在招聘的过程中，每一轮筛选后，A 公司都会用特制的通知婉言回复推荐申请工作落选的大学毕业生。

课堂实训&案例讨论

农 民 相 驴

一、背景

一个农民种地很卖力气，又有一定的经营头脑，没几年耕种的土地面积就扩大了一倍。原有的几头耕地的驴已经忙不过来了。

于是农民让自己的驴力资源经理去集市上发布招聘启事，招聘一头管理所有耕地驴的驴头和一头耕地驴回来。

二、故事

驴力经理写招聘启事要求：身体健康，有一年以上犁地经验，执行力好，有团队合作精神。

一周过后，驴力资源经理收到了很多驴历。

为了慎重起见，驴力资源经理设计了结构化面试的表格("请简单介绍你的耕地经历""耕地有哪几个要点""你为什么要跳槽")，并且增加了情境测试。

驴力资源经理与一些候选驴进行了面谈(很多驴去面试画面)，最后候选驴中的黑毛驴、花毛驴回答较好，作为耕地驴候选者，由驴力资源经理推荐进入复试环节。候选驴中的黄毛驴、蓝毛驴回答较好，作为驴头候选者，由驴力资源经理推荐进入复试——情境测试环节。

农民亲自担任情境测试环节的考官，驴力资源经理做助手。

1. 农民面试耕地驴岗位候选者

农民把耕地驴候选者(黑毛驴、花毛驴)请到了一片荒地前，请它们用半个小时的时间考察一下，然后回答可否把这片荒地犁成可以耕种的土地。两位候选驴在荒地里来回走了两圈，不一会儿就回到了农民跟前。

黑毛驴："这片地太荒芜了，又很硬，我无法在短时间内把它犁成可以耕种的土地。"

花毛驴："这片地虽然荒芜，也确实很硬，不好犁，但我相信，只要功夫深，铁杵磨成针，早晚会把地犁好的。"

农民听了两头驴的回答，没有当场表态，告诉它们等驴力资源经理的最后通知。

2. 农民面试驴头岗位候选者

农民把两位驴头候选者(黄毛驴、蓝毛驴)请到了那片荒地前，请它们用半个小时的时间考察一下，然后回答可否把这片荒地犁成可以耕种的土地。

两位驴头候选者在荒地里来回走了好几圈，不时地停下来用蹄子刨一刨，还用驴嘴拔一些荒草下来，20分钟后黄毛驴回到了农民面前："这片地太荒芜，又很硬，不好犁，但我相信，只要功夫深，铁杵磨成针，只要我一门心思下定决心去干，早晚会把地犁好的。"

蓝毛驴也回到了农民面前："这片地太荒芜了，又很硬，我无法在短时间内把它犁成可以耕种的土地。建议您可考虑用农用机械来翻，翻好了以后再看能否犁成可耕种的地。"

农民听了两头驴的回答，没有当场表态，并告诉它们等驴力资源经理的最后通知。

听了农民和候选驴说的话，驴力资源经理心里嘀咕："当场告诉人家算了，为什么还要再通知？我看两个回答只要用心就能把地犁好的候选者肯定被录用了，老板不是要招聘执行力好的吗？"

面试后的第二天，驴力资源经理把录用审批材料送到了农民的办公室，不一会儿就批出来了。

驴力资源经理拿着农民的录用审批，愣在当场，"农民葫芦里卖的什么药"呀？

(资料来源：百度百科，http://baike.baidu.com/item/农民相驴/6567072?fr=aladdin)

【案例讨论】

猜猜农民录用了谁？为什么？

【案例解析】、【企业实战&经典案例】、【阅读参考】、【知识巩固】可登录清华大学出版社网址(http://www.tup.tsinghua.edu.cn 或 http://www.tup.com.cn)查看。

项目5 员工培训

【知识目标】

- 了解并掌握培训的含义;
- 了解并掌握培训的原则;
- 了解并掌握培训的要素;
- 了解并掌握培训的分类;
- 了解并掌握培训成本的含义;
- 了解并掌握培训评估的含义。

【能力目标】

- 能够掌握培训的概念、意义与原则;
- 能够掌握培训的类型;
- 能够掌握员工培训计划制订的程序;
- 能够有效分析培训需求;
- 能够掌握员工培训的程序;
- 能够掌握培训的基本方式方法;
- 能够运用相关知识对培训效果进行评估。

【能力目标】

培训、培训成本、培训评估

【项目框架图】

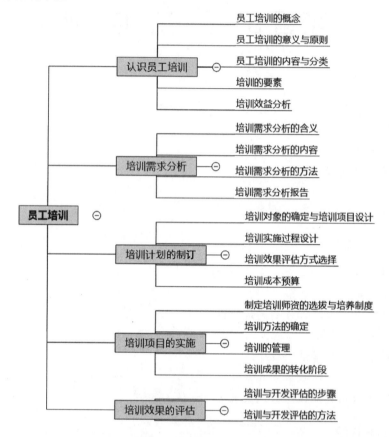

任务 5.1　认识员工培训

引导案例

蓝色巨人长盛不衰的秘诀
——IBM 培养"新蓝"

　　李洁现在在 IBM 公司中国区内务培训部工作，她是从 1985 年开始在 IBM 公司工作的，先后在美国和新加坡工作过。当问及她为何能够始终如一地为 IBM 公司工作时，她毫不犹豫地回答说，因为能在这里不断地学到东西。

　　事实上，IBM 公司向来以其出色的员工培训而闻名遐迩，在过去的 IBM 新员工培训时，甚至流行着这样一句话：无论你在进入 IBM 时是什么颜色，经过培训，你都会变成蓝色。

　　——新员工培训

　　所有的 IBM 新员工都是"新蓝"，包括大学刚毕业就加入 IBM 的"纯蓝"。IBM 的新员工培训一般都在本土进行。IBM 的新员工培训按照新员工的职属不同被分为两类。一类是针对业务支持的员工，主要指行政管理人员，即 Back-Office；另一类则是销售、市场和服务人员，占公司员工的大多数，称为 Front-Office。社会招聘的新员工因为有工作经验，进行的培训要比校园招聘的新员工精简一些。

——Back-Office 培训

对新进入 IBM 公司的行政管理人员，要经过两个星期的培训，目的是了解 IBM 的企业文化、政策等公司概况。之后回到自己的岗位上跟着一名指定的"师傅"(Tutor)边工作边学习，这也就是常说的 IBM "师傅徒弟制"，以便于新员工边干边学、尽快熟悉工作。

——Front-Office 培训

新进入 IBM 公司的销售、市场和服务人员，需要先经过 3 个月的集中强化培训，回到自己的工作岗位之后还要接受 6~9 个月的业务学习。

进入 IBM 的"纯蓝"们不会像一个迷茫无助、不受重视的个体。IBM 首先会对他们进行 4 个月的全面培训，之后，会按照职位需要和个人能力分配到 IBM 相关的部门。然后，针对新员工的指导计划就会展开，以帮助新员工分享老员工的知识和经验。

不仅如此，以"培养 IBM 的未来之星"为目标的"个人发展链(EDC)"将伴随着新员工在 IBM 成长、成熟乃至担当大任。首先，每一个新员工必须接受技能评估(PSU)，制订个人发展计划(IDP)；其次，在得到充分的培训和指导的前提下实施个人发展计划，人力资源部会跟踪计划的实施，并考评这一目标的实现情况；最后，在部门经理和人力资源部的帮助下，每一名员工都会在 IBM 建立新的个人目标计划，以充分发挥个人的才能和智慧。

在 IBM，员工提出加薪，可能会需要一段时间的评估和衡量。但如果员工提出要学习，根据员工个人职业生涯发展的需要，IBM 一般不会拒绝，学费报销计划正是为了鼓励员工扩展知识和技能。丰富的培训和深造机会也成为促使很多优秀人才加入 IBM 的原因。对于刚刚毕业的应届毕业生来说，他们最渴望通过 IBM 健全的培训体系完善自身的技能，适应工作与竞争的需要。而 IBM 所需要的就是那些再学习能力很强的人才。

(资料来源：新浪新闻，https://news.sina.com.cn/o/2005-08-14/23576689272s.shtml)

【问题思考】

IBM 为何不会拒绝员工的培训要求？

5.1.1 员工培训的概念

1. 员工培训的含义

培训(Training)是企业向员工提供所必需的知识与技能的过程；开发(Development)是依据员工需求与组织发展要求对员工的潜能开发与职业发展进行系统设计与规划的过程。两者的最终目的都是在于通过提升员工的能力实现员工与企业的同步成长。

总体来说，员工培训是指通过教学或实验等方法促使员工在知识、技术、品德、动机、态度和行为等方面有所改进和提高，保证员工能够按照预期的标准或水平完成所承担或将要承担的工作与任务。

企业通过多种方式，使员工具备完成现在或者将来工作所需要的技能并改变他们的工作态度，以改善员工在现有或将来职位上的工作业绩，是最终实现企业整体绩效提升的一种计划性和连续性的活动。

员工培训与开发是有组织、有计划的活动，是为了使员工获得或改进知识、能力、态度和行为，达到提高组织的工作绩效，促进员工与组织共同发展为目的的、系统化的教育训练和开发活动。对培训含义的准确理解，需要把握以下几个要点。

(1) 培训与开发的对象是企业的全体员工，而不只是某部分员工，当然这并不是说每次培训的对象都必须是全体员工。

(2) 培训与开发的内容应当与员工的工作有关，与工作无关的内容不应当包括在培训的范围之内。此外，培训的内容还应当全面，与工作有关的内容都属于培训的范畴。如知识、技能、态度、企业的战略规划以及企业的规章制度等。

(3) 培训与开发的目的是要改善员工的工作业绩并提升企业的整体绩效，应当说这是企业进行培训的初衷和根本原因，也是衡量培训工作成败的根本性标准，如果不能实现这一目标，培训工作就是不成功的。

(4) 培训与开发的主体是企业，也就是说培训应当由企业来组织实施。有些活动虽然客观上也实现了培训的目标，但是实施主体并不是企业，因此也不属于培训的范畴。例如员工进行自学，虽然同样会改善工作业绩，但不能算作培训；但是如果这种自学是由企业来组织实施的，那么就属于培训。

2. 人力资源培训与人力资源开发的区别

培训与开发(T&D)在很多情况下被统称为培训，实际上二者是有所不同的。培训是组织通过有计划地向员工提供各种培训项目帮助员工提高知识、技能和业绩水平的活动。培训的目的是使受训者获得当前工作所需的知识和技能，提高员工目前的工作业绩。开发则着眼于长远目标，是指员工为今后发展而进行的一系列培训活动，它可以帮助员工更好地迎接新技术、市场和工作变化带来的挑战，提高员工向未来职位流动的能力和员工的可雇佣性。培训与开发是两个有所不同但是密切相关的概念。随着培训的日趋重要，培训与开发的界限将日益模糊。可以说，开发是更广泛意义上的培训。培训与开发(又称发展)在定义上很难划分，许多时候常常混为一谈。如果一定要把培训与开发区别开来，可以参照下列各点。

(1) 培训时间较短，开发时间较长。
(2) 培训阶段性较清晰，开发阶段性较模糊。
(3) 培训的内涵较小，开发的内涵较大。

5.1.2 员工培训的意义与原则

1. 员工培训的意义

自古以来，人才一直被置于极其重要的位置，"为政之要，惟在得人"。近几年来，人力资源不再像过去那样被当作一种成本，而作为一种重要资源越来越被企业所重视。培训作为开发和管理人力资源的一种重要方法已经被越来越多的企业所运用。企业在面临全球化、高质量、高效率的工作系统挑战中，培训显得更为重要。培训可使员工的知识、技能与态度得到明显的提高与改善，并由此提高企业效益，获得竞争优势。具体体现在以下方面。

1) 能提高员工的职业能力

员工培训的直接目的就是要发展员工的职业能力，使其更好地胜任现在的日常工作及未来的工作任务。在能力培训方面，传统上的培训重点一般放在基本技能与高级技能两个层次上，但是未来的工作需要员工具备更广博的知识，因此培训员工学会知识共享，创造性地运用知识来调整产品或服务的能力尤为重要。同时，培训可使员工的工作能力提高，为其取得好的工作绩效提供了可能，也为员工提供更多晋升和取得较高收入的机会。

2) 有利于企业获得竞争优势

面对激烈的国际竞争：一方面，企业需要越来越多的跨国经营人才，为进军世界市场奠定坚实的基础；另一方面，员工培训可提高企业新产品研究开发能力，员工培训就是要不断培训与开发高素质的人才，以获得竞争优势，这已为人们所认同。尤其是人类社会步入以知识经济资源和信息资源为重要依托的新时代，智力资本已成为获取生产力、竞争力和经济成就的关键因素。企业的竞争不再依靠自然资源、廉价的劳动力、精良的机器和雄厚的财力，而主要依靠知识密集型的人力资本。员工培训是创造智力资本的有效途径。智力资本包括基本技能(完成本职工作的技术)、高级技能(如怎样运用科技与其他员工共享信息、对客户和生产系统加深了解)以及自我激发创造力。因此，这要求建立一种新的适应未来发展与竞争的培训观念，提高企业员工的整体素质。

3) 有利于改善企业的工作质量

工作质量包括生产过程质量、产品质量与客户服务质量等。毫无疑问，培训可使员工素质、职业能力提高并增强，将直接提高和改善企业工作质量。培训能改进员工的工作表现，降低成本；培训可增加员工的安全操作知识；提高员工的劳动技能水平；增强员工的岗位意识，增加员工的责任感，规范生产安全规程；增强安全管理意识，提高管理者的管理水平。因此，企业应加强对员工敬业精神、安全意识和知识的培训。

4) 有利于高效工作绩效系统的构建

在21世纪，科学技术的发展促进了员工技能和工作角色的转变，企业需要对组织结构进行重新设计(如工作团队的建立)。今天的员工，其职责已不再是简单接受工作任务，从事辅助性工作，而是参与提高产品与服务质量的团队活动。在团队工作系统中，员工扮演着许多管理者的角色。他们不仅具备运用新技术获得提高客户服务与产品质量的信息、与其他员工共享信息的能力；还具备人际交往技能和解决问题的能力、集体活动能力、沟通协调能力等。尤其是培训员工学习使用互联网、全球网及其他用于交流收集信息工具的能力，可使企业工作绩效系统高效运转。

5) 满足员工实现自我价值的需要

在现代企业中，员工的工作目的更重要的是"高级"需求——实现自我价值。培训可不断教给员工新的知识与技能，使其能适应或能接受具有挑战性的工作与任务，实现自我成长和自我价值，这不仅可使员工在物质上得到满足，而且可使员工得到精神上的成就感。

2. 员工培训的原则

1) 战略性原则

战略性原则有两层含义：一是企业培训需要服从或服务于企业的整体发展战略，最终的目的是实现企业的发展目标；二是培训本身也要从战略角度考虑，要以战略眼光去组织企业的培训活动，不能只局限于某一个培训项目或某一项培训需求。

2) 按需施教、学以致用原则

员工培训应当有明确的针对性，从实际工作的需要出发，与职位特点紧密结合，与培训对象的年龄、知识结构、能力结构、思想状况紧密结合。因此，要把培训内容和培训后的使用衔接起来，这样培训的效果才能体现到实际的工作中去。

3) 主动参与原则

要调动员工接受培训的积极性，就必须遵循员工主动参与原则。一般而言，参与有助于增强员工的学习热情，提高学习效果。遵循员工主动参与原则，还要求较多地采用相互认识、自我总结的方式，如对管理人员的培训与开发可采用经验交流会、专题研讨会、敏感性训练等方式。

4) 思想为先原则

人力资源培训需要企业投入大量的人力、物力，这对企业的当前工作可能会产生一定的影响。有的培训项目有立竿见影的效果，但有的培训要在一段时间以后才能反映到员工的工作效率或企业的经济效益上。因此，要正确认识智力投资和人才开发的长期性和持续性，要用"以人为本"的经营管理理念来搞好人力资源培训。

5) 效果评估原则

所谓全员教育培训，就是有计划、有步骤地对所有在职员工进行的教育和训练。全员培训的对象应包括企业所有的员工，这样才能全面提高企业所有员工的素质。此外，全员培训也不是说对所有员工平均分摊培训资金。为了提高培训投入的回报率，在全员培训的基础之上还要强调重点培训，要分清主次先后、轻重缓急，制定规划，分散进行不同内容、不同形式的教育培训，并对培训效果进行评估。

6) 效果反馈的原则

对培训效果进行反馈，是检验培训质量的重要手段。培训后要巩固所学，强化应用，并定期检查，及时纠正错误和偏差。鉴于很多培训只是为了提高素质，并不涉及录用、提拔或安排工作问题，因此对受训人员择优奖励就成为调动其积极性的有力杠杆。应根据考核成绩，设立不同的奖励等级，还可记入档案，与今后的奖励、晋级等挂钩。

5.1.3　员工培训的内容与分类

1. 员工培训的内容

培训是指企业通过各种形式的教育方式改进员工能力水平，提高组织业绩的一种有计划的、连续性的工作，其主要内容大体可分为以下几种。

(1) 知识培训。

(2) 技能培训。

(3) 素质培训。

(4) 创新能力培训。

(5) 团队精神培训。

(6) 形象与心理培训。

2. 员工培训的分类

员工培训要视企业的需要和员工的具体情况而定。培训从不同的角度可以划分为不同的类型。

(1) 按照培训的内容不同，可以将培训分为基本技能培训、专业知识培训和工作态度培训。基本技能培训是通过培训使员工掌握从事职务工作必备的技能；专业知识培训是通过培训使员工掌握完成本职工作所需要的业务知识；工作态度培训是通过培训改善员工的工作态度，使员工与组织之间建立起互相信任的关系，使员工更加忠诚于组织。这三类培训对于员工个人和组织绩效的改善都具有非常重要的意义。因此，在培训中应予以足够的重视。

(2) 按照培训的对象不同，可以将培训划分为新员工培训和在职员工培训。新员工培训又称向导性培训或岗前培训，是指对新进员工进行的培训，主要是让新员工了解组织的工作环境、工作程序、人际关系等；在职员工培训是对组织中已有的人员的培训，主要是为了提高现有员工的工作绩效。

(3) 按照培训的目的不同，可以将培训分为应急性培训和发展性培训。应急性培训是组织急需什么知识、技能就培训什么。例如，企业计划新购一台高精度的仪器，而目前又没有员工能够操作，就需要进行针对此仪器的应急性培训。发展性培训是从组织长远的发展需要出发而进行的培训。

(4) 按照培训的形式不同，可以将培训分为岗前培训、在职培训和脱产培训。岗前培训也称入职培训或引导培训，是为了员工适应新的岗位工作需要而进行的培训；在职培训就是在工作中直接对员工进行培训，员工不离开实际的工作岗位；脱产培训是让员工离开工作岗位，进行专门性业务和技术培训。

(5) 按照培训地点不同，可以将培训分为企业内培训和企业外培训。企业内培训是指在企业的培训部或部门的统一安排下，利用企业内设的培训教室，在工作时间外利用企业的生产设备、仪器所进行的培训活动。培训员可由专职教员担任或外请。企业外培训是指培训的地点不在自己企业内，而是委托社会培训机构代理，或选送职工至企业外接受培训。各企业可以充分利用有关院校的教育资源开展企业外培训活动，也可利用社会上的专题讲座和报告会、参观考察等活动作为企业外培训的项目，培训时间可根据需要采用全日式、间日式或兼时式。

(6) 按照培训对象的层次不同，可以将培训分为督导管理层的培训、决策管理层的培训、专业技术人员及操作人员的培训。督导管理人员是企业的中坚力量，包括部门经理以下的各级管理人员，如班组长。这一层次人员在企业管理中具有举足轻重的作用。对督导管理人员的培训重点是管理概念与能力的培训、专业知识的深化培训以及如何处理人际关系等实务技巧的培训。决策管理人员是企业管理决策层的重要人物，包括正、副总经理。作为企业管理中枢，对决策管理层培训的内容主要是如何树立宏观经济观念、市场竞争观念以及销售因素分析与营销策略制定、预算管理、成本控制和组织行为等一系列课题。专业技术人员及操作人员的技术水平、实际操作人员的素质水平、技术熟练程度与工作态度直接影响着整个企业的产品水准与产品质量，对这类人员的培训目标应着眼于提高他们的整体素质，即从专业知识、业务技能与工作态度三方面进行培训。

5.1.4 培训的要素

不管是年度培训,还是月度培训,甚至是针对某一特定的培训需求而制定的专项培训,培训要素都包括 5W1H。所谓 5W1H,是指由 When(时间)、Who(谁)、Why(为什么)、What(培训的内容是什么)、Where(在哪里)、How(如何进行)六个英文单词的第一个字母组成,如将其所包含的内涵对应到制订培训计划中来,即要求我们明确:我们组织培训的目的是什么?培训的对象是谁?由谁负责?授课讲师是谁?培训的内容如何确定?培训的时间、期限?培训的场地、地点?这六个要素所构成的内容就是培训的要素。

1. 何时培训:时间

一般来讲,对企业和员工而言应把握的培训时机如下所述。

(1) 新员工入职时。
(2) 组织效率低下,急需改进组织绩效时。
(3) 提升整个团队的能力素质及凝聚力,以适应需要时。
(4) 员工晋级、晋升或岗位转换时。
(5) 新制度的颁布或新技术、新系统、新流程的引进及使用时。
(6) 新的职能与业务拓展时。

2. 对谁培训:对象

所有人都需要培训。无论是高层领导还是中层经理,无论是一般干部还是基层员工,从现在开始都要把培训摆到工作日程中去给予重视。人力资源培训对象,可依照阶层别(垂直的)及职能别(水平的)加以区分。阶层别大致可分为普通操作员级、主管级及中、高层管理级;而职能别的培训又可以分为生产系统、营销系统、质量管理系统、财务系统、行政人事系统等项目。我们在组织、策划培训项目时,首先应该决定培训人员的对象,然后再决定培训内容、时间期限、培训场地以及授课讲师。培训学员的选定可由各部门推荐,或自行报名再经甄选程序而决定。

总体来说,确定培训对象的基本原则是当其需、当其位、当其愿。在最需要的时候选择最需要培训的人进行培训。比如,①新员工;②拟晋升或调岗人员。针对具体的岗位或职位及其在组织运营中的重要程度来选定,如一般公司优先培训业务人员。充分体现员工个人发展愿望与组织需要的结合,如根据公司职业生涯规划安排的系列培训。

3. 谁做培训:师资

讲师选择的核心理念是一定要选择最好的讲师!讲师的来源主要有企业内部开发和企业外部聘请两大来源。这两种来源各有其优缺点。

企业内部开发师资的优点是熟悉企业内部情况,且培训中交流顺畅;自身成长树立榜样;易于管理;成本低。缺点是没有权威性;选择范围小,难出高手;容易导致近亲繁殖;受训者热情有时也不够。

企业外部聘请师资的优点是选择范围大,可获取到高质量的讲师资源;可带来许多全新的理念;对学员有较大的吸引力,获得良好的培训效果;可提高培训档次,引起企业各方面的重视。缺点是由于师资对企业本身缺乏了解,培训风险大;培训缺乏针对性,适用性低;难以形成系统;一定程度上增加了企业的培训成本。

4. 培训什么:需求

只有挖掘到真正的需求,才能对症下药,设计出具有针对性的培训课程,获得最佳的培训效果。

我们可以从组织分析、工作分析和人员分析三个层面去分析培训需求。从整个组织层面的需求来分析,如组织目标需求、组织效率与质量期望、人事接续计划、市场竞争需求与核心能力培养等;根据岗位素质模型的要求或成功完成某项任务的要求来分析(知识、技能、态度等),也可称为职位分解法/任务分析法;确定理想状况与现有业绩之间的差距,分析造成业绩差距的原因,并结合员工个人职业生涯规划,从而得出培训需求。

5. 如何培训:方法

在各种教育训练方法中,选择哪些方法来实施教育训练,也是培训成败的关键因素之一。根据培训的项目、内容、方式的不同,所采取的培训技巧也应有所区别。

从培训技巧的种类来说,可以划分为讲课类、学习类、研讨类、演练类和综合类,而每一类培训技巧中所包含的内容又各有不同,如讲课类中可以分为 MGO(Managerial Grid of Oneself,自我管理架构)法、监督能力提高法等;学习类技巧中可以分为 SAAM 法(将列举法与检查表法配合使用,也称属性改良配列法)、博览式学习法、读书法等;研讨类技巧中可以分为 PTI(个人心理治疗)法、案例分析法、管理原则贯彻法等;演练类技巧中可以分为 SCT(现场感受性训练)法、TCA(沟通能力分析训练)法、冲突化解法等;综合类技巧中可以分为函授教育法、科学决策法、离职外派教育法、面谈沟通法、视听教育法等。不同的技巧与方法所获得的培训效果是不同的,需要我们在制订培训计划时与授课讲师共同研讨与确定,以获得培训效果的最大化。

针对不同的培训对象,培训方法又可以分为参与型培训法,比如:自学、案例研究法、头脑风暴法、模拟训练法、敏感性训练法、管理者训练法;实践型培训法,比如:工作指导法、工作轮换法、特别任务法、个别指导法;传授型培训法,比如:讲授法、专题讲座法、研讨法;科技时代型培训法,比如:网上培训、虚拟培训;态度型培训法,比如:角色扮演法、拓展训练,等等。

6. 培训效果:评价

培训是一项经过论证的具有投资价值的项目,旨在通过培训解决现在、未来的问题,补强不足的能力,提高绩效,增加效益。我们在评估培训效果的时候,可以看通过培训,受训者学习了何种新的技能和行为方式;企业通过培训的实施是否获得了更高的经济和社会效益。

5.1.5 培训效益分析

培训成本效益分析是检验企业培训成果的有效途径,人力资源培训成本效益分析结果对企业未来员工培训方案、计划的制订有重要的参考价值。

具体来说，体现在下述几方面。

(1) 缩短工时，通过培训企业可以用更少的人力来完成工作，减少时间的浪费，提高工作效率。

(2) 高效使用物料，提高员工工作计划能力和工作质量水平，减少存货等。

(3) 高效使用设备，降低故障率，减少维修费用，减少停机损失等。

(4) 降低员工流失率，从而降低招聘成本、培训成本、职位空缺损失等。

(5) 减少事故的发生，降低事故的损失和处理事故的费用。

1. 培训成本

培训成本是指企业在员工培训过程中所发生的一切费用，包括培训之前的准备工作，培训的实施过程，以及培训结束之后的效果评估等各项活动的各种费用。培训成本一般包括直接培训成本和间接培训成本。

直接培训成本是指在培训组织实施过程之中，直接用于培训者与受训者的一切费用的总和。具体内容如下所述。

(1) 培训讲师费(内请或外聘)。

(2) 培训场地租赁费(如果培训地点在企业内部，此项费用可免)。

(3) 培训设备、相关培训辅助材料费用。

(4) 培训课程制作费用、培训教材费、资料费。

(5) 培训课程制作费用。

(6) 为参加培训所支出的交通费、餐费、住宿费及其他费用等。

间接培训成本是指在培训组织实施过程之外企业所支付的一切费用的总和。具体内容如下所述。

(1) 课程设计所花费的所有费用，包括工资支出、资料费支出及其他费用。

(2) 培训学员工资福利等。

(3) 参加培训而减少的日常所在岗位工作造成的机会成本。

(4) 培训管理人员及办事人员工资、交通费、通信费等。

(5) 一般培训设备的折旧和保养费用。

2. 培训效益

培训效益，即通过培训在经济上带来的回报和利益，或者说，培训在实现企业或国民经济增长中的作用和贡献。培训经济效益是一个十分复杂的问题，从不同侧面、不同角度可作多种分析，因而也就可以得出不同的认识和结论。从时间上分，有长远的经济效益和眼前的经济效益；从空间范围上分，有宏观经济效益和微观经济效益；从层次上分，有企业内部的经济效益和企业外部的经济效益；从受益对象上分，有个人(职工)、企业、国家(或社会)的经济效益；从受益的作用程度上分，又可分为直接经济效益和间接经济效益，等等。因此，对培训的经济效益分析，要有一个系统的观点，进行全面的综合的评价和分析。

3. 培训成本效益分析步骤

(1) 收集各项培训费用的资料，如凭证、票据等。

(2) 将培训成本分为直接成本和间接成本。

(3) 统计各阶段的各项费用，制作汇总表格和统计图表。
(4) 分析对比培训成本及各项费用组成的变化情况。
(5) 调查、分析变化的原因。
(6) 对比培训前后的工作状况，衡量培训收益，计算投入收益率。
(7) 根据分析结果、判断原因提出下一步培训的改善建议。

引导案例解析

科技进步的最终根源是人才。同样，IBM 在信息产业界独执牛耳的终极原因也是人才。IBM 遵循多元化的用人原则，依靠卓越的人力资源队伍为 IBM 在全球招兵买马，对员工进行精心的培养与卓有成效的管理，为 IBM 全球大业建立了一支强大、高效、稳定的"蓝色军团"。IBM 千千万万名"纯蓝""深蓝"们就像是全球 IT 界的"蓝色精灵"，为实现 IBM 这个"蓝色巨人"一个个的"蓝色梦"而发挥着他们的智慧与才能。

多元化的用人政策成为 IBM 用人制胜的武器，无论是"机会均等"原则还是"师徒制"，或是"个人业务承诺计划"还是"弹性工作制"等，所有 IBM 引以为豪的用人之道为 IBM 赢得了在全球信息产业的领导者地位，更赢得全球各界人士的认同与尊敬。

正是因为 IBM 注重"蓝色军团"的发展，正是由于 IBM 在人力资源管理与建设上的一整套独特而完善的体制，才保证了 IBM 在同行业中始终处于领先的地位，并不断稳步发展。

【企业实战&经典案例】可登录清华大学出版社网址(http://www.tup.tsinghua.edu.cn 或 http://www.tup.com.cn)查看。

微课 14　如何确定培训对象

任务 5.2　培训需求分析

引导案例

鹰 的 重 生

在鹰的一生中，将经历一件具有重大意义的事。这件事发生在它们 40 岁时，鹰的生命将走到尽头，而拯救自己的方法只能是用自己的喙啄掉羽毛，再忍着巨大的疼痛让自己重生。鹰在经历磨炼后，长出了更丰满的羽翼，重新成为空中之王，延长了 30 岁的生命。鹰在生命即将消逝时，忍受住了重生的煎熬，如"凤凰涅槃"，绽放出了属于生命奇迹最后的美丽光芒。

(资料来源：网易号，https://www.163.com/dy/article/GMDH8JGH0521JM9H.html)

【问题思考】
从鹰的一生中我们可以学到什么？

5.2.1 培训需求分析的含义

企业为什么要培训、培训什么，这不是领导说了算的，也不是培训管理者凭空臆断的。当企业出现一些问题，只有通过培训才能解决或才能更好地解决时，培训需求才应运而生。培训需求反映了企业要求具备的理想状态与现实状态之间的差距，这个差距就是培训需求。

微课15 培训需求分析的内涵

培训需求分析是指在规划与设计每项培训活动之前，采取一定的办法和运用某项技术，对组织及成员的目标、知识、技能等方面进行系统的鉴别与分析，以确定培训的必要性及培训内容的过程。

5.2.2 培训需求分析的内容

对一个组织来说，培训需求分析既是确定培训目标、设计培训规划的前提，也是进行培训评估的基础，因而成为培训活动的首要环节。培训需求分析的内容可以从组织层面、任务层面和员工层面进行分析。

1. 组织层面

组织分析一般通过对环境、战略、组织资源、组织绩效四个方面进行分析，以确定组织中的培训是否符合需要。

1) 组织的环境

组织环境的类型：一般来说，应以组织界线(系统边界)来划分，可以把环境分为内部环境和外部环境。组织内部环境包括物理环境、心理环境、文化环境等；组织的外部环境包括一般外部环境和特定外部环境。一般外部环境包括的因素有社会人口、文化、经济、政治、法律、技术、资源等；特定外部环境因素主要是针对企业组织而言的，包括的因素有供应商、顾客、竞争者、政府和社会团体等。

2) 组织的战略

企业的经营战略会产生培训需求。不同的经营战略会影响培训实践并产生不同的培训需求，如表5-1所示。

3) 组织资源

组织资源主要表现为企业是否拥有足够的培训经费预算、培训时间、专业培训人员(培训能力)来用于培训。如果公司本身缺乏必要的时间与专业培训人员，则需要外部服务与咨询公司提供适合本公司培训项目需要的定制化服务。

4) 组织绩效

组织分析的一个重要源泉来自组织绩效的各种运行标准。对人力资源数据的连续的、详细的分析能够找到培训的薄弱环节。例如，通过查看哪个部门的跳槽率高、缺勤率高、绩效低或有其他缺点，可以确定培训重点。组织需要分析的特定信息和运行标准来源包括委屈不平事件、事故记录、观察、辞职会见、顾客的投诉、装备使用数据、废物/废料/质量控制数据等。从整个组织的角度对组织绩效进行评价的指标有数量、质量、时间、成本、态度和行为等。

表 5-1 不同经营战略产生的相关培训需求

战略	重点	达成途径	关键点	培训内容
集中战略	·增加市场份额 ·降低运作成本 ·建立和维护市场地位	·改善产品质量 ·提高生产率或技术流程创新 ·产品和服务的客户化	·技能的先进性 ·现有劳动力队伍的开发	·团队建设 ·跨职能培训 ·专业化的培训计划 ·人际关系培训 ·在职培训
内部成长战略	·市场开发 ·产品开发 ·创新 ·合资	·现有产品的营销或者增加分销渠道 ·全球市场扩展 ·修正现有的产品 ·创造新的产品或者不同的产品 ·通过合资进行扩张	·创造新的工作和任务 ·创新	·支持或者促进高质量的产品价值沟通 ·文化培训 ·帮助建立一种鼓励创造性地思考和分析问题的组织文化 ·工作中的技术能力 ·反馈与沟通方面的管理者培训 ·冲突谈判技能
外部成长战略（兼并）	·横向一体化 ·纵向一体化 ·集中的多元化	·兼并在产品市场链条上与本企业处在相同阶段的企业 ·兼并能够为本企业供应原料或购买本企业产品的企业 ·兼并与本企业毫无关系的其他企业	·一体化 ·人员富余 ·重组	·确定被兼并企业中的雇员能力 ·使两家企业的培训系统一体化 ·合并后企业中的各种办事方法和程序 ·团队培训
收回投资战略	·精简规模 ·转向 ·剥离 ·清算	·降低成本 ·减少资产规模 ·获取收入 ·重新确定目标 ·出售所有资产	·效率	·激励、目标设定、时间管理、压力管理、跨职能培训 ·领导能力培训 ·人际沟通培训 ·重新求职帮助 ·工作搜寻技巧培训

(资料来源：[美]雷蒙德·A.诺伊等. 人力资源管理[M]. 北京：中国人民大学出版社，2001，267.)

来自组织层面的其他举措也可能对培训提出要求，如引进新技术、招募新员工、生产新产品、企业文化建设、工作重新设计等。当然，必须对这些需求进行分析以确认培训是不是解决问题的正确途径。

2. 任务层面

任务层面主要是确定工作的具体内容是什么，即描述工作由哪些任务组成，完成这些任务需要做哪些具体的工作，以及完成它需要哪些知识、技能或能力。任务分析的目的是确定培训内容应该是什么。任务分析通常可分为下述四步。

(1) 选择要被分析的工作。

(2) 列出组成工作的所有任务和职责。

(3) 列出员工完成每一项任务的具体步骤或工作活动，分析任务的执行频率、花费的时间、重要程度、学会的难度等。

(4) 定义完成工作的类型(如讲话、记忆、辨别、指挥)及完成任务所需的知识、技能或能力。

对完成一项任务的人员是否需要进行培训取决于这项任务是否非常重要。这通过有关专家对任务执行频率、重要程度和执行难度的评定可以确定，那些重要性不高、难度不大且很少执行的任务不大可能列入培训项目。对每项任务要由专家确定完成其所需的知识、技能或能力及其他执行要求(如工作条件、业绩标准、必要的工具和设备等)，并将其按共通性分成不同的组别，然后合并成模块。这些任务模块就是确定课程体系和课程目标的依据。

3. 员工层面

在员工层面主要是确定哪些员工需要进行培训。绩效评估通常被用于人员分析，这样虽然可以确定哪些员工的现有绩效与企业确定的标准绩效有差距，但无法确定为什么会存在差距，即造成差距的原因是什么。其实，影响员工绩效的因素有很多，比如，个人的知识、技能或能力，个人的态度和动机，设备、时间、预算等资源方面的支持，来自上级、同事的反馈和强化，薪酬等的激励，关于如何做好工作的及时、具体的反馈等。如果员工不具备工作所需的知识、技能或能力，则需要对他们进行培训；如果是其他方面的问题，则不是培训所能够解决的。人员分析的另一个方面与职位变动有关，例如，管理人员的接替与继任计划或一般的工作轮换都会产生培训需求。人员分析的重点是评价工作人员实际工作绩效以及工作能力。其中包括下列几项。

(1) 个人考核绩效记录。主要包括员工的工作能力、平时表现(请假、怠工、抱怨)、意外事件、参加培训的记录、离(调)职访谈记录等。

(2) 员工的自我评量。自我评量是以员工的工作清单为基础，由员工针对每一单元的工作成就、相关知识和相关技能真实地进行自我评量。

(3) 知识技能测验。采用实际操作或笔试的方式测验工作人员真实的工作表现。

(4) 员工态度评量。员工对工作的态度不仅影响其知识技能的学习和发挥，还影响与同事间的人际关系，影响与顾客或客户的关系，这些又可以直接影响其工作表现。因此，运用定向测验或态度量表，就可帮助培训部门了解员工的工作态度。

在人力资源管理实践中，组织分析、任务分析与人员分析之间没有一定的顺序，但通常是先进行组织分析，同时进行任务分析与人员分析。

对以上问题的分析结果，就可以帮助培训部门列出一张代表其培训需求的清单，并以此作为将来设置培训课程的基础。完整、科学的培训需求分析，是确保工作、绩效、培训高度契合的基础。

项目5　员工培训

5.2.3　培训需求分析的方法

培训需求分析的方法有很多，具体如下所述。

1. 观察法

观察法是指研究者用自己的感官和辅助工具去直接观察被研究对象，从而获得培训需求的一种方法。优点：不会耽误被调查者的工作时间，所获得的培训需求跟工作密切相关。缺点：观察者个人对观察结果影响很大，被观察者可能对观察结果存在异议。

观察法能较多、较深刻地了解工作要求；适用于简单重复性工作，不适用于高层领导、研究工作、耗时长或技术复杂的工作、不确定性工作。

2. 面谈法

面谈法是根据与被询问者的交流来获取信息的一种方法。优点：有利于发现培训中存在的具体问题，为调查对象提供了更多的自由表达空间。缺点：耗用时间长，后期整理资料比较困难，任务繁重；需要掌握访谈技巧，否则被访谈者不会轻易如实相告。适于行政管理、专业技术等难以从外部直接观察到的岗位。

3. 问卷调查法

问卷调查法是通过由一系列问题构成的调查表去收集需求的一种方法。一般可分为纸质调查问卷和电子调查问卷。优点：可以在短时间内收集到大量的信息，成本较低；问卷采用不记名方式，调查对象可以畅所欲言，得到的信息可以在短时间内汇总。缺点：它的针对性太强，更多是客观题，不能主观回答，没有发挥空间；设计问卷需要花费大量时间；回收成本大，不能判别未填写对象。

4. 重点团队调查法

所谓重点团队调查法，是指培训者在培训对象中选出一批熟悉问题的员工作为代表参加讨论，以调查培训需求信息，这种方法是面谈法的改进。熟悉问题的代表，通过讨论形式调查培训需求信息；节约时间，头脑风暴法、讨论筛选。这种方法对主持者要求高，可能流于形式。

5. 绩效分析法

绩效分析法即问题分析法，是将实际绩效与标准绩效对比，寻找差距及通过培训缩小差距的方法。适用于问题突出的部门，关注关键业绩指标，差距原因分析较难；集中于解决问题而非组织系统。

6. 工作任务分析法

工作任务分析法是指对完成的任务进行分析，找出其中的难点、再根据这些难点确定培训内容、目标等。这种方法是解释工作职位的另一种方法。工作任务分析法是依据岗位的工作描述、工作说明书等，确定员工达到要求所必须掌握的知识、技能和态度。通过系统地收集反映工作特性的数据，对照员工现有能力水平，确定培训内容以及应实现的培训目标。员工通过把实际知识、技能、态度与工作说明书、工作规范或任务分析记录表的要求进行对比,可以从中寻找差距,从而加以改进。

7. 资料分析法

资料分析法是指为了获得某项成果或进行下一步调查研究,利用现有资料,分析利用以扩展研究深度广度的研究方法。比如:通过对组织计划性文件、政策手册、审计和预算报告等资料进行分析并确定培训需求。其优点是分析成本较低,工作效率较高;能够为进一步开展工作分析提供基础资料、信息。缺点是收集到的信息可能不够全面,尤其是小企业或管理落后的企业往往无法收集到有效、及时的信息;一般不能单独使用,要与其他工作分析法结合起来使用,适用于组织层次的培训需求。

5.2.4 培训需求分析报告

培训需求分析报告不但是某一培训项目实施前的培训需求分析预测性工作的总结材料,也是企业总体培训计划制订前的调研报告。具体见图 5-1。

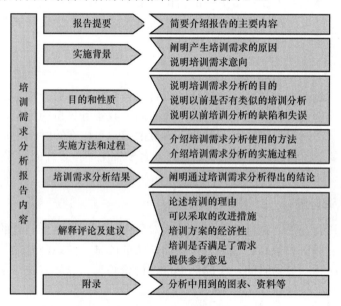

图 5-1 培训需求分析报告的内容

■引导案例解析

在我们的生命中,有时候我们也必须作出困难的决定,开始一个更新的过程。我们必须把旧的习惯、旧的束缚抛弃,使我们可以重新飞翔。只要我们愿意放下旧的包袱,愿意学习新的事物,我们就有机会发挥我们的潜能,开创另一个崭新的未来。

课堂实训&案例讨论

某物流公司举行的一次培训课

课堂上,培训师时而在长篇大论地讲述,时而在白板上书写,但是讲台下面却很混乱。

中间下课休息时，学员聚集在一起议论，仓储主管小李说："你们觉得这位老师如何？我可是耐着性子听了这两天半的课了，本以为他可能会讲些实用的内容，可是这三天的培训课快完了，我也没听到与我工作相关的内容。"而货运主管小齐大声说道："主管在培训前可是发话啦，培训完回岗位可是有任务的，我是做运输的，我想知道如何解决运输中的突发事故，比如遇到发错货了，途中遭劫或货物被人做手脚等问题时应该如何处理，结果听了半天，还没有摸到门道！"可不行啊，我们可是花了大价钱请他来上课的，平常工作这么忙，能坐到这里听课多不容易啊，要不是看他斯斯文文的样子，我早就提议大家将他赶下台了！"检验员小杨也急切地插话。仓储主管小李又接着说："我们抱怨也没用啊，还是快想想办法吧。要不我们将这些情况向 HR 经理反映一下，我们花钱并不是坐在这里听听课就行了，他虽然讲得都没错，但对我们没有用啊！这些想法一定要讲出来……"

这种场景是不是很熟悉呀？在企业内部组织培训的时候是不是经常遇到这些问题，培训授课的时候，要么是你想听的内容是内容 AB，老师讲的是内容 CD，要么就是老师滔滔不绝地讲三国讲水浒，就是不切入正题，或者是你期待老师教你如何在没有简历的情况下找简历，拓展渠道，但是老师却在课程中讲了很多大公司的做法，也讲了很多的案例和故事，你喜欢听吗？大家可以思考一下，自己听课会喜欢什么样的内容？

(资料来源：通过互联网综合收集、整理及加工。)

【案例解析】、【企业实战&经典案例】可登录清华大学出版社网址(http://www.tup.tsinghua.edu.cn 或 http://www.tup.com.cn)查看。

任务 5.3　培训计划的制订

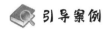

老鼠的反思

在一个漆黑的晚上，大老鼠带着小老鼠出外觅食。正当一群老鼠准备在一家厨房的垃圾桶中大吃一顿时，突然传来猫的叫声。老鼠四处逃命，但大花猫穷追不舍，终于有两只小老鼠被大花猫捉到啦。大花猫正要吃老鼠，突然从垃圾桶后传来凶恶的狗吠声，令大花猫手足无措，狼狈逃命。

这时大老鼠从垃圾桶后面走出来说："我早就对你们说，多学一种语言有利无害啊！"

(资料来源：通过互联网综合收集、整理及加工。)

【问题思考】

这个故事告诉我们什么道理？

培训计划即在培训需求分析的基础上，从企业总体发展战略的全局出发，根据企业各种培训资源的配置情况，对计划期内的培训目标、对象和内容、培训的规模和时间、培训评估的标准、负责培训的机构和人员、培训师的指派、培训费用的预算等一系列工作所作出的统一安排，也就是按照一定的逻辑顺序排列的记录。从组织的战略出发，在全面、客观的培训需求分析基础上作出的对培训时间(When)、培训地点(Where)、培训者(Who)、培训对象(Who)、培训方式(How)和培训内容(What)等的预先设定，培训计划必须满足组织、员工两方面的需求，兼顾组织资源条件及员工素质基础，并充分考虑人才培训的超前性及培训结果的不确定性。培训计划作为企业培训的组成部分，它决定了整个培训过程的成功与否。为此，制定一份像样、相信且实用的培训方案，可以确保培训工作的顺利开展和提高培训的质量。培训计划其实是一份实际的培训操作文件，它一般汇总了来自各种分析所得出的培训需要。具体来说，培训计划的制订应包括如下所述各项内容。

5.3.1 培训对象的确定与培训项目设计

培训对象的确定是培训需求评估的自然结果。以人员分析为例，那些不具备工作所需知识、技能或能力的员工，就可被确定为培训的对象。

培训项目设计是指根据企业现状及发展目标，系统制订各部门、岗位的培训发展计划。培训部门必须对培训的目标、内容、方法、教师、教材和参加人员、经费、时间等有一个系统的规划和安排。当然，培训项目设计还需得到受训者的直接上级主管的认可与支持，这是培训得以成功的关键。这一工作完成后，就可以根据不同的培训对象及培训内容确定不同的培训项目。另外，由于培训涉及预算，因此组织中的多个培训项目必须排出优先次序。

5.3.2 培训实施过程设计

培训实施是整个实施模型中的关键步骤。实施培训主要涉及以下几个问题。

不管是年度培训计划还是月度培训计划，甚至是针对某一特定的培训需求而实施的专项培训，培训计划在整个培训体系中都占有比较重要的地位。目前常用的方法之一是运用5W1H 的原理，规划企业培训计划的架构及内容。所谓 5W1H，是指由 Why(为什么)、Who(谁)、What(培训的内容是什么)、When(时间)、Where(在哪里)、How(如何进行)六个英文单词的第一个字母组成，如将其所包含的内涵对应到制订培训计划中来，即要求我们明确：我们组织培训的目的是什么？培训的对象是谁、由谁负责、授课讲师是谁？培训的内容如何确定？培训的时间、期限？培训的场地、地点？以及如何进行正常的教学等六个要素，这六个要素所构成的内容就是组织企业培训计划的主要内容。

1. 培训的目的(Why)

培训管理员在进行培训前，一定要明确培训的真正目的，并将培训目的与公司的发展、员工的职业生涯紧密地结合起来。这样，就可以使我们的培训效果更有效，针对性也更强。因此，在组织一个培训项目的时候，要将培训的目的用简洁明了的语言描述出来，使之成为我们培训的纲领，并通过对培训需求的调查分析，将培训的一般需求转变为企业培训的总体目标，如通过培训实现各项生产经营目标和提高企业的管理水平。通过对上年度培训计划的总结及分析培训的特殊需要，可以确立需要通过培训而改善现状的特别目标，成为本年度培训的重点项目。

2. 培训的负责人和培训的对象(Who)

负责培训的管理员，虽然依企业的规模、行业、经营方针、策略不同而归属的部门各有不同，但大体上，规模较大的企业，一般都设有负责培训的专职部门，如训练中心等，以便对公司的全体员工进行有组织、有系统的持续性训练。因此，当我们在设立某一培训项目时，就一定要明确具体的培训负责人，使之全身心地投入到培训的策划和运作中去，避免出现培训组织的失误。另外，在遴选培训讲师时，如公司内部有适当人选时要优先聘请，如内部无适当人选时，再考虑聘请外部讲师。受聘的讲师必须具有广泛的知识、丰富的经验及专业的技术，才能受到受训者的信赖与尊敬；同时，还要有卓越的训练技巧和对教育的执着、耐心与热心。

人力资源开发的培训对象，可依照阶层别(垂直的)及职能别(水平的)加以区分。阶层别大致可分为普通操作员级、主管级及中、高层管理级；而职能别的培训又可以分为生产系统、营销系统、质量管理系统、财务系统、行政人事系统等级别。我们在组织、策划培训项目时，首先应该决定培训对象，然后再决定培训内容、时间期限、培训场地以及授课讲师。培训学员的选定可由各部门推荐，或自行报名再经甄选程序而决定。

3. 培训的内容(What)

培训的内容包括开发员工的专门技术、技能和知识，改变工作态度的企业文化教育，改善工作意愿等。总之，可依照培训对象不同而分别确定。

在拟订培训内容以前，应先进行培训需求的分析调查，了解企业及员工的培训需要，研究员工所担任的职务，明确每项职务应达到的任职标准，然后再考察员工个人的工作实绩、能力、态度等，并与岗位任职标准相互比较，如果某员工尚未达到该职位规定的任职标准时，不足部分的知识或技能，便是我们的培训内容，通过企业的内部培训，使其迅速得到补足。

4. 培训的时间、期限(When)

培训的时间和期限，一般而言，可以根据培训的目的、培训的场地、讲师、受训者的能力及上班时间等因素而决定。一般新入职人员的培训(不管是操作员还是管理人员)，可在实际从事工作前实施，培训时间可以是一周至十天，甚至一个月；而在职员工的培训，则可以以培训者的工作能力、经验为标准来决定培训期限的长短。培训时间的选定以尽可能不影响工作为宜。

5. 培训的场地(Where)

培训场地的选用可以因培训内容和方式的不同而有所区别，一般可分为利用内部培训场地及利用外面专业培训机构和场地两种类型。内部培训场地的训练项目主要有工作现场的培训和部分技术、技能或知识、态度等方面的培训，主要是利用公司内部现有的培训场地实施培训，其优点是组织方便、费用节省，缺点是培训形式较为单一且受外来环境影响较大；外部专业培训机构和场地的培训项目主要是一些需要借助专业培训工具和培训设施才能实施的培训项目，或是利用其优美安静的环境实施一些重要的专题研修等的培训，其优点是可利用特定的设施，并离开工作岗位而专心接受训练，且应用的培训技巧也较内部培训多样化，缺点是组织较为困难，且费用较多。

6. 培训的方法(How)

在各种教育训练方法中，选择哪些方法来实施教育训练，是培训计划的主要内容之一，也是培训成败的关键因素之一。根据培训的项目、内容、方式的不同，所采取的培训技巧也有区别。从培训技巧的种类来说，可以划分为讲课类、学习类、研讨类、演练类和综合类，而每一类培训技巧中所包含的内容又各有不同，如讲课类可以分为MGO(自我管理架构)法、监督能力提高法等；学习类技巧可以分为SAAM法、博览式学习法、读书法等；研讨类技巧可以分为PTI(个人心理治疗法)、案例分析法、管理原则贯彻法等；演练类技巧可以分为SCT(现场感受性训练)法、TCA(沟通能力分析)训练法、冲突化解法等；综合类技巧可以分为函授教育法、科学决策法、离职外派教育法、面谈沟通法、视听教育法等。不同的技巧与方法所获得的培训效果是不同的，需要我们在制订培训计划时与授课讲师共同研讨与确定，以达到培训效果的最大化。

5.3.3 培训效果评估方式选择

1. 柯克帕特里克(Kirkpatrick)的四层次评估模型

培训效果评估是在受训者完成培训任务后，对培训计划是否完成或其效果进行的评价、衡量。内容包括对培训设计、培训内容以及培训效果的评价。通常采用对受训者反应、学习、行为、结果四类基本培训成果或效益的衡量来测定。当前对培训评估进行系统总结的模型占主导地位的仍然是柯克帕特里克的四层次评估法，不过其他不少研究者也针对该模型的不足提出了自己的评估模型，主要有考夫曼的五层次评估法、CIRO(情境、投入、反应、结果)评估法、CIPP(情境、投入、过程、成果评估)模型、菲力普斯投资回报率评估模型。最有代表性的模型是柯克帕特里克的四层次评估模型，该模型将培训评估的标准分为四个层次。

1) 反应层

反应层是指受训人员对培训的印象，是否对培训满意。例如，可以询问这样的问题，"喜欢这次培训吗？""对培训者是否满意？"

2) 学习层

学习层是指受训人员对培训内容的掌握程度，他们在接受培训以后，其知识和技能的掌握是否有所提高以及有多大程度的提高，是否仍停留在认知层面上。

3) 行为层

行为层指受训人员在接受培训以后工作行为的变化，也可看作对学习成果的运用。例如在工作中以前的行为是否得到了改进，培训的内容是否得到了运用。

4) 结果层

结果层是指受训人员或企业的绩效的改善情况。例如，经过培训，员工和企业的绩效是否得到了改善和提高。

2. 评估方法的设计

基准数据如果无法获得，则需要进行内部评估。用于评估培训计划的方法有很多，以下讨论其中的三种，我们会看到，设计方法的精确程度在逐渐提高。

1）事后衡量

确定受训者是否在以管理者们希望的方式工作是评价培训效果的最有效的方法。例如有一位经理，他有 10 位打字员需要提高打字速度。她们经过一天的培训，然后参加了一次测验她们速度的考试。如果打字员在培训以后都能够达到规定的速度，是否说明培训是有效的呢？不一定，也许培训之前她们同样能做到。很难判断打字速度是不是培训的结果。

2）事前/事后衡量

要设计另一种不同的评估打字速度的方法，可以参考培训以前的技术等级。经理若是在培训前后进行了打字速度的测试，他就能够知道培训是否带来了变化。然而另一个问题是，如果打字速度确实发生了变化，那么一定是培训导致的吗？她们打字更快是不是因为她们意识到自己正在接受测试？一般情况下，人们在知道自己正接受结果测试时表现要比平时好一些。

3）对控制小组的事前/事后衡量

另一种评估设计可以说明这个问题。除了即将接受训练的 10 名打字员外，经理可以测试另一组没有接受培训的打字员，观察她们是否能够与接受培训的人做得同样好。这第二组称为控制小组。在培训之后，如果接受了培训的打字员的速度明显超过未受培训的人，那么经理就可以合理地确定培训是有效的。

5.3.4　培训成本预算

微课 16　培训成本

培训成本是指企业在员工培训过程中所发生的一切费用，包括培训之前的准备工作，培训的实施过程，以及培训结束之后的效果评估等各项活动的各种费用。在西方人力资源会计中，员工培训成本被定义为人力资源的开发成本，它是指企业为了使新聘用的人员熟悉企业、达到具体岗位所要求的业务水平，或者为了提高在岗人员的素质而开展教育培训工作时所发生的一切费用。

一般而言，企业的培训经费是有限的，这就需要事先编制经费预算。比如，将培训直接发生的费用如场租费、设备费、教材费与讲师费等一一列明，从而保证培训计划的顺利实施，并为培训评估做好准备。预算要为培训服务，不要以控制预算为目的，还要保证预算的正确使用，好钢用在刀刃上，同时预算要避免做得太过繁细，应该具有一定的灵活性。

■引导案例解析

"多一门技艺，多一条路。"不断学习往往是人们成长和成功的基石。

课堂实训&案例讨论

心急如焚的质量部经理

安徽芜湖一家电子加工企业的质量部下属有一个 QC 小组，小组成员一共有六人。但是，最近质量部经理发现 QC 人员经常在产品检验中出现问题，对于产品标准不熟悉，对标准检验执行不严格，怕得罪生产人员，同时在工作中不能很好地运用 QC 手段和方法开展工作，导致近阶段产品质量下降，客户投诉增多。质量部经理根据企业相关制度，要求人力资源部启动对 QC 小组人员进行相关的培训。可人力资源部说，要做培训必须对需求进行调研，结果光培训需求调研就花费了三天时间。等到调研完毕，人力资源部又说要制定培训计划方案，结果又花去四天。等到培训计划方案做好后，人力资源部没有与质量部经理进行共同商讨，却自行在网上寻找电子企业类品质管理培训师资和资源。东找西找，就是找不到合适的与培训师相应的资源，因此整个培训工作就此搁浅了。质量部经理心急如焚，心中如万马奔腾。

(资料来源：通过互联网综合收集、整理及加工。)

【问题思考】

人力资源部这样开展培训工作，能让其他部门满意吗？

【案例解析】、【企业实战&经典案例】可登录清华大学出版社网址（http://www.tup.tsinghua.edu.cn 或 http://www.tup.com.cn）查看。

任务 5.4 培训项目的实施

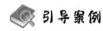 引导案例

南方电器公司成立于 2000 年，在过去的 10 年中，由最初总资产几百万元发展成为现在总资产为 8000 多万元的大型电器公司。但最近南方公司遇到了比较麻烦的问题。公司经常出现熟练工人短缺的问题。产生这个问题的原因是公司从国外引进了世界上最先进的生产设备，而且生产的产品品种也比以前更多，这些变化要求生产工人需要掌握更为先进的技术，而从人才市场上招进的员工很难在短期内满足公司的需要。

因此，公司总经理王明要求人事部制订一份对生产工人的短期培训计划，以满足公司对人力资源的需要。人事部经理李明把此事交给了张萍，张萍是由技术人员提拔上来的人事管理者，对人事管理工作也是刚接触。

(资料来源：通过互联网综合收集、整理及加工。)

【问题思考】

李明应当怎样指导张萍制订这个计划？

实施培训是整个实施模型中的关键步骤。实施培训主要涉及以下几个方面。

5.4.1 编写课程大纲与教材

教学离不开教材，教材又可使教学内容和课程具体化。培训计划实施时，就要根据教学内容和指导性目标确定每门课的培训课程大纲(包括项目名称、课程名称、授课时数、教学目的、授课对象、准备情况、场地要求、所需设备、纲要内容)，并根据大纲编写教材。当然，如果是学历性的教育和基础性的课程培训，可以使用社会上公开出售的被大家广泛

认可的教材。但一般来说，企业应编写与本企业的实际情况相符合的自己的教材，并尽量采用本企业自己的案例作为素材，进而形成自己的教材编写与审核制度。

5.4.2 制定培训师资的选拔与培养制度

教学是教师教与学生学的双边活动，教师是教学活动的主导者。培训者的选拔与培养关系到培训项目的成败，因此，无论是从内部，还是从外部进行培训师资的选拔都应引起高度的重视。从长期来看，人力资源部门应建立内外部培训师资的选拔与培养制度，对选拔对象、选拔流程、选拔标准、任职资格管理、培养与开发、激励与约束等作出明确的规定。

5.4.3 培训方法的确定

培训方法与技术的采用直接关系到培训的结果。近些年来，培训的方法与技术已有很大的发展，它们在各种不同层次、不同类型的教育培训中发挥了积极的作用。常见的培训方法如下所述。

1. 课堂讲授

在脱岗的状态下学习，是最为常用的培训方法，其主要形式是讲座和讨论。它是由最少的培训者同时指导最多的受训者的方法。这种方法能够以最低的成本、最少的时间耗费向一定规模的受训者提供某种专题信息，但它一般不能根据学员在能力、态度和兴趣上的不同进行差异化的讲授。

2. 在职培训

在职培训也称岗位培训，是指员工通过实际做某项工作而学会做某项工作，即在实际工作经历中学会做该项工作。它通常包括四种方式，即学徒式培训、工作指导培训、实习培训和工作轮换。

1) 学徒式培训

这是一种向新员工提供工作所需技能的理论和实践方面的综合培训，由管理人员或有经验的员工给予指导和经验传授，在高科技企业被称为导师制。学徒计划把在职培训和课堂培训结合在一起，可为 800 多种技术职位准备人员。学徒时间长短因人而异，由行业采用的标准或惯例决定。付给学徒的薪水通常在开始很低，随着技术成熟度的增加而有所增长。这种方式起源于欧洲，改良后在美国被广泛使用，美国劳工部学徒培训办公室雇主和劳动服务局负责为那些已有学徒计划的组织提供服务，并为那些希望制订计划的组织提供技术支持。

2) 工作指导培训

这是一种让员工在管理人员或指定培训导师的指导下按照工作的逻辑顺序分步骤教授培训者的培训方法。它源于第二次世界大战，是被广泛采用的方法。如图 5-2 所示，这就是工作指导培训过程的具体步骤。

为学习者做准备	分解工作并传递信息	受训者的实践	追踪
·让他们放松 ·找出他们知道的方面和程度	·对工作进行分解并确认关键点 ·告知、示范、提问 ·每次突出一个重点 ·检查、提问、重复	·让他们从事工作 ·提出问题 ·观察并且改正 ·反复重复上述步骤 ·直至胜任工作	·让受训者完全自己操作 ·经常检查确保其遵循指导 ·减少监督至正常水平

(资料来源：改编自赵曙明．人力资源管理[M]．北京：电子工业出版社，2003：213.)

图 5-2　工作指导培训的步骤

工作培训的优点是提供实际工作的第一手经验，经理可以与员工建立良好的人际关系。其缺点是缺乏设计良好的培训环境，培训者可能培训技能拙劣并缺少责任心，缺少定义完整的工作表现标准。

3) 实习培训

实习计划是大专院校与各类公司、机构合作的结果，而且对双方都有利。一方面，它可为学生提供了接触真实社会的机会，并较为详细地了解企业与雇主；另一方面，公司也可因学生的创新理念与思维、旺盛的精力带来新的活力，并可顺便考查学生各个方面是否符合公司的需要，节省招募费用。

4) 工作轮换

工作轮换有时也称为交叉式培训。员工需要在公司的不同部门学习从事几种不同的工作，并在特定的时间内将每项工作都做一遍。工作轮换可以培养员工工作的整体观、全局观；其缺点是耗时，员工无法建立较为稳定的人际关系并熟悉本职工作。

3. 案例研究

培训者提供某组织面对困境或难题的书面材料，受训者根据人、环境和规则等因素来分析问题，提出解决办法。这种方法能够提高受训者分析问题和解决问题的技能，帮助受训者树立在结果不确定的情况下根据自己对情境的分析来从事冒险活动的意愿，但前提条件是受训者愿意参与并能够对案例进行分析。

4. 角色扮演

角色扮演是在一个特定的场景中或情境下让受训者扮演分派给他们的角色的一种培训方法。与人员甄选的目的不同，在人力资源开发中，角色扮演可以使受训者经历许多工作中的问题，比如领导、授权、人际关系处理和态度改变等。受训者通过尝试各种不同的方法解决问题，可以考虑哪种方法更成功或为什么成功。角色扮演能引发参与者之间的热烈讨论，较为有趣，开发费用较低，且能开发许多新技能。根据斯科特·迈耶(Scott Meyers)的观点，角色扮演还能训练人们体察他人情绪的敏感性。但它的缺点同样很明显，活动需要时间长(一般一个小时或更长时间)，有的人认为它是儿童游戏。

5. 情景(仿真)模拟

情景(仿真)模拟是一种模仿现实生活中的场景的培训方法。在这种场景下，受训者作出决策所产生的结果实际就是他在现实工作中作出同类决策所可能产生的结果。这种方法让受训者能够看到自己的决策在一种人工的、没有风险的环境中所可能产生的影响,因而既可用来向受训者传授生产与加工方面的技能,也可用来向受训者传授管理与沟通方面的技能。其优点是由于情景模拟是复制了雇员在实际工作中所使用的物理设备,所以不必担心错误的决策所带来的不良后果,其成本较低;同样,管理与沟通方面的技能模拟也不会真正造成人际关系的破裂,雇员没有心理压力。其缺点是由于模拟环境一方面必须与实际的工作环境的构成要素相同,另一方面必须能够准确地对受训者所发布的指令作出反应,因而其开发成本较高,并且要根据新获得的工作信息不断对模拟环境加以改进。

6. 自我指导学习法

自我指导学习法是指让受训者全面承担自己学习责任(什么时候学习以及请谁来帮助自己学习等)的方法。自我指导学习法的优点,从个人方面来说,受训者可以按照自己的节奏进行学习并能够得到关于学习绩效的反馈;从公司角度来说,自我指导学习不需要太多的培训者,因而能够降低聘请讲师、租用会议室等相关费用,并且使在多种场合进行培训变得更为现实。自我指导学习法的缺点是受训者必须是愿意学习并且对于自学能感到很舒服的人,即受训者必须有学习的动机;从公司的角度来说,自我指导学习法的开发成本较高、开发时间长。随着企业希望越来越灵活地培训自己的员工、利用技术的优势、鼓励员工积极主动地学习而非被公司推动去学习,自我指导学习法将会变得越来越流行。

7. 商业游戏

商业游戏是让受训者在计算机模拟下按照一定的规则参与做游戏,以达到某种学习目的。商业游戏既可按市场设计,也可按企业设计,还可按职能部门设计。受训者被分成若干小组,每个小组2~3人,受训者根据设计的场景和给定的条件就管理实践中各方面的问题如劳资关系(集体谈判合同的签订)、市场营销(为新产品定价)、财务管理(募集购买新技术的资金)等进行信息收集并对其分析,然后作出决策。每个小组决策的结果会引起相关方面的变化并影响其他小组的决策。各小组积极参与游戏,并仿照商业的竞争规则。计算机会记录各种决策及变化信息,最后计算结果。时间跨度可以是一个季度、半年、一年或几年,实际操作时间则在半小时到两个小时之间。这种方法常用于管理技能开发。它的优点是能够将团队成员迅速培育成一个凝聚力很强的群体;对有些群体如高级管理人员来说,游戏比课堂讲授更有吸引力,也更有意义。缺点是开发成本较高。

8. 冒险性学习

冒险性学习又称探险学习、野外或户外培训,是一种让受训者参加有计划的户外活动来开发其领导能力和协作能力的培训方法。野外或户外培训的内容必须与要开发的技能有较强的相关性,同时,在活动结束之后,还要由某位经验丰富的指导人员组织大家一起讨论——在活动中发现了什么问题?学到了哪些东西?发现的问题与实际工作情景有无相似之处?如有收获应怎样才能将其运用到现实工作中去?这种方法适用于开发自我知觉、问题解决、冲突管理和风险承受等能力。其优点是有助于参与者对人际交往方式有更深刻的理解。缺点是对体力有相当高的要求,另外,活动中参与者彼此的身体接触在国外容易引起有关的法律诉讼。

9. 行动学习

行动学习是指布置给团队或小组一个在工作中很容易遇到的难题，要求他们想出解决这一问题的办法，并制订相应的计划，然后加以实施。这种方法的优点是能够解决现实问题，实现学习成果转化的最大化，发现一些不利于有效解决团队问题的阻碍因素。

10. 视听培训

视听设备包括投影胶片、幻灯片、磁带、录像带、电影、闭路电视和交互式视频等。除了交互式视频外，其他方式都是单向交流。交互式视频通过一个与键盘相连接的监视器，将培训内容通过一对一的方式传递给受训者，受训者能够通过键盘或触摸监视器屏幕的方式同培训程序进行互动。培训项目的内容一般存储在影碟或可读式光盘(CD-ROM)上。交互式视频常用于解决管理难题如领导力、监督和人际关系等。这种方法的优点是受训者可以迅速了解培训的每一过程；受训者同培训程序可以进行互动，可以立即得到关于个人绩效的反馈；能够为拥有不同层次的知识和技能的员工提供个性化指导；培训对雇主和雇员双方均很方便。其缺点是这种方法的课程软件开发成本较高，如果课程需要经常更新，则其困难更大。

11. 远程学习

远程学习是指通过网络、电视(接收)会议、电话会议、电子文件会议(同一份共享的文件)等方式，培训者在中心地点对许多在地域上较为分散的边远地区的雇员进行培训的一种培训方法。受训者同时进行学习，可以与不同地区的培训者和其他受训者进行双向沟通。学习内容包含多方面的信息，如公司政策、新产品、技能等。其最大优点是节省费用，如差旅费。其缺点是缺乏培训者与受训者之间的直接互动。

5.4.4　培训的管理

培训计划的实施过程，就是对培训活动进行管理的过程，从人力资源管理实践来讲，包括在培训开始之前、培训进行之中和培训结束之后的管理。

1. 培训前的管理

培训前的管理包括与员工沟通培训课程的内容和方案：培训的目的、使用的教材、培训时间与地点、会务组的联系方式与联系人、培训之前应做好哪些准备等；选定并聘请培训讲师；安排培训场所和设备，并加以调试，准备好备用设备；准备所有培训中使用的教材、阅读文献、视听资料、测试题等；安排好培训讲师的食宿；安排好受训员工食宿，等等。

2. 培训中的管理

培训中的管理包括保证培训场所及设备的便利使用；在培训讲师讲解过程中随时提供帮助；与培训讲师和受训员工保持联系，并为他们二者之间的联系提供便利(如交换电子邮件地址等)；观察受训员工的课堂表现；及时将受训员工的意见和建议反馈给培训讲师；保持培训场所的整洁卫生和安静；等等。

3. 培训后的管理

培训后的管理包括分发评价材料(如测试题、反应问卷、调查表等);在受训员工的档案中记录培训的完成情况;听取培训讲师与受训员工的改进建议;培训总结;跟踪调查受训员工的工作绩效;调整培训系统等。

5.4.5 培训成果的转化阶段

培训成果的转化主要是指企业的管理者和受训员工将员工在培训中所学到的知识、技能或能力及行为运用到实际工作中的努力过程。我们特别强调培训成果的转化工作,因为它与为企业经营战略提供合格的人力资源产品紧密相关,而培训的目的就是要改善员工的工作业绩并最终提高企业的整体绩效。因此,员工在培训中所学到的内容必须运用到实际的工作中,这样培训才具有现实意义,否则培训的投资对企业来说就是一种浪费。

关于培训成果的转化,有三种主要的理论,具体内容见表 5-2。

表 5-2 培训成果转化的三种理论

理 论	强调重点	适用条件
同因素理论	培训环境与工作环境完全相同	工作环境的特点可预测并且稳定,例如设备使用培训
推广理论	一般原则运用于多种不同的工作环境	工作环境的特点不可预测并且变化剧烈,例如谈判技能的培训
认知转化理论	有意义的材料可增强培训内容的存储和回忆	各种类型的培训内容和环境

(资料来源:[美]雷蒙德•A. 诺伊等. 雇员培训与开发[M]. 北京:中国人民大学出版社,2001:92.)

■引导案例解析

(1) 应该调查分析培训需求。通过访谈、观察等方法了解员工现有技术水平及新工作对员工的要求数据;分析现实与理想状态间的差距,明确工作对培训的要求。

(2) 设计课程。根据工作和员工的现状,有针对性地设计课程。

(3) 了解培训环境支持体系。内部环境:公司培训政策、经费情况、内部培训师资、培训场地、组织的支持表现;外部环境:专业培训机构、培训课程、培训师资、培训费用。

(4) 确定培训计划的各要素:培训对象、人数、时间、地点、课程设计、师资、费用、培训项目工作人员。

(5) 设计培训评估工具。

(6) 考试与实操。

课堂实训&案例讨论

某机械公司新任人力资源部长 W 先生,在一次研讨会上学到了一些自认为不错的培训经验，回来后就兴致勃勃地向公司提交了一份全员培训计划书，要求对公司全体人员进行为期一周的脱产计算机培训，以提升全员的计算机操作水平。不久，该计划书获批准，公司还专门下拨十几万元的培训费。可一周的培训过后，大家对这次培训说三道四，议论纷纷。除办公室的几名文员和45岁以上的几名中层管理人员觉得有所收获外，其他员工要么觉得收效甚微，要么觉得学而无用，白费功夫。大多数人认为，十几万元的培训费只买来一时的"轰动效应"。有的员工甚至认为，这次培训是新官上任点的一把火，是某些领导拿单位的钱往自己脸上贴金！听到种种议论的W先生则感到委屈：在一个有着传统意识的老国企，给员工灌输一些新知识，为什么效果这么不理想？当今竞争环境下，每人学点儿计算机知识应该是很有用的，怎么不受欢迎呢？他百思不得其解。

(资料来源：网考网，https://www.netkao.com/shiti/7174/3730339712.html)

【问题思考】
(1) 导致这次培训失败的主要原因是什么？
(2) 企业应当如何把员工培训落到实处？

【案例解析】、【企业实战&经典案例】可登录清华大学出版社网址(http://www.tup.tsinghua.edu.cn 或 http://www.tup.com.cn)查看。

任务5.5　培训效果的评估

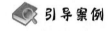引导案例

RB制造公司的质量管理课程培训

RB制造公司是一家位于华中某省的皮鞋制造公司，拥有近400名工人。大约在一年前，公司失去了两个较大的主顾，因为他们对产品过多的缺陷表示不满。

RB公司领导研究了这个问题之后一致认为，公司在基本工程技术方面还是很可靠的，问题出在生产线上的工人、质量检查员以及管理部门的疏忽大意、质量管理意识的缺乏。因此，公司决定通过开设一套质量管理课程来解决这个问题。质量管理课程的授课时间被安排在上班时间之后，每个周五晚上7:00—9:00，历时10周。

公司不付给来听课的员工额外的薪水，员工可以自愿听课，但是公司的主管表示积极参加培训的员工，其参与培训的事实将被记录到个人档案里，以后在涉及加薪或升职的问题时，公司将会予以优先考虑。

课程由质量监控部门的李工程师主讲，主要包括各种专题讲座，有时还会放映有关质量管理的录像。专题讲座的内容包括质量管理的必要性、影响质量的客观条件、质量检验标准、检查的程序和方法、抽样检查以及程序控制等。公司里所有对此感兴趣的员工，包括监管人员，都可以去听课。

课程刚开始时，听课人数平均60人。在课程快要结束时，听课人数已经下降到30人左右，而且，因为课程是安排在周五的晚上，所以听课的员工都显得心不在焉，有一部分

离家远的员工课听到一半就提前回家了。

在总结这一课程培训的时候，人力资源部经理评论说："李工程师的课讲得不错，内容充实、系统性强，而且他很幽默，使得培训引人入胜。听课人数的减少并不是他的过错。"

(资料来源：百度文库，https://wenku.baidu.com/view/d393b6e906a1b0717fd5360cba1aa81144318fc6.html)

【问题思考】

你认为 RB 公司的培训合理吗？为什么？

5.5.1 培训与开发评估的步骤

1. 准备阶段

培训与开发评估的准备阶段是正式进行评估的前置阶段，在此阶段主要进行以下几个方面的工作。

1) 培训需求分析

培训需求分析是培训活动的第一步，它由培训管理人员采用各种方法和技术，对职工的知识、技能、工作态度等方面进行鉴别和分析，从而确定是否需要培训以及培训的内容。它是确定培训目标、设计培训计划的前提，也是培训效果评价的基础。此外，培训效果评价的结果可以为培训需求分析提供反馈信息，以便对培训的相关环节做进一步改进。

2) 确定培训效果评价目的

在培训项目实施之前，必须把培训评价的目的明确下来。培训评价的实施有助于对培训项目的前景作出预测，对培训系统的某些部分进行修订，或是对培训项目进行整体整改，使其更加符合实际的需要。

3) 建立评价数据库

培训效果的评价可分为定性和定量两种类型，因此，数据的收集也应从这两个方面入手。定量数据如生产率、利润、事故率、设备完好率、产品合格率、产量、销售量、客户抱怨投诉的次数等。定性数据如内外部顾客满意度、工作态度、工作氛围、工作积极性、责任心等。

2. 实施阶段

培训与开发评估的实施阶段是评估工作的核心阶段，主要包括以下几方面工作内容。

1) 确定评价内容

培训效果评价应本着实用、效益的原则，根据实际条件，对各项培训工作有针对性地进行评价。具体可以采用以下办法：一是对所有培训都可以进行"受训人员对培训的反应"的评价。二是对要求职工掌握知识或某项技能的培训，应进行"对培训的学习过程进行评价"。例如，岗前培训，需要受训人员了解岗位责任制、规章制度、操作规程等。因此，对培训效果的评价可以采取测试和现场实际操作并用的方法。三是对以下培训进行"受训人员行为上的改变和改变的结果是什么"的评价：较长期的培训项目；投入较大的项目；培训效果对单位很关键的项目等。

2) 选择评价方法

根据确定的评价目的和内容，选择评价方法，对不同的培训可以采取不同的评价方法。

3) 收集、分析原始资料

原始资料的收集、分析是培训效果评价的重要环节。数据收集后，调动数据库中的数据，与原始数据进行分析对比，从而得出评价结论。

3. 总结阶段

培训与开发评估的总结阶段是评估工作的尾声阶段，主要包括以下几方面的工作内容。

1) 确定评价报告

评价报告主要有三个组成部分：一是培训项目概况，包括项目投入、时间、参加人员及主要内容等；二是培训结果，包括合格人员，不合格人员及不合格原因分析，提出不合格人员处置建议；三是培训项目的评价结果及处置，效果好的项目可保留，没有效果的项目应取消，对于有缺陷的项目要进行改进。

2) 跟踪反馈

评价报告确定后，要及时进行传递和沟通，以免造成培训效果评价与实际工作脱节。培训效果评价报告应传递给如下人员：一是受训人员，使他们了解培训的效果，以便在工作中进一步学习和改进；二是受训人员的直接领导；三是培训主管，他们负责该培训项目的管理，并拥有员工人事聘用建议权；四是单位分管领导，他们可以决定培训项目的未来。培训效果评价报告传递后，重要的是采取相应的纠偏措施并不断跟踪。培训主管可以根据培训效果调整培训项目，对于员工反应好、收效好的项目可以保留；对于没有效果的项目可以撤销；对于某些部分不够有效的项目可以进行重新设计和调整；对于某些领域欠缺的项目可以新增。

培训效果的评价是培训的最后一个环节，是促进培训活动良性循环的有效保证。但由于职工素质的复杂性以及培训效果的滞后性，想要客观、科学地衡量培训效果非常困难，所以，培训效果的评价是很复杂的管理活动，也是培训中最难实现的一个环节。职教工作者一定要以高度的责任感和严谨的科学态度对待评价工作，任何懈怠的心理和敷衍了事的做法都会使培训活动流于形式，从而丧失实际意义。同时，培训效果的评价并没有一个放之四海而皆准的固定模式，评价工作需要联系实际，视不同的培训项目，选择恰当的方法，才能得到真实、客观的评价结果。

5.5.2 培训与开发评估的方法

当前对培训评估进行系统总结的模型占主导地位的仍然是柯克帕特里克的四层次评估法，不过其他不少研究者也针对该模型的不足提出了自己的评估模型，主要有考夫曼的五层次评估法、CIRO 评估法、CIPP 模型、菲力普斯投资回报率评估模型。

1. 柯氏四层次评估法

柯氏四层次评估法由国际著名学者威斯康星大学教授唐纳德·L.柯克帕特里克(Donald L. Kirkpatrick)于 1959 年提出，是世界上最早、应用最广泛的培训评估工具，在培训评估领域具有难以撼动的地位。柯氏四层次评估法，简称"4R"，其主要内容如下所述。

第一层 反应评估(Reaction)：评估被培训者的满意程度。

反应评估是指受训人员对培训项目的印象如何，包括对讲师和培训科目、设施、方法、内容、自己收获的大小等方面的看法。反应评估主要是在培训项目结束时，通过问卷调查来收集受训人员对于培训项目的效果和有用性的反应。这个层次的评估可以作为改进培训内容、培训方式、教学进度等方面的建议或综合评估的参考，但不能作为评估的结果。

第二层 学习评估(Learning)：测定被培训者的学习获得程度。

学习评估是目前最常见、也是最常使用的一种评价方式。它是测量受训人员对原理、技能、态度等培训内容的理解和掌握程度。学习评估可以采用笔试、实地操作和工作模拟等方法来考查。培训组织者可以通过书面考试、操作测试等方法来了解受训人员在培训前后，知识以及技能的掌握方面有多大程度的提高。

第三层 行为评估(Behavior)：考查被培训者的知识运用程度。

行为的评估指在培训结束后的一段时间里，由受训人员的上级、同事、下属或者客户观察他们的行为在培训前后是否发生变化，是否在工作中运用了培训中学到的知识。这个层次的评估可以包括受训人员的主观感觉、下属和同事对其培训前后行为变化的对比，以及受训人员本人的自评。这通常需要借助于一系列的评估表来考察受训人员培训后在实际工作中行为的变化，以判断其所学知识、技能对实际工作的影响。行为层是考查培训效果的最重要的指标。

第四层 成果评估(Result)：计算培训创造的经济效益。

效果的评估即判断培训是否能给企业的经营成果带来具体而直接的贡献，这一层次的评估上升到了组织的高度。成果评估可以通过一系列指标来衡量，如事故率、生产率、员工离职率、次品率、员工士气以及客户满意度等。通过对这些指标的分析，管理层能够了解培训所带来的收益。

柯克帕特里克的四层次评估法是目前应用最广泛的评估模型，它简单、全面、有很强的系统性和操作性。从反应、学习、行为、结果四个层面进行了论述，比较全面和具体。实际上，这个模型确实能解释有关培训计划的大多数资料，同时为以后评估模型的发展研究奠定了基础。但是，柯克帕特里克的四层次模型中的反应仅仅是从情感上进行评估的，而缺乏对培训效用大小的重视，而效用型反应与培训结果的转化相关性更大，因此，出现了在此基础上的扩展模型。

2. 考夫曼五层次评估法

考夫曼(Kaufman)扩展了柯克帕特里克的四层次模型，他认为培训能否成功，培训前的各种资源的获得是至关重要的，因而应该在模型中加上这一层次的评估。并且培训所获得的效果不应该仅仅对本组织有益，它最终会作用于组织所处的环境，从而给组织带来效益。因而他加上了第五个层次，即评估社会和客户的反应。

3. CIRO评估法

CIRO评估方法是一种由沃尔、伯德和雷克汉姆发明的四级评估方法。这种方法描述了四个基本的评估级别，是由情境(Contextual)、投入(Input)、反应(Reaction)和结果(Outcome)的首字母组成的。这种方法认为评估必须从情境、投入、反应和结果四个方面进行。

1) 情境评估

实际上是进行培训需求分析。在此过程中，需要评估三种目标，即最终目标(组织可以通过培训克服或消除的特别薄弱的地方)、中间目标(最终目标所要求的员工工作行为的改变)和直接目标(为达到中间目标，员工必须获取的新知识、技能和态度)。

2) 投入评估

投入评估是指根据获取和使用可能的培训资源来确定培训方法。这种评估涉及分析可用的内部资源和外部资源，确定如何开发这些资源，以便有最大的可能性来实现预定目标。

3) 反应评估

反应评估是指获取和使用参与者的反应来提高培训过程。这个评估过程的典型特征是依赖于学员的主观信息。如果用系统和客观的方法对这样的信息进行收集和利用，他们的观点将会非常有用。

4) 结果评估

结果评估是指收集和使用培训结果的信息。该评估被认为是评估最重要的一个环节。它包括四个阶段，即界定趋势目标、选择或构建这些目标的测量方法、在合适的时间进行测量和评估结果以改善以后的培训。

4. CIPP 模型

CIPP 模型与 CIRO 相似，是由情境(Contextual)、投入(Input)、过程(Process)和成果(Product)的首字母组成的。这种方法认为评估必须从情境、投入、反应和结果四个方面进行。这种方法与 CIRO 评估模型的不同之处包括以下两点：一是过程评估认为应该监控可能的失败来源或给预先的决策提供信息，以为培训评估做准备；二是成果评估中除了要对培训目标结果进行测量和解释外，还包括对预定目标和非预定目标进行衡量和解释，这个级别的评估既可以发生在培训之中，又可以发生在培训之后。

5. 菲力普斯投资回报率评估模型(ROI)

该模型由杰克·菲利普斯(Jack Phillips)博士提出，菲利普斯是 Performance Resources Organization 的创造人，该公司是目前在会计问题方面全球顶尖的咨询公司。菲利普斯曾担任过银行总裁，财富 500 强企业的培训与发展经理以及大学教授，他非常重视量化管理，擅长通过数据作出判断，寻找企业隐性收益。

该模型主要是针对培训发展的投入进行评估的一种评估模型。ROI 过程在柯克帕特里克的四层次模型中加入了第五个层次：ROI 即投资回报率(Rate Of return of Investment)，即要用财务绩效来计算培训效果。它是从反应和已经计划的行动、学习、工作应用、组织结果和投资回报率五个层次进行评估的。

评估目的必须在评估计划之前考虑，因为评估目的常常决定了评估的范围以及评估工具的类型和所收集的数据类型。如：ROI 分析中有一个评估目的是比较培训项目的成本和收益。这就要求收集的数据是硬数据，数据收集的类型是绩效监控，分析的类型是全面分析，结果的报告方法是提交正式的评估报告。最常见的几种收集数据的工具是调查、问卷、访谈、测试、观察和绩效记录等。选用何种工具收集数据取决于组织的文化对它们的熟悉程度以及是否符合情境和评估要求。

培训的投资回报 ROI=培训项目收益/培训项目成本×100%。计算前需要成本和收益的确

项目 5　员工培训

定,成本确定包含直接费用(培训教师、交通费、材料费、培训教室等)、间接费用(培训管理人员工资、培训管理费)、一般管理费用(组织的总体支持、高层管理时间)、受训者工资和福利。培训收益一般按照同行业顾客服务同类培训课程平均教学水平的平均投资回报率计算作为参考。

进行投资回报率的计算,企业必须有基础数据和专业人员,基础数据包括量化的培训目标、直接培训成本、间接培训成本、培训效果评估周期、受益人群和受益时间等,专业人员则需要有人力资源管理和财务管理方面的经验,尤其是需要有心理测评、成本预算等方面的丰富经验。在实际操作中,企业很少进行 ROI(投资回报率)的评估,因为 ROI 的评估是一个困难且昂贵的过程,建议中小企业采用柯氏四级评估法即可,发展战略清晰的大型企业如果基础工作扎实,可以设置专门岗位,开展 ROI 的评估工作。

以上介绍了五种现有的培训效果评估模型。柯氏模型、考夫曼模型和菲力普斯模型主要是用来对受训者的评估,其中柯氏模型是基础,其他培训评估模型中都有着柯克帕特里克经典培训评估模型的影子。目前,国际上还没有一套科学的、统一的方案来衡量第五层的培训效果。

■引导案例解析

RB 公司的这次培训,不合理的地方有:没有对员工进行培训需求调查与分析,使培训工作的目标不是很明确,也不了解员工对培训项目的认知情况;培训时间安排不合理,在周五晚上进行培训,学员"心不在焉",影响培训效果;没有对培训进行全程的监控,不能及时发现问题、解决问题;对培训工作的总结程度不够,没有对培训的效果(结果)进行评估;没有详细的培训计划,具体表现在对受训员工的对待问题上,没有"制度性"的规定,不利于提高受训员工的学习积极性。

 课堂实训&案例讨论

Y 公司培训经理的困惑

Y 公司的培训经理吴森最近遇到一个头疼的问题:公司花钱对全体员工进行培训,有时候投入很大,却见不到效果,领导不满意不说,甚至参加培训的学员在培训后也抱怨不该安排他们参加培训,吴经理为此感到有些困惑。

(资料来源:通过互联网综合收集、整理及加工。)

【问题思考】

你是怎么看待吴经理这种困惑的?

【案例解析】、【企业实战&经典案例】、【知识巩固】可登录清华大学出版社网址(http://www.tup.tsinghua.edu.cn 或 http://www.tup.com.cn)查看。

项目6 绩效管理

【知识目标】

- 了解绩效管理的含义；
- 掌握绩效管理的方法；
- 掌握绩效管理的流程。

【能力目标】

- 能够结合绩效管理的影响因素合理全面地认识绩效管理；
- 能够运用考绩方法、考绩面谈技巧、绩效改进等方法系统地分析解决实际绩效管理问题。

【核心概念】

绩效、绩效管理、绩效考评、目标管理法、关键绩效指标法、平衡计分卡法、360°考评法

【项目框架图】

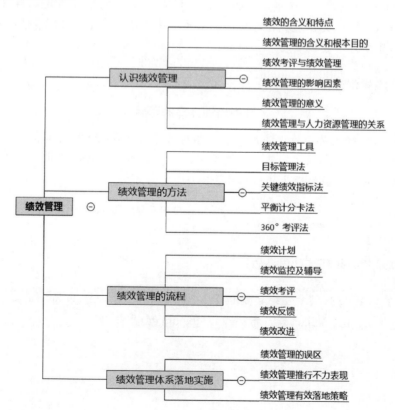

任务 6.1 认识绩效管理

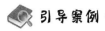

蓝眼兔王的烦恼

南山坡住着一群兔子。在蓝眼兔王的精心管理下,兔子们过得丰衣足食,其乐融融。可是最近一段时间,外出寻找食物的兔子带回来的食物越来越少。为什么呢?兔王发现,原来是一部分兔子在偷懒。

兔王发现,那些偷懒的兔子不仅自己怠工,对其他的兔子也产生了消极的影响。那些不偷懒的兔子也认为,既然干多干少一个样,那还干个什么劲呢,也一个一个跟着偷起懒来。因此,兔王决心要改变这种状况,宣布谁表现好谁就可以得到他特别奖励的胡萝卜。

一只小灰兔得到了兔王奖励的第一根胡萝卜,这件事在整个兔群中激起了轩然大波。兔王没想到反响如此强烈,而且居然是效果适得其反的反响。有几只老兔子前来找他谈话,数落小灰兔的种种不是,质问兔王凭什么奖励小灰兔。兔王说:"我认为小灰兔的工作表现不错。如果你们也能积极表现,自然也会得到奖励。"因此,兔子们发现了获取奖励的秘诀。几乎所有的兔子都认为,只要善于在兔王面前表现自己,就能得到奖励的胡萝卜。那些老实的兔子因为不善于表现,总是吃闷亏。日久天长,在兔群中竟然盛行起一种变脸式(当面一套背后一套)的工作作风。许多兔子都在想方设法地讨兔王的欢心,甚至不惜弄虚作假。兔子们勤劳朴实的优良传统遭到了彻底破坏。

为了改革兔子们弄虚作假的弊端,兔王在老兔子们的帮助下,制定了一套有据可依的奖励办法。这个办法规定,兔子们采集回来的食物必须经过验收,然后可以按照完成的数量得到奖励。一时之间,兔子们的工作效率为之一变,食物的库存量大为提高。

兔王没有得意多久,兔子们的工作效率在盛极一时之后,很快就陷入了每况愈下的困境。兔王感到奇怪,仔细一调查,原来在兔群附近的食物源早已被过度开采,却没有谁愿意主动去寻找新的食物源。

有一只长耳朵的大白兔指责他唯数量论,助长了一种短期行为的功利主义思想,不利于培养那些真正有益于兔群长期发展的行为动机。兔王觉得长耳兔说得很有道理,他开始若有所思。有一天,小灰兔素素没能完成当天的任务,他的好朋友都都主动把自己采集的蘑菇送给他。兔王听说了这件事,对都都助人为乐的品德非常赞赏。

过了两天,兔王在仓库门口刚好碰到了都都,一高兴就给了都都双倍的奖励。此例一开,变脸游戏又重新风行起来。大家都变着法子讨好兔王,不会讨好的就找着兔王吵闹,弄得兔王坐卧不宁、烦躁不安。有的说:"凭什么我干得多,得到的奖励却比都都少?"有的说:"我这一次干得多,得到的却比上一次少,这也太不公平了吧?"时间一长,这种闹剧愈演愈烈,如果没有高额的奖励,谁也不愿意去劳动。可是,如果没有人工作,大家的食物从哪里来呢?兔王万般无奈,宣布凡是愿意为兔群作贡献的志愿者,可以立即领到一大筐胡萝卜。布告一出,报名应征者好不踊跃。兔王心想,重赏之下,果然有勇夫。

谁也没有料到,那些报名的兔子之中居然没有一个如期完成任务。兔王气急败坏,跑去责备他们。他们异口同声地说："这不能怨我呀，兔王。既然胡萝卜已经到手，谁还有心思去干活呢？"

(资料来源：道客巴巴，https://www.doc88.com/p-273833261153.html)

【问题思考】
面对这样的问题，你能帮兔王想想办法吗？

6.1.1 绩效的含义和特点

1. 绩效的含义

"绩"是指业绩，即工作成绩或结果；"效"是指效果、态度，即工作行为。绩效是指员工在一定环境与条件下完成某一任务所表现出的工作行为和所取得的工作结果。绩效体现的是员工履行工作职责的程度、员工能力与其职位要求的匹配程度。

微课 18 绩效管理的内涵

2. 绩效的特点

1) 多因素性

绩效受多种因素的共同影响，并不是哪一个单一的因素就可以决定的。绩效是技能、激励、机会、环境、资源五变量的函数。

主要因素有内因(主观性)：技能+激励；外因(客观性)：环境+机会+资源。

2) 多维性

多维性即绩效的来源是多方面、全方位的，需要从多种维度去分析与考核。例如一名工人的绩效，除了产量指标的完成情况外，产品质量、原材料消耗率、能耗、出勤，甚至团结、服从纪律等方面的表现，都需要综合考虑，逐一评估，但各维度的权重可能不等，因此考核侧重点会有所不同。

3) 多态性

多态性即员工的绩效会随着时间的推移发生变化，并不是固定不变的，而是处于动态的变化之中。因此，要用发展的眼光来看待员工，从激发员工的积极性入手，进行绩效考评工作，切忌凭印象，以僵化的观点看待员工的绩效。

6.1.2 绩效管理的含义和根本目的

1. 绩效管理的含义

绩效管理是指各级管理者和员工为了实现组织目标，共同参与制订绩效计划，进行绩效辅导沟通、绩效考核评价、绩效结果反馈以实现绩效目标提升的持续循环过程。

2. 绩效管理的根本目的

绩效管理是为了持续改善组织和个人的绩效，最终实现企业战略目标。为改善企业绩效而进行的管理活动都可以纳入绩效管理的范畴之内。应该说绩效管理作为一种管理思想，渗透在企业管理的整个过程之中，涉及企业文化、战略和计划、组织、人力资源、领导、激励、统计与控制等各个方面。比如流程再造、全面质量管理、目标管理等，都可以纳入绩效管理的范畴之中。

3. 有效的绩效管理的特征

1) 敏感性

有效的绩效管理体系可以明确地区分高效率员工和低效率员工。如果评价的目的是进行人员配置调整，那么绩效管理体系应当能区分员工之间的工作差别；如果评价的目的是员工的发展，那么绩效管理体系应当能反映员工在不同阶段工作效率的差别。

2) 可靠性

有效的绩效管理体系能够做到不同的评价者对同一个员工所作的评价基本相同。

3) 准确性

绩效管理的准确性是指应该把工作标准和组织目标联系起来确定绩效的好坏。为了实现绩效管理体系的准确性，组织必须对工作分析、工作标准、绩效考核体系进行周期性的调整和修改。

4) 可接受性

组织上下对于绩效工作共同支持才能促成绩效管理的成功。

5) 实用性

实用性绩效管理体系的建立和维护成本要小于绩效管理体系带来的收益。

一般来说，只要绩效管理体系满足敏感性、可靠性和准确性需要，就可以认为它是有效的。

6.1.3 绩效考评与绩效管理

1. 考核

考核是指在一段时间内对个人的工作能力和工作成绩作出的判断。

2. 绩效考评

绩效考评又称绩效考核、绩效评价、绩效评估等，是指将战略转化成一整套可执行的绩效衡量标准与体系，并对照绩效标准，采用科学的考核方法，评定员工的工作目标完成情况、员工的工作职责履行程度、员工的发展情况等。

3. 绩效考评与绩效管理

绩效考评与绩效管理两个概念既有联系又存在区别，两者间不是等价关系。它们的区别主要体现在以下两点。

第一，绩效管理是一个完整的管理过程，而绩效考评只是绩效管理中的一个环节。

第二，绩效管理侧重于信息的沟通和绩效的提高，绩效考评则侧重于绩效的识别、判断和评估。

绩效考评与绩效管理的区别见表6-1。

表 6-1 绩效考评与绩效管理的区别

要　点	绩效考评	绩效管理
管理高度不同	对员工和部门的绩效的评价	把对组织绩效的管理和对员工绩效的管理结合在一起的体系,是从战略高度对绩效进行管理,着眼于组织绩效和长远发展
管理方法不同	事后考核工作的结果,是绩效管理中的一个环节	包括事前计划、事中管理、事后考核
管理重点不同	侧重于判断和评估	侧重于信息沟通和员工个人及组织整体绩效的提高
管理时间不同	往往只出现在特定的时期,如月末、季末和年末	贯穿于管理活动的全过程
管理角色不同	裁判员	辅导员、合作伙伴

4. 绩效考评的作用

美国组织行为学家约翰·伊凡斯维其认为,绩效考评可达到八个方面的目的。
(1) 为员工晋升、降职、调职和离职提供依据。
(2) 组织对员工的绩效考评的反馈。
(3) 对员工和团队对组织贡献进行评估。
(4) 为员工的薪酬决策提供依据。
(5) 对招聘选择和工作分配决策进行评估。
(6) 了解员工和团队培训和教育的需要。
(7) 对培训和员工职业生涯规划效果进行评估。
(8) 为工作计划、预算评估和人力资源规划提供信息。

6.1.4　绩效管理的影响因素

1. 观念

管理者对绩效管理的认识是影响绩效考核效果的重要因素。如果管理者能够深刻理解绩效管理的最终目的,更具前瞻性地看待问题,并在绩效管理的过程中有效地运用最新的绩效管理技术,便可推动绩效管理的有效实施。

微课 19　绩效影响因素

2. 高层领导支持

绩效管理是组织整体战略管理的一种重要手段,迫切需要得到高层领导的支持。高层管理者如果积极推动绩效管理的实施,给予员工必要的支持,会使绩效管理水平得到有效的提升。

3. 人力资源管理部门的尽职程度

人力资源管理部门在整个绩效管理的过程中扮演着组织协调者和推动者的角色。如果人力资源管理部门能够对绩效管理倾力投入，加强对绩效管理的宣传、组织必要的绩效管理培训，完善绩效考核的流程，就可以为绩效管理的有效实施提供有力保证。

4．各层员工对绩效管理的态度

员工对绩效管理的态度直接影响着绩效管理的实施效果。如果员工认识到绩效管理的最终目的是帮助他们改进绩效而不是单纯的奖罚，绩效管理系统就能发挥功效。反之，如果员工认为绩效管理仅仅是填写各种表格应付上级或对绩效管理存在严重的抵触情绪，那么，绩效管理就很难落到实处。

5．绩效管理与组织战略的相关性

个人绩效、部门绩效应当与组织的战略目标具有一致性。只有这样才能保证在个人绩效和部门绩效实现的同时，组织战略也能够得到有效的执行。这就提示管理者在制定各部门目标时，不能仅仅考虑到部门的利益，也要考虑组织整体的利益。

6．绩效目标的设定

一个好的绩效目标要满足具体、可衡量、可实现、与工作相关等要求。只有这样，组织目标和部门目标才能得到有效的执行，绩效考核的结果才能够公正、客观、具有说服力。

7．绩效指标的设置

每个绩效指标对于组织和员工而言，都是战略与文化的引导，是工作的方向，因此，清晰明确、重点突出的绩效指标非常重要。好的绩效指标可以使绩效考核重点突出，与组织战略目标精确匹配，便于绩效管理的实施。

8．绩效系统的时效性

绩效管理系统不是一成不变的，它需要根据组织内部、外部的变化进行调整。当组织的战略目标、经营计划发生变化时，绩效系统也应该进行动态的调整，以保证其不会偏离组织战略发展的主航道，对员工进行错误的引导。

6.1.5 绩效管理的意义

1．绩效管理可以促进组织和个人绩效的提升

绩效管理通过设定科学合理的组织目标、部门目标和个人目标，可为企业员工指明努力的方向。管理者通过绩效辅导沟通可及时发现下属工作中存在的问题，给下属提供必要的工作指导和资源支持，下属通过工作态度以及工作方法的改进，可以保证绩效目标的实现。绩效管理通过对员工进行甄选与区分，可以保证优秀人才脱颖而出，同时淘汰不适合的人员。通过绩效管理能使内部人才得到成长，同时能吸引外部优秀人才，使人力资源能满足组织发展的需要，促进组织绩效和个人绩效的提升。

2．绩效管理可以促进管理流程和业务流程优化

企业管理涉及对人和对事的管理，对人的管理主要是激励约束问题，对事的管理就是流程问题。在绩效管理过程中，各级管理者都应从公司整体利益以及工作效率出发，尽量

提高业务处理的效率，使组织运行效率逐渐提高，在提升了组织运行效率的同时，逐步优化了公司管理流程和业务流程。

3. 绩效管理可以保证组织战略目标的实现

绩效管理作为一种管理思想，有两个主旨，即系统思考和持续改进。它强调动态和变化、强调对企业或者组织全面和系统的了解、强调学习性、强调不断地自我超越。孤立地、片面地、静止地看待绩效管理，很容易使绩效管理掉入机械、僵化的陷阱。将系统思考确定为绩效管理的主旨之一，是因为企业的问题相互交织、相互影响，从来都不是孤立的。绩效作为企业运行管理的总体表现，它涉及的层面不可能是单一的，因此必须进行系统思考。

6.1.6 绩效管理与人力资源管理的关系

人力资源管理实质上是在完成两项任务：第一，使企业员工具有创造高绩效的能力。对员工的选拔、培训就是在完成这项任务；第二，使企业员工处于高绩效的状态。作为整个人力资源管理体系的一个组成部分，绩效管理体系与人力资源管理体系在考核评价环节发生交叉。应该说，它们之间存在着非常紧密的关系，如图 6-1 所示。

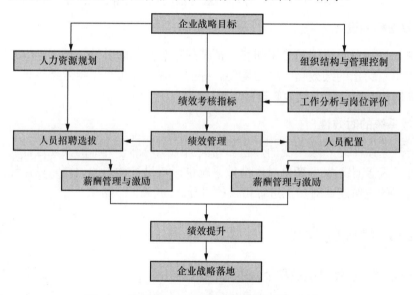

图 6-1 绩效管理在人力资源管理体系中的地位

绩效管理在人力资源管理中处于核心地位。

首先，组织的绩效目标是由公司的发展规划、战略和组织目标所决定的，绩效目标要体现公司发展战略导向，组织结构和管理控制是部门绩效管理的基础，岗位工作分析是个人绩效管理的基础。

其次，绩效考核结果在人员配置、培训开发、薪酬管理等方面都有非常重要的作用，如果绩效考核缺乏公平公正性，上述各个环节的工作都会受到影响，而绩效管理落到实处将对上述各个环节工作起到促进作用。衡量和提高组织、部门以及员工个人的绩效水平是企业经营管理者的一项重要常规工作，而构建和完善绩效管理系统是人力资源管理部门的一项战略性任务，如图 6-2 所示。

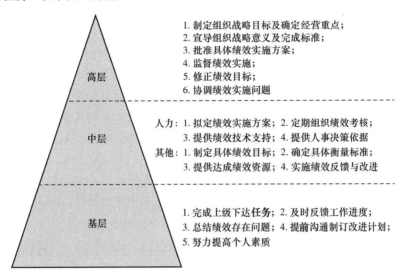

图 6-2　不同层次管理者绩效管理的侧重点

绩效管理涉及企业管理的各个方面，包括文化、战略、组织、人力资源、领导、激励、决策支持、控制等，每个方面都在很大程度上影响着企业的绩效。人力资源部门应该定位于为组织的各级管理者提供相关的工具和方法，让各级管理者成为绩效管理的主角。

▎引导案例解析

蓝眼兔王的烦恼，这个故事说的是人力资源管理中的绩效管理系统的问题。首先，应明白绩效管理的基本原则：客观、公平与开放原则、积极反馈原则、定期和制度化原则、可行性和实用性原则、定性与定量相结合原则。其次，建立绩效管理的基本流程：绩效计划、绩效沟通、绩效考评、绩效反馈，再根据实际情况选择合适的绩效考评方法，考评结果应加以应用并予以反馈，当然还得注意绩效管理与其他管理环节的协调，注意避免绩效管理中存在的问题或误差。最后，建立绩效管理的有效激励机制和长效机制。

课堂实训&案例讨论

通达公司员工的绩效管理

通达公司，成立于 20 世纪 50 年代初，目前公司有员工 1000 人左右。总公司本身没有业务部门，只设一些职能部门；总公司下有若干子公司，分别从事不同的业务。

绩效考评工作是公司重点投入的一项工作，公司的高层领导非常重视。人事部具体负责绩效考评制度的制定和实施。人事部在原有的考评制度基础上制定出了《中层干部考评办法》，在每年年底正式进行考评之前，人事部又出台当年的具体考评方案，以使考评达到可操作化程度。

公司的高层领导与相关的职能部门人员组成考评小组，考评的方式和程序通常包括被考评者填写述职报告、在自己单位内召开全体员工大会进行述职、民意测评(范围涵盖全体员工)、向科级干部甚至全体员工征求意见(访谈)、考评小组进行汇总写出评价意见并征求主管副总经理的意见后报公司总经理。

考评的内容主要体现在 3 个方面：被考评单位的经营管理情况，包括该单位的财务情况、经营情况和管理目标的实现等方面；被考评者的德、能、勤、绩及管理工作情况；下一步工作打算，重点努力的方向。具体的考评细目侧重于经营指标的完成、政治思想品德，对于能力的定义则比较抽象。各业务部门(子公司)都在年初与总公司对关于自己部门的任务指标进行了讨价还价的过程。对中层干部的考评完成后，公司领导在年终总结会上进行说明，并将考评结果反馈给个人。尽管考评的方案中明确说考评与人事的升迁、工资的升降等方面挂钩，但最后的结果总是不了了之，没有任何下文。对于一般员工的考评则由各部门的领导掌握。子公司的领导对于下属业务人员的考评通常是从经营指标的完成情况来进行的；对于非业务人员的考评，无论是总公司还是子公司均由各部门的领导自由进行。至于对被考评人来说，很难从主管处获得对自己业绩优劣评估的反馈，只是到了年度奖金分配时，部门领导才会对自己的下属做一次简单的排序。

(资料来源：百度文库，https://wenku.baidu.com/view/bbcb3628710abb68a98271fe910ef12d2bf9a9cf.html)

【案例讨论】

(1) 绩效管理在人力资源管理中有何作用？这些作用在通达公司是否有所体现？
(2) 通达公司的绩效管理存在哪些问题？如何才能解决这些问题？

【案例解析】、【企业实战&经典案例】与【阅读参考】可登录清华大学出版社网址(http://www.tup.tsinghua.edu.cn 或 http://www.tup.com.cn)查看。

任务 6.2　绩效管理的方法

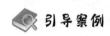 引导案例

蚂蚁和蝉

一场秋雨过后，绿叶和青草都换了一身金黄色的衣服。太阳出来了，蚂蚁兄弟们开始准备过冬的粮食，它们来到树下，将树上掉下来的果子收集起来，整整齐齐地摆在树下晒干，然后一点点地运回家。

蚂蚁兄弟的粮仓可真大啊！那里有许多好吃的东西，但是为了使粮仓里的粮食充足一些，蚂蚁兄弟仍然四处寻找食物，汗水顺着它们的脸直往下流，它们谁也顾不上擦汗。

这时，玩了一夏天的蝉从它们头上飞过，看到蚂蚁累得大汗淋漓那幅情景，便嘲笑说："傻瓜，又在自讨苦吃，你们看我多么自在，你们什么时候才能和我一样自在呢？……"

说着飞到了蚂蚁兄弟头上的树枝，跳了一会舞，那舞姿实在是太美了，蝉在心里赞美着自己。

转眼间，冬天到了，蚂蚁兄弟推开门想呼吸一下新鲜空气。

这时蝉飞了过来，它有气无力地说："好兄弟，给我点吃的吧，不然我会饿死的。"

蚂蚁兄弟说："那你夏天为什么不找些过冬的粮食？"

"夏天我正忙着唱歌呢。"

"那秋天呢？"

"秋天我正忙着跳舞呢。"

蚂蚁兄弟拿出粮食给蝉吃，看着蝉那狼吞虎咽的样子，叹了口气道："如果你只能夏季唱歌，秋天跳舞，那冬天就只能饿肚子了。"

(资料来源：百度文库，https://wenku.baidu.com/view/2d65a913b04e852458fb770bf78a6529657d352e.html)

【问题思考】

蚂蚁和蝉谁更有能力？为什么？

6.2.1 绩效管理工具

绩效管理工具作为管理实践与管理理论之间的桥梁与纽带，直接来源并应用于管理实践，人类历史上曾有人先后提出了目标管理法、关键绩效指标法、平衡计分卡法和360°考评法。纵观绩效管理工具的演变历程，它在横向上不断拓展评价范围，从单纯的财务指标扩展到全面地考察企业；在纵向上也不断提升关注经营的功能，从单纯的绩效评价工具上升到承接组织战略的战略性绩效管理工具。

6.2.2 目标管理法

1. 目标

目标是个人或组织所期望获得的工作成果。希望实现的未来目标，即指个人或组织想要完成的事项，它可能很庞大或很微小，也许是未来或者就在今天。

微课20　目标管理的内涵

2. 目标的作用

目标具有如下作用。

(1) 目标就是所要追求的结果，没有目标就没有收获。

(2) 目标使我们感觉到生存的意义和价值。

(3) 目标是灯塔，目标指引了我们前进的方向。

(4) 目标清晰可见，焕发激情，激发潜力。

(5) 以结果为导向，时刻关注目标，少走弯路。

(6) 目标是管理的基本出发点。

3. 目标管理法的由来

1954年，彼得·德鲁克在《管理实践》一书中提出了一个具有划时代意义的概念——目标管理(Management By Objectives，MBO)，它是德鲁克所提出的最重要、最有影响的概念，并已成为当代管理体系的重要组成部分。目标管理提出以后，便在美国迅速流传。时值第二次世界大战后西方经济由恢复转向迅速发展的时期，企业急需采用新的方法调动员工的积极性以提高竞争能力，目标管理的出现可谓应运而生，遂被广泛应用，并很快为日本、西欧国家的企业所仿效,在世界管理界大行其道。

4. 目标管理法的概念

目标管理是一种沟通的程序或过程,它强调企业上下一起协商,将企业目标分解成个人目标,并将这些目标作为公司经营、评估、奖励的标准。

5. 目标管理法的实施步骤

1) 绩效目标的确定

绩效目标的确定是实行目标管理法的第一步,它实际上是管理者与员工分解上一级指标、共同确定本层级绩效目标的过程。这些目标主要包括工作结果和工作行为两部分。在目标的设定上,必须注意:各层级目标必须与企业层次上所设定的目标相一致;目标必须是具体的;目标必须是相关的,即目标必须与各个职位的职责密切相关,不能照搬其他职位的绩效目标;目标必须是可实现的,同时应当具有一定的挑战性;目标必须是可测量的。

2) 确定考核指标的权重

为了对员工的工作起到导向作用,可以把绩效指标划分为四类,既重要又迫切的指标、重要但不迫切的指标、不重要但迫切的指标、既不重要又不迫切的指标。对不同类型的指标需要赋予不同的权重。

3) 实际绩效水平与绩效目标相比较

通过实际绩效与目标绩效的比较,管理者可以发现绩效执行过程中的偏差。这时上下级需要进行沟通,共同分析偏差的原因,寻找解决办法和制定纠正方案。如果有必要修改目标,则需要收集支持的信息。

4) 制定新的绩效目标

当期的绩效指标得以实现后,上下级便可以着手制定新的绩效目标。

MBO 法评估目标示例见表 6-2。

表 6-2 MBO 法评估目标示例

组织中的职位	组织类型	目标描述
销售代表	中型石油化工企业	在西部地区接触 6 个新客户和在下半年期内至少完成对这些新客户中两个的销售
产品经理	大型食品加工工厂	在下一目标会议之前(距今 9 个月),在增加成本不超过 2%的前提下将花生油的市场份额增加至少 3.5%
熟练技师	小型商店	在 8 月 15 日之前降低 8%的管理成本
会计	小型 CPA 企业	在夏末之前(9 月 15 日)参与两个审计研讨会来改善和更新审计知识
生产经理	中型流水线工厂	在下一年 1 月 1 日之前将操作员工的缺勤率从 18.9%下降到 10%以下
工程师	大型建筑公司	在政府规定的截至 11 月 10 日之前的 30 天内完成能源设备搭建

6. 目标管理法的优势与劣势分析

作为被广泛应用的绩效考核方法,目标管理法的优势如下所述。

(1) 有效性。目标管理法能够使各级员工明确他们需要完成的目标,使他们最大限度地把时间和精力投入到对绩效目标实现有利的行动中。

(2) 目标管理法激发了员工的自觉性,调动了员工的积极性。目标管理法强调员工的自我调节和自我管理,将个人利益和企业目标紧密结合在一起,这就提高了员工的士气,发挥了员工的自主性。

(3) 目标管理法的实施过程比关键指标法和平衡计分卡法更易操作。目标的开发过程通常只需要雇员填写相关信息,主管进行修订或批准即可。

(4) 目标管理法较为公平。目标管理法设定的指标通常是可量化的客观标准,因此在考核过程中很少存在主观偏见。

目标管理法当然也不是十全十美的,其不足如下所述。

(1) 目标管理法倾向于聚焦短期,即该考核周期结束时需要实现的目标。这可能是以牺牲企业的长远利益为代价的。目标管理法的假设之一是认为员工是乐于工作的,这种过分乐观的假设高估了企业内部自觉、自治氛围形成的可能性。

(2) 目标管理法可能增加企业的管理成本。目标的确定需要上下级共同沟通商定,这个过程可能会耗费员工和管理者大量的时间和精力。

(3) 目标有时可能难以制定。大量的企业目标可能难以定量化、具体化,这给目标管理法的实施带来了不小的困难。

目标管理法的优劣势见表 6-3。

表 6-3　目标管理法优势劣势一览表

目标管理的好处	目标管理的缺憾
①提高管理效率; ②有助于组织机构改革; ③有助于形成"自动自发"的工作局面; ④有助于激励员工完成目标; ⑤有助于实现有效的监督控制; ⑥有利于客观评价员工	①目标难以制定; ②目标管理的哲学假设不一定都存在; ③目标商定可能增加管理成本; ④没有绝对客观、公正的奖惩; ⑤往往强调短期目标而忽略长期发展; ⑥关注自身目标而忽略整体,助长本位主义

6.2.3　关键绩效指标法

1. 关键绩效指标的概念

关键绩效指标(Key Performance Indicator,KPI)是反映个体关键绩效贡献的评价依据和量化指标。可以从以下几个方面进一步了解关键绩效指标。

微课 21　KPI 的优缺点

(1) 关键绩效指标是对企业战略目标的分解,是连接个人绩效与企业绩效的桥梁。它明确了对企业战略起到增值作用的工作产出，能有力地推动企业战略目标的实现。

(2) 关键绩效指标是由主管人员决定并被员工认可的绩效指标，它能使评估者和被评估者在工作业绩上的认识保持一致，并为未来的绩效沟通奠定基础。

(3) 关键绩效指标是对重点经营活动的反映，而不是对所有业务流程活动的概括。这使高层管理者能够准确了解对企业价值实现最关键的活动的效果，也使员工集中精力于对企业价值最具影响力的工作活动。

(4) 关键绩效指标必须是可量化的或可行为化的。如果不能满足这两个条件，关键绩效指标就失去了可操作性，也就失去了存在的意义。

(5) 关键绩效指标不是一成不变的，它需要随企业战略的变化而调整。

关键绩效指标法就是建立在关键绩效指标基础上的系统考核方法，它的目的是设计和建立基于企业经营战略的关键绩效指标体系。

2. 设计流程

1) 确定考核指标

在建立关键绩效指标体系前，管理者首先要明确企业的整体目标，因为不同层次的关键绩效指标都是由企业的整体目标分解而成的。之后管理者需要将企业目标逐层分解，最终落实到各职位的工作产出上。确定各个层次的评估指标通常需要经过以下步骤。①将企业目标分解成几项主要的支持性子目标，并建立起各子目标与主要业务流程的联系；②确定主要业务流程的目标；③从业务流程的目标中提取出企业中各个部门的关键绩效指标；④将部门的关键绩效指标分解为部门内每个员工的个人绩效指标。

在设计确定关键绩效指标体系时，必须满足以下 5 个方面的原则要求：①明确性原则(Specific)：KPI 必须是明确的、具体的，以保证其明确的牵引性；②可测性原则(Measurable)：KPI 必须是可衡量的，必须是明确的衡量指标；③可达成原则(Attainable)：KPI 必须是可以达到的，不能因指标的无法达成而使员工产生挫折感，但这并不否定其应具挑战性；④相关性原则(Relevant)：KPI 必须是相关的，它必须与企业的战略目标密切联系，不然也就谈不上是关键指标；⑤时限性原则(Time-based)：KPI 必须是以时间为基础的，即必须有明确的时间要求。

通常来说，关键绩效指标有四种类型：①数量类，如产品的数量、销售量等；②质量类，如合格产品的数量、错误的百分比等；③成本类，如单位产品的成本、投资回报率等；④时限类，如及时性、供货周期等。

2) 确定评估标准

确定绩效评估标准通常可与建立考核指标一同完成。评估标准指的是被评估者在各个指标方面应该达到的程度，反映员工"做得怎样""完成多少"等问题。

在设定绩效评估标准时，通常要考虑两种标准，即基本标准和卓越标准。基本标准是管理者期望被评估者达到的水平，这种标准是每个被评估者经过努力都能够达到的。基本标准主要用于判断被评估者是否能满足工作的基本需要，它的评估结果通常作为一些非激励性的人力资源措施实施依据，如基本绩效工资；卓越标准是指企业不提要求和期望，但被评估者可以达到的绩效水平(即超额完成任务)，这种标准通常只有一小部分员工可以达到。卓越标准主要用于识别核心员工，它的评估结果通常作为一些激励性的人力资源措施的实施依据，如额外的奖金、晋升等。

3. 注意事项

在运用关键绩效指标法确立绩效评估体系时，管理者需要注意以下几方面的问题。

(1) 关键绩效指标的数量不宜过多。当出现指标数量过多的问题时，建议将类似的指标进行合并，并突出关键业务流程指标的位置。

(2) 同类型职位的关键绩效指标必须保持一致。

(3) 关键绩效指标要彻底突出企业战略重点

4. 优势、劣势分析

关键绩效指标法的最大优势在于它可将企业绩效指标与企业的战略目标紧密联系在一起，自上而下地确定各个级别的绩效目标，它能够将企业目标和个人目标很好地整合在一起。

但是，这种方法在实践中仍然存在一些困难，一是对某些职位而言，设计关键指标比较困难，如知识型员工的许多贡献是无形的，因此他们的关键绩效指标就很难界定；二是关键绩效指标法缺少一套完整的对操作具有指导意义的指标框架体系。

5. 不同工作人员关键绩效指标的确定

以市场营销人员为例，要确定其关键绩效指标，首先必须根据企业的战略目标，确定营销部门实现公司战略目标的职责和关键成功要素，然后通过层层分解，确定市场营销部门内部各职能部门和业务部门及相关流程的关键绩效指标体系，进而分解为营销人员的绩效指标。例如，如果将公司的战略目标定位于世界领先企业，那么，市场营销部的关键绩效目标必须定位于市场领先，而要实现这一目标，必须在以下方面处于世界领先地位：市场形象、营销网络和市场份额。而营销人员的职责决定了其关键绩效指标应围绕着"市场份额"展开。由此可以确定，市场营销人员某一考核周期的关键绩效考核指标体系具有下述几种特征。

(1) 客户满意度(如客户满意度提高率或客户投诉量)。

(2) 销售订货额(如销售订货额或销售订货额增长率)。

(3) 货款回收率(如货款回收额或货款回收目标完成率)。

(4) 销售费用(如直接销售费用率或直接销售费用降低率)。

(5) 合同错误降低率。

另外，依据市场营销人员的业务现状，还可加入团队合作、市场分析、客户关系等定性关键绩效指标。在此基础上，加入"营销系统人均毛利"指标，就可以将个人关键绩效指标体系扩展为组织的关键绩效指标体系，即可以形成面向营销部门的组织绩效考核的关键绩效指标体系。

对于关键绩效指标难以量化的员工，如人力资源管理者、行政事务人员、财务人员，其关键绩效指标的确定难度相对大一些，但也并不是无法实现的。构建这类人员的关键绩效考核指标体系，其依据如下所述。

(1) 职位职责中的关键责任。

(2) 对上级绩效目标的贡献，即通过对企业目标或部门目标自上而下分解确定。

(3) 对相关部门绩效目标的贡献，即从横向流程分析，确定其对相关流程的输出。

依据这一原则，这类人员的关键绩效指标可以通过对其考核周期内的工作任务或工作要求的界定来实现，至于其衡量指标，可以通过时间来界定，从实质上讲，被时间所界定的工作任务或工作目标也是定量指标。只要管理者能够对员工的工作任务或工作目标作出明确的说明，同时提出明确的时间要求，这些关键绩效考核指标就具备了可操作性。具体内容见图6-3。

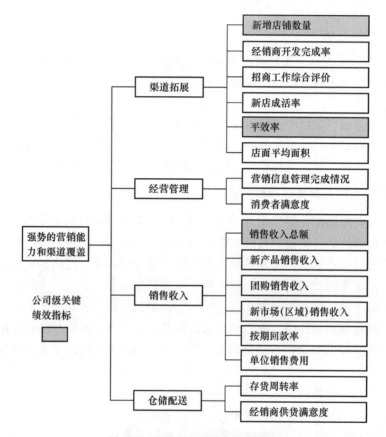

图 6-3 销售公司的关键绩效指标

6.2.4 平衡计分卡法

1. 平衡计分卡的来源

平衡计分卡(Balanced Score Card，BSC)是由哈佛商学院罗伯特·卡普兰和大卫·诺顿两位教授提出的，最初是针对传统业绩评价方法(主要是财务评价方法)的弊端而设计的。平衡计分卡强调，传统的财务会计模式只能衡量过去发生的事项(落后的结果因素)，但无法评估企业前瞻性的投资(领先的驱动因素)。

微课22　BSC的含义

2. 平衡计分卡的概念

平衡计分卡是从财务、客户、内部运营、学习与成长四个角度，将组织的战略落实为可操作的衡量指标和目标值的一种新型绩效管理体系。设计平衡计分卡的目的就是要建立"实现战略制导"的绩效管理系统，从而保证企业战略得到有效的执行。因此，人们通常称平衡计分卡是加强企业战略执行力的最有效的战略管理工具，具体见图6-4。

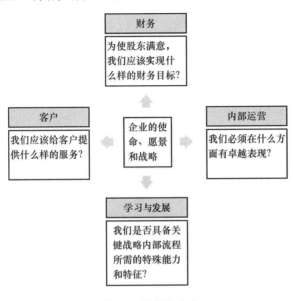

图 6-4　平衡计分卡

根据 Best Practices 公司在 1998 年所做的一项独立研究，他们分析了 32 家成功应用平衡计分卡的企业，最后发现了上述相似的指标分配方式，在内部层面上有较多的量度，反映了它是财务与客户成果的重要绩效驱动因素。此外，平衡计分卡上应有 80%的指标是非财务性的。平衡计分卡中应有 20 到 25 个指标。指标在 4 个层面上的典型分配如下：财务类指标 5 个(占 20%~25%)，客户类指标 5 个(占 20%~25%)，内部运营类 5~10 个(占 25%~40%)，学习与发展类指标 5 个(占 20%~25%)。

3. 平衡计分卡体系的内容

平衡计分卡体系其内容包括公司战略规划/目标、公司层面平衡计分卡、公司领导绩效计划表单、部门层面平衡计分卡、部门领导绩效计划表单、公司绩效指标库、绩效管理流程、绩效计划编制流程、绩效计划调整流程、KPI 信息收集流程、绩效考核流程、考核申诉流程、绩效管理制度、绩效管理流程表单、绩效计划调整申请单、KPI 指标收集表、KPI 指标汇总表、KPI 指标提供表、述职报告、考核申诉单等。

4. 平衡计分卡四个维度的设定思路

1) 设定财务类指标的基本思路

(1) 以财务三个维度为指标。

盈利与收入：是指增加产品与服务的提供、获得新顾客或市场、调整产品与服务的结构以实现增值，以及重新确定产品与服务的价格。

成本与生产力、效率：是指降低产品与服务的所有相关成本。

资产利用：资产使用状况是要关注企业的运营资本水平，通过新业务来利用空闲的生产能力，提高资源的使用效率及清除盈利不足的资产。

(2) 以财务类指标选择与企业生命周期关系为思路。

企业生命周期与战略性财务绩效的3×3矩阵。

(3) 常用财务类指标。

总资产报酬率=净利润÷总资产；

成本费用利润率=利润总额÷成本费用总额；

总资产周转率=销售收入÷总资产；

存货周转率=销售成本÷存货平均值；

应收账款周转率=赊销净销售额÷应收账款平均值；

资产负债率=总负债÷总资产；

流动比率=流动资产总值÷流动负债总值；

速动比率=速动资产÷流动负债；

现金流动负债率=现金存款÷流动负债；

销售(营业)增长率=本年度销售额÷上年度销售额；

人均销售增长率=(本年度销售额÷本年度员工数)÷(上年度利润÷上年度员工数)；

总资产增长率=本年度总资产÷上年度总资产；

投资回报率=资本周转÷销售利润率；

资本保值增值率=期末净资产÷期初净资产；

净资产收益率=净利润÷净资产；

产品销售率=销售产值÷生产总产值。

2) 设定客户类指标的基本思路

(1) 设置客户类指标的两个维度：顾客核心成果度量、顾客价值主张。

顾客核心成果度量：是对企业在顾客、市场方面要获得的最终成果，它包括了很多企业都采用的五个指标，即市场占有率、老顾客保有率、新顾客增加率、顾客满意度及顾客利润率，这五个指标有着内在的因果逻辑关系(见图6-5)。

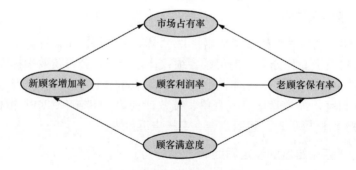

图6-5　顾客核心成果度量因果关系链

顾客价值主张指标：是顾客核心成果度量的驱动因素和领先指标，目的是创造目标市场中的顾客忠诚度和满意度，主要关注公司的产品和服务的价格、速度、属性、顾客关系、形象和商誉等。

(2) 常用客户类指标。

a. 市场占有率或市场份额；

b. 相对市场占有率；

c. 旧顾客续约率；

d. 既有顾客的业务成长率；

e. 新顾客开发率；

f. 潜在顾客转交率(转变为实际顾客)；

g. 招揽一个新顾客的平均成本；

h. 顾客满意度；

i. 顾客获利率；

j. 品牌知名度；

k. 品牌美誉度；

l. 企业形象综合指数。

3) 设定内部运营类指标的基本思路

企业的内部运营流程：在设置公司层面的内部运营指标时，应当抓住能够支持顾客及财务目标与指标的关键流程，并对这些流程进行详细的分析。通常企业的流程一般可分为创新流程、日常运营流程、客户管理流程等。

创新流程是指企业通过市场调查了解顾客目前与未来的需要，决定是否设计和开发新的产品(或进行产品改良) 的过程。

日常运营流程是指从企业接受订单开始，直至向顾客发售或提供服务为止的整个活动过程。它包括接受订单、采购、生产加工、交货等活动。

客户管理流程是指企业如何选择客户、获得客户、保留客户、培育客户而进行的有效活动。

4) 设定学习与发展类指标的基本思路

学习与发展类指标是平衡计分卡最后一项内容，实际上它关注的是企业的长远发展能力，强调的是如何使公司的无形资产与公司战略保持一致。卡普兰与诺顿将企业的无形资产分为下述三类。

人力资本：支持组织战略所需技能、才干和知识的可用性。

信息资本：支持组织战略所需信息系统、网络和基础设施的可用性。

组织资本：执行组织战略所需的发动并持续变革流程的组织能力。

在设置学习成长维度的指标时应当考虑的是关键战略内部流程所需的特殊能力和特征。企业在设置学习成长维度的指标时常考虑下述 6 个指标。

人力资本：(a) 战略能力。执行战略活动所要求的技能、才干、技术诀窍等能力(80%的平衡计分卡包括这一目标)。

信息资本：(b) 战略信息。支持战略所要求的信息系统、数据库和网络基础设施能力等(80%的平衡计分卡包括这一目标)。

组织资本：

(c) 文化。执行战略所需要的使命、愿景和价值的意识和内在化(90%的平衡计分卡包括这一目标)。

(d) 领导力。调动公司朝着战略发展的各级高素质领导的可获得性(90%的平衡计分卡包括这一目标)。

(e) 协调。组织各级的战略与目标、激励协调一致(70%的平衡计分卡包括这一目标)。

(f) 团队工作。知识、员工资产与战略潜力的共享(60%的平衡计分卡包括这一目标)。

5. 平衡计分卡的优点

克服财务评估方法的短期行为；保持组织所有资源协调一致，并服务于战略目标；能有效地将组织的战略转化为组织各层的绩效指标和行动，改正了企业的战略规划操作性差的缺点；有利于各级员工对组织目标和战略的沟通和理解，保证了组织的年度计划和组织的长远发展方向得到有效的结合；有利于组织和员工的学习成长和核心能力的培养；使企业的战略成为一个持续的流程。

6. 平衡计分卡的平衡作用

(1) 财务与非财务的平衡。平衡计分卡源自解决单一财务指标的弊端，它要求从财务和非财务的角度去思考公司战略目标及考核指标。因财务指标只是一种滞后的结果性指标，它只能反映公司过去取得的业绩，不能告诉企业如何改善业绩。财务与非财务的平衡强调的是企业不仅要关注财务绩效，更要关注对财务绩效产生直接影响的驱动因素。

(2) 短期与长期的平衡。平衡计分卡既要关注短期的经营目标和绩效指标，也要关注长期的战略目标与绩效指标。也就是说，平衡计分卡既关注了企业的长期发展，也关注了近期目标的完成，使企业的战略规划和年度计划得到有效的结合，保证企业的年度计划和企业的长远发展方向保持一致。

(3) 内部与外部的平衡。平衡计分卡将评价的视线范围由传统的只注重企业内部评价，扩大到企业外部，包括股东、顾客。关注了公司内外的相关利益方，能有效地实现外部(如客户和股东)与内部(如流程和员工)衡量之间的平衡。

(4) 前置与滞后的平衡。平衡计分卡中强调领先与滞后的平衡主要涉及两个层面。一方面强调的是企业不仅要关注事后的结果，更要关注影响结果的因素和过程。另一方面强调的是企业既要关注哪些能反映企业过去绩效的滞后性指标，也要关注能反映、预测企业未来绩效的领先指标。

示例见表 6-4。

表 6-4 平衡计分卡示例

四个层面	战略主题	关键战略举措	关键绩效指标(KPI)
财务层面	财务成长	F1 资本运用报酬率	・资本运用报酬率 ・现金流量
		F2 现有资产利用率	・净毛利与竞争者相比较之排名
		F3 获利 F4 成本补偿 F5 获利成长	・单位成本(与竞争者比较) ・销售量成长(与竞市者比较) ・高级品所占销售比例 ・非油类产品的营收与毛利

续表

四个层面	战略主题	关键战略举措	关键绩效指标(KPI)
顾客层面	让顾客有愉悦的消费体验	C1 使目标顾客群有愉悦的消费体验	• 目标市场的占有率 • 神秘访查评量
	双赢的经销商关系	C2 建立与经销商的双赢关系	• 经销商毛利成长 • 经销商问卷调查
内部运营层面	建立经销优势	I1 创新的产品与服务	• 新产品的投资报酬率 • 新产品被市场接受的比率
	安全可靠	I2 业界最佳经销团队 I3 炼油厂绩效	• 经销商品质评鉴 • 良品品率落差 • 非计划性的停工
	具竞争力的供应商	I4 库存管理	• 存货水准 • 缺货率
		I5 成本优势	活动成本(与竞争者比较)
	品质	I6 符合规格与交期	零缺失订单
	社区的好邻居	I7 提升工作环境的安全卫生	• 环境意外事件发生次数 • 工时数
学习与发展层面	训练有素且士气高昂的工作团队	L1 利于行动的组织氛围 L2 员工核心能力与技术 L3 策略性资讯的获取	• 员工满意度调查 • 完成个人记分卡的比率(%) • 策略性员工技能 • 策略性资讯的完备性

(资料来源：道客巴巴，http://www.doc88.com/p-1826406457287.html)

6.2.5　360°考评法

1. 360°绩效考核法的含义

360°绩效考核法又称全方位绩效考核法或多源绩效考核法，是指从与被考核者发生工作关系的多方主体那里获得被考核者的信息，以此对被考核者进行全方位、多维度的绩效评估的过程。这些信息的来源包括来自上级监督者的自上而下的反馈(上级)；来自下属的自下而上的反馈(下属)；来自平级同事的反馈(同事)；来自企业内部的支持部门和供应部门的反馈(支持者)；来自公司内部和外部的客户的反馈(服务对象)；以及来自本人的反馈。360°绩效考核法强调从与被考核者发生工作关系的多方主体那里获得被考核者的信息，具体如图6-6所示。

2. 360°绩效考核法的适用范围

协作性和流程性强的行业企业；中层干部和职能服务部门业绩考核；员工能力素质

培养。

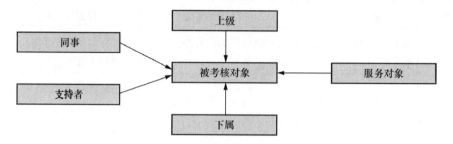

图 6-6　360°绩效考核法的被考核对象

3. 360°绩效考核法优、缺点

1) 优点

具有全方位、多角度的特点，考虑的不仅仅是工作产出，还考虑深层次的胜任特征。是基于胜任特征的一种考评方法，通过这种方法得出的考评结果更加全面、深刻。有助于强化企业的核心价值观，增强企业的竞争优势，建立更为和谐的工作关系。采用匿名评价方式，可以消除考评者的顾虑，使其能够客观地进行评价。充分尊重组织成员的意见，有助于组织营造更好的工作气氛。加强了管理者与组织员工的双向交流，提高了组织成员的参与性、公平感，促进了员工个人发展。360°反馈结果，通常包括专门的职业生涯规划指导建议。

2) 缺点

考核成本高。侧重于综合评价，定性评价比重较大，定量较少，信息来源渠道广，但是从不同渠道得来的并非总是一致的收集来的信息比较多，增加了收集和处理数据的成本。在实施过程中，如果处理不当，可能会在组织内造成紧张气氛，影响组织成员的工作积极性，甚至出现企业文化震荡，组织成员的忠诚度下降等问题。

4. 360°考评方法的实施程序

1) 评价项目设计

评价项目设计是指进行需求分析和可行性分析，决定是否采用360°考评方法编制基于岗位胜任特征模型的评价问卷。问卷来源：企业设计或购买咨询公司成型的问卷。

2) 培训考评者

培训考评者是指组建360°考评者队伍。

来源：被考评者自己选择或由上级指定。对选拔出的考评者进行培训：沟通技巧、考评实施技巧、总结评价结果的方法、反馈评价结果的方法等。

3) 实施360°考评

实施360°考评是指实施考评统计评价信息并报告结果，对被考评人员进行如何接受他人的评价信息的培训。

360°考评的最主要目的是改进员工的工作绩效，为员工的职业生涯规划提供咨询建议，从而提高被考评人员对评价目的和方法可靠性的认同度。可采用讲座和个别辅导的培训方法。

企业管理部门应针对考评的结果所反映出来的问题，制订改善绩效或促进职业生涯发展的行动计划。

项目 6　绩效管理

4) 反馈面谈

反馈面谈是指上级与被考核人针对考核结果进行沟通确认提出改进建议。

5) 效果评价

将考核结果应用到招聘、晋升、加薪等其他板块中。

引导案例解析

蝉和蚂蚁不正像工作岗位上的员工吗？我们评价蝉和蚂蚁谁更有能力时，是看它们二者谁为自己准备了生活所必需的食物，虽然蝉也很忙碌，但它的唱歌和跳舞对它的生存没有一点帮助。所以，我们对员工的评价，不能只看谁的付出多，还是要找到关键指标并对其进行评价。

课堂实训&案例讨论

安妮是公司的物流主管，主要负责将客户从海外运来的货物清关、报送，并把货物提出来，然后按照客户的要求运到客户那里，并保证整个物流的顺利进行。

这家公司很小，共有 20 名员工，只有安妮一人负责这项工作。在公司里除了她再没有人熟悉这项业务了。可是在进行完 1 月份的考评后，2 月份就发生了一件事情：她 80 岁的祖母半夜里病逝。她从小由祖母养大，祖母的病逝使她很悲伤。为料理后事，她病倒了。碰巧第二天，客户有一批货物从美国运来，并要求清关后，在当天下午 6 点之前准时运到客户那里，而且这是一个很大的客户。

安妮怎么做的呢？她把家里面丧事放在了一边，第二天早上 9 点准时出现在办公室，她的经理和同事们发现，她脸色铁青，精神也不好，一问才知道她家里出了事。但是，这个小女孩什么话也没说，一直忙着办理进出口报关、清关的手续，把货及时从海关提出来，并且在下午 5 点之前就把这批货物发出去了，及时地送到了客户那里。然后，5 点时，她就提前下班走了，回去料理祖母的丧事，可公司却是 6 点下班。

(资料来源：原创力文档网，https://max.book118.com/html/2021/0408/7005052104003112.shtm)

【案例讨论】

(1) 可以用哪一种绩效管理方法来分析此次事件？

(2) 对于安妮的行为，该公司应做些什么？

【案例解析】、【企业实战&经典案例】可登录清华大学出版社网址(http://www.tup.tsinghua.edu.cn 或 http://www.tup.com.cn)查看。

任务 6.3　绩效管理的流程

引导案例

黑熊和棕熊的绩效管理

黑熊和棕熊各有一个蜂箱，养着同样多的蜜蜂。

黑熊认为蜂蜜的总产量取决于蜜蜂每天对花的访问量，它买来一套昂贵的测量蜜蜂访问量的绩效管理系统，表格设计非常细致。在它看来，蜜蜂所接触的花的数量就是其工作量。每过完一个季度，黑熊就公布每只蜜蜂的工作量，同时黑熊还设立奖项，每季度奖励访问量最高的前三只蜜蜂，它从不告诉蜜蜂们它是在与棕熊比赛，只是让蜜蜂们之间展开竞赛，比赛访问量。

棕熊却认为蜜蜂能产多少蜂蜜，关键在于它们每天采回来多少花粉，花粉越多，酿的蜂蜜也越多。它直截了当地告诉众蜜蜂，和黑熊比赛看谁产的蜜多。它自己做了一套简单的考核表格，测量每只蜜蜂每天采回花粉的数量和整个蜂箱每天酿出蜂蜜的数量，并每天把测量结果张榜公布。它也设立了一套奖励制度，重奖当月采蜜最多的前三只蜜蜂，如果一个月的蜂蜜总产量高于上个月，那么所有蜜蜂都会受到不同程度的奖励。

(资料来源：豆丁网，https://www.docin.com/p-1503625748.html?docfrom=rrela，略有改动。)

【问题思考】

谁的绩效会更好？为什么？

一个完整的绩效管理过程是一次绩效管理循环，如图6-7所示。

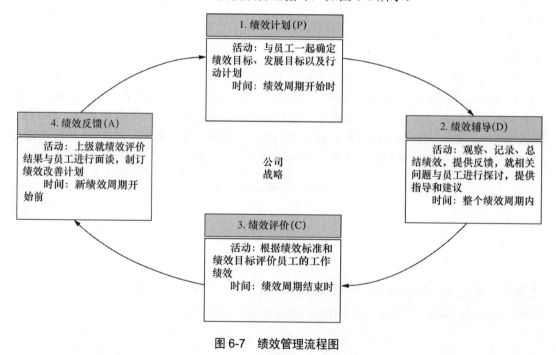

图6-7　绩效管理流程图

6.3.1　绩效计划

1. 绩效计划的概念

绩效计划是绩效管理的第一个环节，也是绩效管理过程的起点，是一个确定组织对员工的绩效期望并得到员工认可的过程。它不但要包括组织对员工工作成果的期望，还要包括组织希望员工表现的行为和使用的技能。绩效计划还是主管人员与员工在绩效年开始之初围绕绩效目标进行反复沟通的过程。

它要求组织与员工对绩效目标有清晰、明确的认识，并将这种共识落实为绩效计划书。绩效计划的制订需要组织中不同人员的参与。人力资源管理部门对绩效管理的监督与协调负主要责任，各级主管人员要参与绩效计划的制订，员工也要积极参与计划制订的过程。绩效计划的制订是一个自上而下的过程，也是将组织绩效分解成个人绩效目标的过程。

2. 绩效计划目标的种类

绩效计划目标可以分成两类，即绩效目标和发展目标。

绩效目标来源于组织目标、部门目标和个人目标，主要用于描述员工应执行的职位职责和应完成的量化产出指标。一般来说，具有一定挑战性的目标有利于员工的发展。

发展目标指支持员工实现绩效目标、促进员工自身发展的能力标准，主要强调与组织目标相一致的价值观、能力和核心行为。

3. 绩效计划的内容

在绩效计划开始执行前，管理者需要和员工签订针对员工的工作目标达成一致的合同。在绩效合同中，应包括以下几方面内容。

(1) 员工在该绩效周期内的工作目标以及各工作目标的权重。
(2) 完成目标的结果。
(3) 结果的衡量方式和判别标准。
(4) 员工工作结果信息的获取方式。
(5) 员工在完成工作中的权限范围。
(6) 员工完成工作需要利用的资源。
(7) 员工在实现目标的过程中可能遇到的困难和障碍，以及管理者能够提供的帮助和支持；管理者与员工进行沟通的方式。

在达成绩效合同的过程中，员工和管理者有必要进行真诚高效的双向沟通。管理者要向员工阐明组织的目标和部门的目标、管理者的期望、员工的工作标准和完成期限、员工的工作范围和工作权限、员工开展工作所需要的资源。不仅管理者需要表达观点，而且员工也需要积极参与到沟通的过程中，他们应当向主管人员表达自己对工作目标的看法、工作中可能会遇到的障碍以及组织需要给予的帮助和支持。

4. 绩效计划的制订原则

1) 价值驱动原则

绩效计划的制订要与组织追求的提升组织价值的宗旨相一致。

2) 战略相关性原则

绩效计划中的工作目标应与组织战略目标密切相关。

3) 系统化原则

绩效计划应当与战略计划、财务计划、经营计划、人力资源计划等密切结合、相互匹配、配套使用。

4) 职位特色原则

绩效计划的内容、形式、指标的设定要充分考虑不同职位的特点。

5) 突出重点原则

在设定绩效指标时,要注意突出重点,选择那些与组织目标和本职位职责关联程度较高的指标,这样可以引导员工将注意力集中在最关键的绩效目标和发展目标上。

6) 可测量性原则

绩效计划中设定的绩效指标或工作标准必须是可以清晰测量的,工作完成得好坏可以根据具体、确切的标准来衡量。

7) 全员参与原则

人力资源部门的主管人员、员工都应当积极参与到绩效计划制订的过程中。

5. 绩效计划的制订步骤

1) 准备阶段

准备阶段主要是收集制订绩效计划所需要的各种信息,具体包括:①组织近几年的绩效管理资料,如历年的绩效计划、组织和员工近期的绩效考核结果等;②工作分析的相关资料,如职位说明书、部门的职能职责表等;③组织最新的战略管理资料,如组织的目标、组织在该绩效周期的发展战略等。

2) 沟通阶段

该阶段是管理者与员工通过反复的沟通就绩效计划的内容达成一致的过程。在沟通的过程中,主管人员与员工的目标是就本绩效年的绩效目标达成一致,并据此完成绩效计划书的订立。

6. 绩效计划的调整

通常情况下,员工的绩效计划目标每个绩效周期核定一次,没有特殊原因不进行调整。如在绩效执行的过程中,发生组织业务发展计划变更、组织结构调整、市场环境变化、不可抗拒的事件等需要调整计划时,员工可以向主管人员提出书面申请,由人力资源部组织有关职能部门重新审定,经组织高层批准后实施。

6.3.2 绩效监控及辅导

绩效计划是绩效管理的起点,绩效监控与辅导作为连接绩效计划与绩效考评的桥梁,对于绩效计划的顺利执行和绩效考评的公正客观执行具有极其重要的作用。在绩效监控与辅导的过程中,主管人员需要和员工进行持续不断的沟通,以确保绩效目标的顺利实现。

1. 绩效监控

绩效监控指的是在绩效考核期间内管理者为了掌握下属的工作绩效情况而进行的一系列活动。绩效监控通过管理者和员工持续的沟通,观测、预防或解决绩效周期内可能存在的问题,更好地完成绩效计划。绩效监控的优点在于可以随时发现员工工作中出现的问题并及时加以调整;其局限性在于工作行为与工作结果相比更加主观,有时很难进行客观、准确的评价。

在绩效监控阶段，管理者需要完成下述两项任务。

(1) 准确记录并定期汇总员工工作中的关键事件，为日后的绩效考评奠定坚实基础。

(2) 就绩效执行情况与员工进行必要的沟通和交流。

在绩效监控的过程中，适当的绩效沟通起着至关重要的作用，它可以使员工和管理者在绩效实施的过程中分享各类与绩效相关的信息，为绩效辅导奠定良好的基础。

2. 绩效辅导

绩效监控和绩效辅导是两个目的完全不同的绩效实施环节：绩效监控指的是在绩效考核期间内管理者为了掌握下属的工作绩效情况而进行的一系列相对正式的活动。

绩效辅导指的是在掌握了下属工作绩效的前提下，为提高员工绩效水平和自我效能感而进行的一系列活动。它可以帮助员工解决当前绩效实施过程中出现的问题。良好的绩效辅导从员工的绩效目标和发展目标着手，与绩效反馈面谈不同。绩效辅导贯穿于绩效实施的整个过程中，是一种经常性的管理行为，从目标出发，帮助员工找到实现绩效目标、提高绩效水平的途径和方法，排除绩效实现过程中的障碍。

1) 绩效辅导的内容

典型的绩效辅导活动通常包括以下两方面内容。

(1) 探讨绩效现状。通过绩效监控环节，主管人员已经能够了解员工的绩效执行情况。但是在绩效辅导之前，主管人员有必要与员工分享对于绩效现状的看法。从中管理者能够向员工说明管理者眼中的绩效现状，员工也可以向管理者说明他对于绩效的看法。经过互动式的交流，双方便能够对绩效形成更深层次、更客观的认识，并就绩效的现状达成一致。

(2) 寻找改进绩效的方法。双方就绩效问题达成一致后，就可以着手探讨改进绩效的方法。这种探讨应当是开放式的，管理者需要给员工更多的谈话机会，让他们有机会自行找到解决绩效问题的方法。通常情况下，这种绩效辅导的效果是最好的。同时，管理者应当在辅导中给予员工更多的信任和支持，让员工感受到管理者不是在批评员工而是在帮助员工，从而打消他们的顾虑，畅所欲言。

2) 绩效辅导的步骤

一个正式实施的绩效辅导过程通常包括以下几个步骤。

(1) 收集资料。在进行绩效辅导前，管理者应当全面地收集关于员工的绩效资料，包括员工的绩效计划书、职位说明书、绩效监控过程中收集的绩效执行信息、绩效辅导提纲。

(2) 定好基调。正式开始辅导活动前，管理者应当让员工了解绩效辅导的目的和主题，以免绩效辅导进行得太过仓促，达不到预期的目的。同时，管理者也应当就绩效辅导的时间和地点征询员工的意见，营造平等的沟通氛围。

(3) 达成一致。进入正式话题后，管理者首先要就目前的绩效现状与员工进行沟通，从而保证对员工的辅导是基于双方共同认可的绩效现状的。在这个阶段，管理者应当给员工发表自己见解的机会，尽量避免单方面地压迫式地陈述现状。

(4) 探索可能。双方就现状达成一致后，就可以继续讨论改进现状的方案了。在这个阶段，主管人员应该更多地引导员工思考，多提出一些开放式的问题，鼓励员工表达自己的观点。在充分理解员工的观点后，管理者便可以表达自己的想法，并最终在互动式的探索中获得期望的结果。

(5) 制订计划。如果双方认可了改进现状的方案，就应该制订方案实施的计划表，明确行动的步骤、行动的时间表、要达成的阶段性成果和相应的资源支持。

(6) 给予信心。在绩效辅导结束前，主管人员要表达对员工的鼓励和支持，树立员工实施改进计划的信心。

6.3.3 绩效考评

1. 绩效考评的概念

绩效考评是人力资源管理的核心职能之一，是指评定者运用科学的方法、标准和程序，对行为主体的与评定任务有关的绩效信息(业绩、成就和实际作为等)进行观察、收集、组织、贮存、提取、整合，并尽可能作出准确评价的过程。

2. 绩效考评的原则

1) 公开原则

具体要求做到下述两点。

(1) 公开考评目标、标准和方法。

(2) 公开考评过程和考评结果。

坚持这一原则能消除考评对象对绩效考评工作的疑虑，提高绩效考评结果的可信度；有利于考评对象看清自己的问题和差距，进而找到努力的目标和方向，并激发出进一步改进工作的积极性；同时，还可增强人力资源部门的责任感，促使他们不断改进工作和提高工作质量。

2) 客观、公正原则

具体要做到：制定绩效考评标准时多采用可量化的客观尺度，要用事实说话。坚持这一原则能使考绩工作更加公平、减少矛盾，从而维护企业内部的团结。

3) 多层次、多渠道、全方位的原则

这是由绩效的多维性所决定的，绩效考评必须包括对影响工作绩效各主要方面的综合考察，而不是某几个方面的片面考察。

4) 经常化、制度化的原则

绩效具有动态性，因而要求管理者必须经常对员工绩效进行考评，以及时公正地反映员工某时期的工作成果。另外，由于考绩涉及考绩标准的制定及其执行，并且要求这些标准必须科学、合理，不掺入个人好恶等感情成分，因而有必要对考绩有关事项以制度形式固定下来。

3. 绩效评估的主体

正如图 6-8 所示，绩效评估是涉及直线管理者和人力资源专业人员相互协作的另一项人力资源管理活动。虽然直接主管负责在大量事例中进行实际评价。但是，如图 6-9 所示，组织在评价员工时，也应该考虑到其他可能性。

图 6-8　人力资源经理和运营经理在绩效考评中的角色

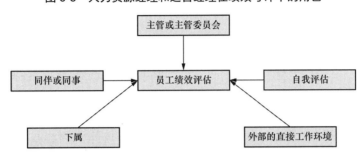

图 6-9　员工绩效的潜在评估者

(1) 由几个主管组成的委员会进行评分。被选择的主管应是那些常与员工有接触的主管。这个方法具有抵消某个主管评价偏差和给评估增添额外信息的优势，特别是当它遵循群体会议形式时，这个优势就愈发显著。

(2) 由同级员工(同事)进行评分。在同级评估体系中，同事肯定了解被评估员工的绩效水平。对于这个体系而言，进行评估的同事如果能互相信任，并且在加薪和晋升上没有竞争会更好。当工作单元的任务要求同事间频繁工作接触时，这个方法可能会十分有效。

(3) 由员工下级进行评分。这种方法常被使用在某些大学中(学生评估教师的教学效率)。这种方法比其他方法更多考虑绩效评估的开发方面。相对信息被使用在开发方面，如果信息被使用在行政目的(如加薪和晋升)方面，管理者可能更少会接受由下属进行评分。如果管理者相信下属熟悉他们的工作，这个评分信息来源也就更可以被接受。而且，下属的评估将可能被限制在"人员导向"问题上(如领导力和授权)，而不是组织、计划和其他管理者的绩效更难被观察到的方面。

(4) 由直接工作环境之外的人评分。这个方法作为领域审查技术为人所知，它利用来自工作环境之外的专业评价者，例如人力资源专家来给员工进行打分。这个方法经常花费很高，所以它通常被使用在特别重要的工作中。如果歧视指控将被诉诸法庭，这种评分方法就可能被使用在全体员工身上。这个方法的一个关键问题在于外部评估者不可能拥有和另外其他4种方法中的评估者一样多的数据。外部评估者使用的是非典型的评价绩效方法。

(5) 自我评估。在这种情形下，员工使用其他评估者所用技术来评估自己。这个方法可能在绩效评估的开发方面(相对评估方面)使用频率更高，它也常被用来评估在实体隔离状态下工作的员工。

因为员工的自我关心可能超过目标评估，自我评估经常会受到组织的怀疑。然而，研究表明自我评估和主管评分的相关性非常好，特别当员工拥有同事绩效的相关信息时，员工可以作出自我绩效的精确评价。

4. 绩效考评的方法

评估员工可以有多种方法，这里描述其中最常见的一些方法。总体来说，这些方法可以被划分为两大类。第一大类包括对员工进行个体评估的方法。换句话说，主管对每个员工的评估没有与其他员工进行比较，另外绩效标准的定义没有参考其他员工的工作状况。

第二大类取决于多人评估。多人评估要求主管直接和有目的性地将每个员工的绩效与其他员工进行比较。这样，绩效标准是相对的：基于和其他员工绩效的比较，一个员工的绩效才能被定义为好或坏。

1) 等级评定法

等级评定法即给出不同等级绩效的定义和描述，然后针对每一个评价要素或绩效指标按照给定等级进行评估，最后给出总评价分。如表 6-5 所示，这是一个等级评定法的例子。

表 6-5　等级评定法示例

员工姓名：	评价等级说明：	
员工职位：	A：卓越。工作绩效非常突出，能创造性地解决问题，得到公司内部一致认可	
所属部门：	B：优秀。工作一贯质量高，大多数方面超出绩效标准	
评价人姓名：	C：良好。达到工作绩效标准，称职和可信赖	
	D：需改进。在绩效的某一方面存在不足，需要进行改进	
评价人职位：		
工作职责	绩效标准	评估等级
录入、打印各种文字材料(25%)	※※基本绩效标准：	等级
	一个月内由于错误而被返回的文件次数不超过 5 次；一个月内没有在承诺的期限之内完成的文件数不超过 5 次；秘书的主管通过向其他客户调查发现秘书的文件打印没有文字上和语法上的错误，能够在认同的期限内完成	评语
	※※优秀绩效标准：	等级
	主动采取一些排版方式提高文件的信息交流质量，例如，采用一些字体和格式的变化等；能够主动纠正原文中的语法、文字错误；采用节省耗材的做法	评语
起草通知、便笺或日常信件(40%)，安排会议(20%)，其他职责(15%)	※※基本绩效标准：	等级
	主管认为仅对草稿做微小的修改就可以，在会议开始前能准备好会议所需的设备和材料，会议进程顺利，与会者不至于离开会议去解决由于事先准备不充分而造成的问题	评语
	※※优秀绩效的标准：	等级
	起草文件时仅需要极少的指导，一些日常的信件无须主管干预就可以正确处理，会议材料和安排无须主管监控	评语

评价：等级评定法简便，易操作，但易做表面工作；较多的人被评为较高等级；有时等级评价的标准表述也比较抽象和模糊

2) 排序法

将员工绩效按评估因素由绩效最好的员工到绩效最差的员工进行排序，是一种相对来说比较实用的绩效评估方法。

操作：将所有参加评估的人选列出来，分别针对每一个评估要素进行评估，首先找出该因素上表现最好的员工，将其排在第一位，找出最差员工，将其排在最后一位，然后找出次最好的员工，将其排在第二位，再找出次最差的员工，将其排在倒数第二位，依次类推。然后以同样方法就第二个因素进行排序，直到排完所有评估要素。

3) 配对比较法

配对比较法是在每一个评估要素上将每一个员工与其他员工比较。它是一种相对的绩效评估方法，适用于少量人员的评估。这种方法可以使排序过程更容易，特别当有许多人需要被排序时，效果更可靠。配对比较(paired comparison)法提供给主管每张仅包括两位下属名字的一系列卡片，而不是要求主管一次对所有人都进行排序(理论上这意味着他必须同时考虑每个人的优缺点)。然后主管被要求选出两人中更高绩效者。这样，主管只要考虑这两个人的绩效即可。为了使这种技术更加精确，每种可能的下属配对必须提供给主管。用这种方法，他必须对每个人都进行针对所有其他要被排序之人的逐次单个排序。通过计算指定员工在所有逐对比较中多少次被选为更高绩效者来得出最终排序结果。表 6-6 显示了一个 4 人工作小组的逐对比较结果。正像所显示的一样，小李是最高排名员工，而小王是最低排名员工。

表 6-6　营销研究部门员工的配对比较

将被排序的员工：小刘、小王、小李、小赵		
主管填写的排序卡片		
小刘(√) 小王( )	小刘( ) 小李(√)	小刘( ) 小赵(√)
小李(√) 小王( )	小赵(√) 小王( )	小李(√) 小赵( )
最终排名：1. 小李　2. 小赵　3. 小刘　4.小王		

配对比较法的一种可能的约束在于必须要做的数目比较大，特别在较大的工作群体中。对于所有将被描述的配对来说，总共应该有 n(n-1)/2 种配对，这里 n 等于将被排序的人数。这样，在仅有 10 名下属的情况下，主管将不得不审览 10×(10-1)/2 对或者 45 对名字。如果下属数目庞大，对于主管来说这就可能是一项冗长乏味的任务。

4) 强制分布法

强制分布(forced distribution)体系类似于曲线评级。考核者被要求基于有组织地被决定、事前分布的类别来考核员工。例如，教授可能提前决定下一次测验分数前 10%的人将得 A 等，其次的 20%得 B 等，中间的 40%得 C 等，直至最后的 10%得 F 等。运用这一概念来评估绩效，主管被要求以组织确定的原有配置的种类(如优秀、符合标准、需要改进)为基础对员工进行评价。

这种体系的关键在于事前决定分布必须被考核者所遵循，不管学生成绩好成怎样或者员工绩效高成怎样。如果全班学生在我们假定的教授测验中都考得非常好，学生中的许多人可能仍然会很失望，因为10%的人仍然将得 F 等，即使他们答对了很多问题。如果班级整体上在这次测验中都考得不好，10%的人仍将获得 A 等，只要他们比其他人考得更好。那就是，学生的等级是根据他相对别的学生考得如何和教授事前设想的等级分布来决定的。当主管被公司告知使用特定配置时，一名所有下属都很优秀的主管将不得不给予某些下属低评价；一名所有下属都很普通的主管将不得不给予某些下属高评价。

杰克·韦尔奇是通用电气的前任 CEO，也是用强制分布法来评估绩效的支持者，他认为这一方法可以迫使管理者淘汰表现差的员工，并且奖励表现优秀者。这又导致了一个新问题出现，那些选择将所有的员工评价为超过平均水准或对所有的员工感到满意的善良的管理者，不得不将一些员工评价为低于平均水准。通用电气开发了一种方法来评估绩效，管理者们被要求将其员工分为三组：20%的高等，70%的中等，10%的低等。在这个系统下，每10名被评估的员工中，其中1名不得不被划分为低等表现者。惠普公司使用了一个量表，15%的员工获得最高分 5 分，5%获得最低分 1 分，剩下的80%获得 2 分、3 分、4 分。其他运用强制等级的公司包括福特、英特尔、微软和康菲石油。

强制分布体系的反对者认为，使用如此严格的方式来评估绩效会造成一些负面的后果，具体如下所述。

(1) 将员工进行相互比较会导致员工间不健康的竞争和低水平的团队合作。

(2) 如果划分等级是建立在不完美的评估方法(如政策会影响一些员工的等级)的基础上，强制分布体系易遭受法律诉讼。

(3) 在终止"低等表现者"合同的一两年后，这一绩效评估方法可能会迫使管理者将之前表现良好的员工放到"低等表现者"种类里，最终引发情绪问题。

一些公司正在关注与强制配置绩效管理系统有关的反对意见，甚至通用电气已经开始更多地强调其网上绩效管理工具，而非20%、70%、10%的划分，并将低表现者称为"效率较低者"，以取代以前的"10%低等者"。这可能是一个信号，有助于在短期内淘汰低表现者，同时使强制配置评估在长期的运用中解决其潜在问题，即当出现政策和评价者偏见时的员工情绪、公平感知最终产生的法律挑战。

5) 关键事件法

关键事件是与被考评者的关键绩效指标有关的事件。关键事件法是主管对下属在关键事件上的优秀事迹和不良行为进行记录，并在预定的时期内进行回顾考评的一种方法。这种方法一般与其他考评方法联合使用，是其他方法的补充。

关键事件法可以为解释考评结果提供确凿的事实根据，可帮助考评者全面考查被考评者一年来的工作表现，而不是近期的工作绩效，从而提高考评的客观性和公正性。

下例可帮助理解关键事件法。

客户经理的一项关键绩效指标是获得客户的满意。针对这项指标，客户经理马力在关键事件法中，其主管记录了与其有关的关键事件。

(1) 好的关键事件。客户经理马力耐心地倾听客户的抱怨，回答客户的问题，认真地检查客户返回的产品，有礼貌地向客户作出解释和道歉，并立即给客户签署了退货单。

(2) 坏的关键事件。在业务繁忙的季节里，客户经理马力在休息时间过后迟到了 30 分钟回到办公室。他错过了4个来自客户的电话，并且已经有2名客户焦急地等在会客室中，而他们是按照马力原先约好的时间来访的。

两个因素造就了关键事件技术的成功。首先，在评估期间主管必须花足够多的时间来观察每个下属，要观察到足够多的事件这一点是必要的。其次，主管必须记住所有被观察事件。因此，主管必须愿意花时间记录可以在日志中看到的每个员工的行为。否则，许多事件可能被遗忘。既然有证据表明主管对行为记得越精确，她/他就可以越精确地评估员工，那么以日志形式保存日常记录，应该是对员工优、劣势进行精确评价的一种很有价值的辅助手段。

如果使用这样的日志，被记录的关键事件对于绩效评估面谈来说就是有价值的。如果被正确地使用，日志可以有助于避免许多常见评估误差并形成关于员工怎样改进绩效的看法。

6) 行为锚定等级评定法

(1) 定义。行为锚定等级评定法是基于关键事件法的一种量化的评定方法，它能够建立起一个行为性的评定量表，对每一个等级运用关键事件进行行为描述。因此，这种方法结合了关键事件法和等级评定法的优点。

表6-7是关于评估教师课堂教学技巧的行为锚定量表。

表6-7　行为锚定量表

等　级	描　　述
9	使用多样化教学方法，提高学生的自我学习能力
8	鼓励学生提出不同的见解，引导学生进行创造性思考
7	能将具有关联性的问题前后联系起来讲解，使学生形成完整的知识体系
6	讲解某些问题时，使用恰当的例子
5	讲解问题时重点突出
4	使用清楚、容易理解的语言讲课
3	对稍有难度的问题讲不清楚，并且对学生的意见不接纳
2	讲课乏味、枯燥，照本宣科
1	经常讲错一些基本概念

评估要素：课堂教学技巧。

定义：课堂教学技巧主要是指教师在课堂上有效地向学生传授教学内容的技巧。

(2) 建立行为锚定量表的步骤。

第一，选定绩效评估要素。选取需要评估的要素，并对其内容进行界定。

第二，获取关键事件。通过对工作比较熟悉的一组人(任职者或任职者的主管人员)提供一些关键事件和工作做得不好的关键事件。

第三，将关键事件分配到评定要素中。

第四，由另外一组对工作同样了解的人对关键事件重新进行审定、分配和排序。

第五，将前后两组人对关键事件的分配结果作横向比较，将其中 80%一致的关键事件保留下来，并作为最后使用的关键事件。

第六，对关键事件进行评定，看看分配到各个要素的各个等级上的关键事件是否可以代表各自的要素和等级。

构建确切的行为锚等级尺度非常复杂，以至于此处无法示例。然而，我们应该注意到开发一种行为锚考核尺度通常需要 2~4 天。与特定职位紧密相关，没有艰深专业术语的考核尺度应该是开发的最终结果。评价者接到指示，写下他们对被评者表现的观察结果，然后画一个箭头到合适的等级。通过将实际观察到的表现(记笔记获得)和锚等级评价法考核表中的行为期望相联系，被评者可以更易理解如何提高自己的绩效。

行为锚定量表为绩效评估提供了明确的典型行为的锚定点，使考评者在实际考评中就有了评分尺度；锚定表中附有具体行为描述的文字有助于被考评者较深刻地了解自己工作的现状，通过对比找到自己的不足和改进的目标。

但是，典型行为描述的文字数量总是有限的，不可能描述被考评者在实际工作中的各方面行为表现，而且文字描述常常不能与现实行为表现完全吻合，从而导致考评者对既定的行为锚定评价表持有异议而不严格按照既定的锚定表进行考评，影响考评结果的可信度。

5. 绩效考评常见误区及应对方法

在绩效考评中，评价者的主观意识(某种偏见或错误)可能会影响评价结果的公正性，评价者应当知晓这些问题，以便最大限度地避免错误的发生。

微课 23　上级考核时的误区

1) 晕轮效应

晕轮效应指对一个人进行评价时，往往会因为对他的某一特质强烈而清晰的感知，而忽略了该人其他方面的品质。在这种效应下，主管通常会给自己信任和喜爱的部下较高的分数，对不喜欢的员工给予较低的评价，这会导致评价结果的失真。克服晕轮效应的核心是消除主管的偏见。因此在评价中有必要设定各种不同的着眼点，从不同的侧面评价员工的业绩，同时应尽量选择与工作绩效相关的评价因素，从而消除主管的偏见对员工绩效考核的影响。

2) 趋中倾向

趋中倾向指有些主管由于不愿意得罪人或所辖范围过大，很难全面了解所有员工工作现状，将员工的考核分数集中在某一固定范围的变动中，使评价的结果缺少好与坏的差异。要克服趋中倾向需要注意两个方面：一方面，主管需要密切地与员工接触，彻底与评价标准作对比，全面准确了解被评价者的工作情况；另一方面，可以采取强制分配法、排序法等非系统的绩效考核方法加以解决。

3) 过宽或过严倾向

这是指一些主管人员在绩效评价的过程中，有过分严厉或过分宽大评定员工的倾向。出现这种问题的原因是主管人员采取了主观的评价标准，忽略了客观的评价标准。

为克服这类问题，组织可以考虑选择适当的方法，建立评价者的自信心或举行角色互换培训。另外，还可以采用强制分配法消除评价误差。

4) 年资或职位倾向

年资或职位倾向是指有些主管倾向于给予那些服务年资较久、担任职务较高的被评价者较高的分数。

出现这类问题主要是由于管理者主观意识太强。克服的方法是通过各种方式使评价者建立起"对事不对人"的观念，引导评价者针对工作完成情况、工作职责进行评价。

5) 盲点效应

盲点效应是指主管难以发现员工身上存在的与主管自身相似的缺点和不足。克服这种效应的办法是将更多类型的考核主体纳入考核范围，化解主管的评价结果对员工绩效的完全决定作用。

6) 刻板印象

刻板印象是指个人对他人的看法往往受到他人所属群体的影响。例如，有些主管可能错误地认为，男性的工作能力普遍比女性的工作能力强。为了避免形成刻板印象，考核者在对员工进行评价时，应当注意从员工的工作行为出发，而不是员工的个人特征。

7) 首因效应

首因效应是指人们在相互交往的过程中，往往根据最初的印象去判断一个人。评价者要尽量避免仅凭第一印象或开端的对话就形成对对方性格类型和形象的认识，因为一旦形成这样的观察视角，就很容易将对方的一切言行举止归入该类型，从而影响对被评价者的印象。为了避免首因效应对考核的影响，管理者应当采取多角度的考核方式。

8) 近因效应

近因效应是指最近或者最终的印象往往是最强烈的，可以冲淡之前产生的各种印象。评价者在绩效考核中，应尽量避免因为对近期的绩效和行为印象深刻，而以一种不够客观的眼光观察员工。为了避免近因效应，可以考虑在进行绩效考核前，先由员工进行自我总结，以便使评价者能够全面地回顾被考核人员在整个绩效考核周期内的表现。

6. 绩效考评主体培训

主管人员难免会将自己的主观印象带入绩效考评中，这会使考核结果出现不同程度的偏差。解决这种偏差除了采取以上提到的方法外，还应该利用对考核者进行培训的方式加以解决。

1) 培训内容

绩效考评主体的培训应当让每一个考核者了解绩效考核的理论和技术，同时也要向考核者提出以前考核中存在的问题以及合理的解决方案。同时，为了增加考核者培训的有效性，还应增加以下内容：工作绩效的多角度性，客观记录所见事实的重要性，合格与不合格员工的具体事例。

2) 培训方式

为了增强培训计划的有效性，管理者还要对培训的方式加以选择。可供选择的培训方式有传统的授课模式、群体讨论会、专题研讨会等。

3) 培训反馈

在培训和绩效考核结束后，管理者还应当对培训的效果加以评价，查看评价者是否将培训中获得的知识运用于绩效考核中，比较哪种培训方式对提升绩效考核结果的客观性影响最显著。

6.3.4 绩效反馈

微课 24 绩效面谈

1. 绩效反馈面谈的目的及作用

1）绩效反馈面谈的目的

(1) 向员工反馈绩效考评的结果。绩效考评结束后，员工有权利了解自己在本次绩效周期内的业绩是否达到既定标准，行为态度是否符合预定的标准，这便于员工对自身的工作形成正确、客观的认识。当然，对同样的行为和结果不同的人可能有不同的看法。因此，在面谈中主管人员的反馈活动应当保持开放、互动的态度，给员工提供陈述和申辩的机会，这样才能更好地使双方就员工的绩效现状达成一致。

(2) 向员工传递组织远景目标。在绩效反馈面谈中，可以将工作目标与组织的远景目标结合起来，让员工了解企业发展大方向的同时，感受到一种具体的目标。

(3) 弄清员工绩效不合格的原因。绩效管理的目的是改进绩效，在改进绩效之前，管理者需要和员工共同分析造成绩效不合格的原因。只有找到病因，才能对症下药，找到改进绩效的方法。

(4) 为下一个绩效周期工作的展开做好准备。绩效管理是一个循环往复的过程。当一个绩效周期接近尾声时，管理者需要为下一个绩效周期工作的展开做好铺垫工作。在绩效反馈面谈中，管理者不仅要找到改进绩效的方法，而且要将改进绩效计划落实到新的绩效合约中敦促员工提升绩效水平。

2）绩效反馈面谈的作用

有效的绩效反馈面谈对绩效管理的顺利实施具有下述各种重要的作用。

(1) 它可为评价者与被评价者提供沟通的平台，使考核公开化。

(2) 它能够使员工客观地了解自己工作中的不足，有利于改善绩效。

(3) 绩效反馈可以通过主管人员和员工的真诚沟通，消除组织目标与个人目标之间的冲突，增强组织的竞争力。

2. 绩效反馈面谈的操作流程

一次完整的绩效反馈面谈主要包括面谈准备阶段、面谈实施阶段和面谈评价阶段三个阶段。

1）面谈准备阶段

在面谈准备阶段，主管人员需要做好以下几项工作。

(1) 全面收集资料。主管人员在绩效反馈面谈前，需要明确员工的绩效考核结果、了解其他员工对面谈对象的评价、年初的绩效指标、职位说明书，为全面分析员工的绩效奠定基础。

(2) 准备面谈提纲。面谈提纲不仅要简要列出面谈的内容，还要对面谈进行的方式进行规划。例如，面谈如何开展、如何引导员工表达自己的想法。

(3) 选择合适的时间和地点，并提前通知面谈对象。面谈的时机与面谈的内容同等重要，合适的时机能够提升面谈的效果。

2) 面谈实施阶段

(1) 分析绩效差距的症结所在。在这个阶段，应确保以下问题的解决：员工知道自己应该做什么、员工知道怎么做、员工知道改变的意义、员工克服了绩效改善的障碍。

(2) 协商解决办法。员工很难接受管理者单方面制定的解决方案，这种不接受也许不会反映在面谈中，但是会反映到未来的工作过程中。因此，主管人员应当持开放的态度，与员工共同探讨绩效改进的方法。

(3) 绩效反馈面谈的原则与技巧如下所述。

① 建立彼此之间的信任关系。管理者要维护员工的自尊，避免挫伤员工的工作热情。

② 开诚布公、坦诚沟通。绩效反馈面谈切忌含糊笼统、员工绩效现状的信息应该被具体、详细、客观地解释，仅仅表达管理者对员工工作业绩的不满是没有益处的。

③ 避免对立与冲突。在反馈面谈中，主管人员需要有更高的涵养，给予员工足够的尊重。

④ 关注未来而不是过去。过分地讨论过去是一种时间的浪费，因为它很难对将来的绩效改进带来实质性的帮助。

⑤ 该结束时立即结束。出现紧急事务，严重分歧，严重超时等问题时，应当果断中止绩效反馈面谈。

3) 面谈评价阶段

面谈结束后，主管人员应当对面谈的效果进行评价，如面谈是否达到目的，是否对员工有了更深的了解，面谈如何改进等。

3. 绩效反馈面谈的内容及注意事项

1) 绩效反馈面谈的内容

在面谈的实施阶段，主管人员要确保完成下述工作任务。

(1) 就绩效现状达成一致。员工与主管人员可能对绩效现状的认识不尽相同，这就要求主管人员在面谈的过程中，首先应与员工交流关于绩效考核结果的看法，就绩效现状达成共识，为面谈的顺利进行奠定基础。

(2) 探讨绩效中可改进之处，并确定行动计划。在绩效反馈面谈中，主管人员应当毫不吝啬地表达对员工绩效亮点的赞扬。但是面谈的重点应当放在不良业绩的诊断上。经过探讨，员工应当明确绩效改进的方向和需要提升的知识、技能，并掌握提升的办法。

(3) 商讨下一年的工作目标。明确了改进的方向和方法后，主管人员就可以和员工着手商讨下一年的工作计划和工作目标。

2) 绩效反馈面谈的注意事项

在绩效反馈面谈中，应注意以下几个环节。

(1) 主管人员应当采取赞扬与建设性批评相结合的方式，在肯定员工表现的同时，指出其可改进之处，避免员工产生抵触情绪。

(2) 把重点放在解决问题上。反馈面谈的最终目的是改进绩效，因此分析不良绩效产生的原因并探讨解决方案才是面谈的核心。

(3) 鼓励员工积极参与到反馈的过程中。主管人员应当与员工在一种相互尊重的氛围中共同解决绩效中存在的问题。由管理者一方主导的绩效面谈，很可能会导致绩效面谈效率低下。

4. 面谈中评价者的误区

无论主管人员如何小心注意上述事项，都很有可能走入以下几个误区。

1) 不适当发问

主管人员在面谈中应当注意提问的技巧，尽量避免诱导发问、发问内容没有逻辑性、同时对两件以上的事情发问等。因为这样的发问无法使主管人员得到满意的答案。

2) 理解不足

在面谈中，员工有夸大、忽略、曲解观点的可能。因此，主管人员要将对方的谈话加以归纳、回馈、质疑后再确定，以确保对问题的真正理解。

3) 期待预期结果

主管人员在发问和谈话的过程中，如果有强烈的预期心理，期待对方的某种回答，就会在无意识间曲解员工的观点。这需要在面谈中特别加以注意。

4) 自我中心和感情化的态度

当主管人员陷入自我感情或自我中心的想法时，就会失去面谈的客观性和公正性。人一旦感情化，就会失去对事情的基本判断能力，忽略对方的心情，极端的表现是导致与员工发生争端。

5) 以对方为中心及同情的态度

主管人员应多考虑对方的立场，从同情的角度提出建议。但是应注意一点，过犹不及的关怀可能会使对方产生厌烦心理。

5. 绩效面谈的技巧

1) 时间场所的选择

主管人员在确定面谈的时间时，要尽量避开上下班、开会等让人分心的时段。在选择面谈地点时，也要选择安静、轻松的会客厅。最好为面谈营造一种轻松、平等的氛围，以便于双方顺利沟通。

2) 认真倾听

认真倾听要求主管人员使用目光的接触和恰当的表情来表示对对方的讲话内容的理解。面谈中最忌讳主管人员喋喋不休，时常打断员工的谈话。

3) 鼓励员工多说话

面谈是一种双向的沟通，主管人员在这个过程中应该让员工充分表达自己的观点，不要限制和压制。主管人员也可以多提一些开放性的问题，引发员工的思考以便获得更多的信息。

4) 以积极的方式结束对话

如果面谈实现了既定的目标，主管人员要尽量采用积极的令人振奋的方式结束面谈，要在结束面谈时给予员工必要的鼓励而非打击，因为绩效管理更关注的是未来的绩效而不是现在的。

6.3.5 绩效改进

1. 绩效改进的概念

与传统绩效管理理念不同，现代绩效管理的根本目的是不断提高员工的能力和持续改进员工工作绩效。正因如此，绩效改进过程才显得尤为重要。绩效改进是指通过找出组织或员工工作绩效中的差距，制订并实施有针对性的改进计划来提高员工绩效水平的过程。

2. 绩效改进的程序

在进行绩效改进时，应该对影响绩效水平的各种要素进行系统性的分析，并在此基础上制定综合的绩效改进方案，并加以实施。

1) 绩效诊断与分析

绩效诊断与分析是绩效改进过程的第一步，是绩效改进的基本环节。由于在每个绩效考核周期中需要改进的绩效内容都是不一样的，所以对组织而言，绩效的诊断与分析是必不可少的。

绩效诊断与分析有两个关键步骤。第一步是发现问题，即发现组织的关键绩效问题和不良绩效员工。第二步是解决问题，即针对绩效诊断发现的问题，结合组织可利用的资源，大致确定绩效改革的方案和重点，为绩效改进方案的制定做好准备。

2) 组建绩效改进部门

如果条件允许，组织可根据绩效改进的实际需求设立专门的绩效改进部门。绩效改进部门可从传统的培训部门演变而来。部门名称的变化反映了部门使命的变化：绩效改进部门的使命不再是开发全体员工的技能、强化全体员工的知识，而是通过提供咨询、培训、分析和评价服务来确保个人与组织绩效的不断改进。

3) 选择绩效改进方法

绩效改进的方法主要有卓越绩效标准、六西格玛管理、ISO 质量管理体系和标杆超越等。不同的方法从不同的角度揭示了绩效改进的方向：卓越绩效标准关注的是组织的管理理念；六西格玛管理关注的是组织业务流程的误差率；ISO 质量管理体系关注的是组织产品(或服务)的生产过程；标杆超越的关注点可以灵活多变。不同的组织可根据自身的需要，选择适合的绩效改进方法。

(1) 卓越绩效标准。卓越绩效标准通过描述卓越企业的管理理念和行为，改进组织的整体效率和能力。美国的波多里奇卓越绩效标准就是基于上述目的设立起来的。它树立了一种相互关联的核心价值观，并通过这种核心价值观来描述高绩效企业的特征。这种价值观的核心概念包括领导的远见卓识、以顾客为导向追求卓越、组织和个人的学习、尊重员工和合作伙伴、灵敏性、关注未来、管理创新、基于事实的管理、社会责任、重在结果及创新价值、系统观点。上述每个概念在该标准中都有详细的解释，这些解释揭示了高绩效组织所具有的信念和行为。

通过卓越绩效标准，组织可以分析出自身与卓越组织的差别，探索组织的最佳运作方法，提高组织的绩效水平。

(2) 六西格玛管理。六西格玛管理通过减少企业业务流程中的偏差，使组织的绩效提升到更高的水平。它的核心理念是在企业整个业务流程的所有环节上，都运用科学的方法提高效率、减少失误率，使整个流程达到最优状态，从而满足客户的要求。六西格玛管理通过使用一系列统计工具来分析企业业务流程。如果流程的输出结果不尽如人意，就可以使用相关的统计工具分析影响流程的要素，进而改进流程，控制错误和废品的增加。通过六西格玛管理，组织可以科学地提升业务流程的工作效率和工作质量。

(3) ISO 质量管理体系。ISO 质量管理体系通过在企业内部制定、实施和改进质量管理体系，使组织生产的产品或服务提升到更高的水平，从而增强客户的满意度。

根据 ISO9000 的标准，质量管理体系由四大板块组成，即管理职责、资源管理、产品实现以及测量、分析和改进。该体系的特点在于：①明确了管理层在质量管理中的职责；②强调纠正和预防措施；③强调不断地审核和监督。

(4) 标杆超越。标杆超越是通过对比和分析业内外领先企业的经营方式，对本企业的产品或服务、业务流程管理方式等关键成功因素进行改进，使组织成为同行业中最佳系统的过程。企业标杆的设立可以比较灵活：组织可以将优秀企业的某个管理"片断"作为标杆，也可以将优秀企业整体作为标杆。进行标杆超越的实质是组织的变革，即通过学习同行业先进经验，改掉制约企业发展陋习，提升企业绩效。

4) 绩效改进实施管理

在绩效改进的实施过程中，需要注意以下几个问题。

(1) 恰当选择绩效改进方案执行的时机。

(2) 给予员工改善绩效的机会。

(3) 绩效改进方案要以正式的文件传达下去。

(4) 采取进一步行动前，要与人力资源顾问及组织的高层管理者进行充分的沟通。

5) 绩效改进效果评价

绩效改进方案实施之后，还要对绩效改进的结果进行评价，以确定绩效改进的效果。通常来说，可以从以下四个维度来评价绩效改进的效果。

(1) 反应，即员工、客户、供应商对改进结果的反应。

(2) 学习或能力，即绩效改进实施后，员工能力素质的提升程度。

(3) 转变，即改进活动对工作方式的影响。

(4) 结果，即绩效改进所取得的结果与预期的对比。

▍引导案例解析

考核的关键是两条腿走路，棕熊和黑熊，一边是绩效考核，一边是绩效管理，绩效管理是天天反馈，考核是点的事，绩效管理是面的事。

 课堂实训&案例讨论

制度的力量

这是历史上一个制度建设的著名例证。18 世纪末期，英国政府决定把犯了罪的英国人通通发配到澳大利亚去。

一些私人船主承包了从英国往澳大利亚大规模地运送犯人的工作。英国政府实行的办法是以上船的犯人人数支付船主费用。当时那些运送犯人的船只大多是一些很破旧的货船改装的，船上设备简陋，没有什么医疗药品，更没有医生，船主为了牟取暴利，尽可能地多装人，使船上条件十分恶劣。一旦船只离开了岸，船主按人数拿到了政府的钱，对于这些人能不能远涉重洋活着到达澳大利亚就不管不问了。有些船主为了降低费用，甚至故意断水断食。3 年以后,英国政府发现:运往澳大利亚的犯人在船上的死亡率达 12%,其中最严重的一艘船上 424 个犯人死了 158 个,死亡率高达 37%。英国政府花费了大笔资金,却没能达到大批移民的目的。

英国政府想了很多办法。每一艘船上都派一名政府官员监督,再派一名医生负责犯人的医疗卫生,同时对犯人在船上的生活标准做了硬性的规定。但是,死亡率不仅没有降下来,有的船上的监督官员和医生竟然也不明不白地死了。原来一些船主为了贪图暴利,贿赂官员,如果官员不同流合污就被扔到大海里喂鱼了。政府支出了监督费用,却照常死人。

政府又采取新办法,把船主都召集起来进行教育培训,教育他们要珍惜生命,要理解到澳大利亚去开发是为了英国的长远大计,不要把金钱看得比生命还重要。但是形势依然没有好转,死亡率一直居高不下。

一位英国议员认为是那些私人船主钻了制度的空子。而制度的缺陷在于政府给予船主报酬是以上船人数来计算的。他提出从改变制度开始:政府以到澳大利亚上岸的人数为准计算报酬,不论你在英国上船装多少人,到了澳大利亚上岸的时候再清点人数支付报酬。

问题迎刃而解。船主主动请医生跟船,在船上准备药品,改善生活,尽可能地让每一个上船的人都健康地到达澳大利亚。一个人就意味着一份收入。

自从实行上岸计数的办法以后,船上的死亡率降到了 1%以下。有些运载几百人的船只经过几个月的航行竟然没有一个人死亡。

(资料来源:自立自强成长励志门户,http://www.ziliziqiang.com/a/zheli/7272.html)

【案例讨论】

请利用绩效管理的知识,谈谈你对本案例的看法。

【案例解析】、【企业实战&经典案例】可登录清华大学出版社网址(http://www.tup.tsinghua.edu.cn 或 http://www.tup.com.cn)查看。

任务 6.4 绩效管理体系落地实施

6.4.1 绩效管理的误区

微课 25 让绩效管理落地生效

1. 认为绩效管理就是绩效考核

绩效管理必须基于全体管理者和全体员工对绩效管理的正确认识。从某种意义上讲,如果绩效管理从绩效考评开始,那么绩效考评工作注定将走向失败。绩效考评是整个绩效管理过程中的一个环节,要做好绩效管理,应该从绩效计划开始。要想使企业的绩效管理能够正常运行,使绩效考评的结果有效,就要从第一步绩效计划开始,系统、全面地加强绩效管理。

2. 认为绩效管理是管理者的事情,与下属员工无关

企业的绩效管理是否有效,就看企业在进行绩效管理过程中是否坚持了三个原则。

第一，期望原则。期望原则就是企业的期望是否明确？企业的期望是否与全体员工的期望统一？企业的期望是否合理？经过努力是否可以达到？

第二，参与原则。员工不仅仅是被管理者，也是参与管理的一分子，并且是从计划到改进整个过程管理的参与者。

第三，SMART 原则(它是进行有效绩效管理的前提)。

S(Specific)：目标是否具体、明确？

M(Measurable)：目标是否可以测量？

A(Attainable)：目标是否可实现？

R(Relevant)：目标与现实工作是否密切相关？

T(Time-bond)：目标实现有无实践限制？

3. 认为绩效管理是人力资源管理者的事情，与其他部门的业务管理无关

这个错误的认识会导致严重的问题。

(1) 企业的盈利是全体管理者以及全体员工共同努力工作的结果，是每个人的行为结果累积而成。因此，企业绩效管理一定与每个部门每个人都有关系，而不可能仅仅是人力资源部的工作。

(2) 每个基层员工都分布在各个部门工作，人力资源管理者则在他们自己的服务职责范围内工作。因此，人力资源管理者不可能了解到每个员工的实际工作情况，所以，仅仅靠人力资源部及人力资源管理者的单一管理是不行的。

(3) 绩效管理的有效，强调全体成员的参与，包括全体管理者以及全体员工事中的管理和事后的评估整个过程的参与。而人力资源管理者在绩效管理过程中担当的角色是系统建设者、宣传员、维护员和推行员。也就是说，要想使一个企业的绩效管理工作有效，不调动各个部门管理者的积极性，是不行的。

4. 认为绩效管理的结果应用就是发放绩效奖金

绩效管理的结果应用不仅仅是发放绩效奖金，或者兑现绩效考核工资。它与新员工的试用期转正有关，与员工的在职培训有关，与员工的加薪和升职有关，与员工劳动合同的解除或终止有关，与企业下一步的人力资源规划和招聘计划等都有关。

如果仅仅把绩效管理的结果应用在发放绩效工资这一件事情上，可以说，企业采取了用大炮驱除蚊子的做法，花大成本，收小回报，甚至没有回报。假如是这样，还不如不进行绩效管理。因为扣发几个绩效奖金的钱，不足以达到企业的盈利目的，而且，还很容易诱导员工进入对立的死胡同。

6.4.2　绩效管理推行不力的表现

1. 缺少沟通

表现 1　考核指标层层分解硬性下放。

表现 2　缺乏绩效反馈分析和辅导。

表现 3　绩效面谈仍停留在纸面上。

2. 管理不力

表现 1　部分管理层把绩效管理当成集团下派任务。

表现 2　绩效从人力系统脱离，配合缺乏默契。

表现 3　绩效指标多是关键任务，与岗位职责关系甚微。

3. 认为绩效管理等于绩效考核

表现 1　绩效管理被作为发工资的工具，绩效指标设置轻率。

表现 2　绩效分数居高不下，重人情缺客观，难以反映实际绩效水平。

表现 3　着力点不在绩效改进上。

4. 激励不足

表现 1　罚多赏少。

表现 2　创新评审过程不公开，难以调动员工积极性。

表现 3　绩效结果和员工的职业发展脱节，无法形成长期激励机制。

5. 培训不足

表现 1　各级干部员工对绩效管理的意义认知程度不一。

表现 2　中层管理者绩效沟通和辅导能力不足，亟待培训。

表现 3　未针对绩效结果反映出的短板进行培训和改进。

6.4.3　绩效管理有效落地策略

1. 绩效管理推行不成功的原因

(1) 概念模糊：对绩效的基本概念认知不全面，往往把绩效考核当作绩效管理。

(2) 目的不清："定指标、打分数、扣奖金"被认为是绩效的主线，实际上对绩效的目的完全不清。

(3) 职责不明：认为绩效就是人力资源部和总经理的事，而部门经理往往把绩效与工作看作两张皮。

(4) 设计错位：绩效指标设计与考核办法制定代表了绩效体系的全部，而行业特点、企业战略、绩效文化、理念与操作方面的内容几乎没有体现。

(5) 能力不足：普遍认为请咨询公司设计一套科学的体系，然后通过一两次培训就可以保障体系会自然运行，却忽略了如何保障其"落地、生根和发芽"的重要支撑是什么。

2. 绩效有效落实策略

(1) 构建系统的绩效管理体系的整体结构(见图6-10)，绩效管理体系包括下述各点。

① 绩效组织体系。公司绩效管理，部门绩效管理，岗位绩效管理。

② 绩效指标体系。公司发展战略目标，公司年度经营目标与策略重点，部门关键绩效指标与重点任务，岗位重点工作任务与创新性工作。

③ 绩效运行体系。包括绩效计划、过程管理、绩效考评、应用提升。

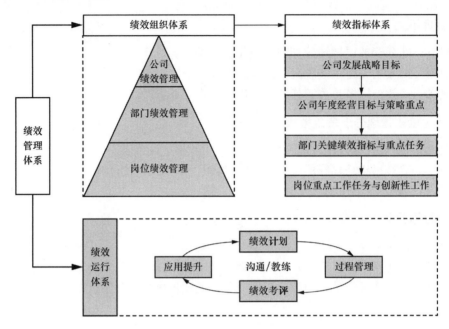

图 6-10 绩效管理体系的整体结构

(2) 加强团队能力建设，培养内部绩效管理师，专人做专事，负责绩效管理。绩效管理师需具有"六员能力"。

① 服务员的服务意识。为公司目标服务，为合作部门服务，为上道工序服务，为下属工作服务。

② 策划员的规划能力。规划公司战略目标，组织公司 KPI 提炼，分解部门岗位 KPI，安排岗位工作任务。

③ 业务员的沟通能力。宣传公司绩效文化，下达公司业绩目标，说服下属承担指标，协调部门合作事项。

④ 技术员的分析能力。熟悉绩效管理知识，掌握指标提炼方法，能够熟练应用辅导技能和灵活运用改进工具。

⑤ 品管员的评估能力。及时跟踪绩效情况，善于发现绩效问题，准确判断绩效失误，有效提出预防措施。

⑥ 教练员的激励能力。树立标杆模范效应，辅导规划绩效目标，高效训练员工技能，规范提升行为素质。

(3) 建立绩效常态沟通机制保障绩效实施。绩效规划会，用来解决上下级在期初进行绩效规划的问题，组织合约签订仪式，引起全员关注及重视。绩效辅导会，便于上级对下级在目标实施过程进行检查、跟踪及辅导，及时解决过程中出现的问题及困惑。绩效检审会，可在阶段绩效结束后，针对目标完成情况组织针对性的绩效检审会。必要时可采取三会合一，保障绩效管理落地推进。

(4) 建立高激励导向的双轨激励机制，包括经济杠杆和非经济杠杆。

(5) 建立低绩效的淘金计划，采取先扣钱再还钱的措施。

课堂实训&案例讨论

　　一个小型项目公司，公司老板非常生气，最近几个项目都延期交付，但是论责任，A部门推B部门，B部门说C部门。于是老板要求HR拿出解决方法，HR想来想去，以前绩效也就自己打打分、上级审核一下，那现在再增加一个部门间主观互评，协作度如何、专业度如何，结果打分流于形式，还被所有业务部门吐槽，说HR没事找事干。这是一次完全不成功的绩效考核调整，是HR闷着头闭门造车的结果，既没有达成老板期望的结果，也解决不了实际业务问题，更得不到项目人员的支持。

(资料来源：通过互联网综合收集、整理及加工。)

【案例讨论】
该公司绩效管理存在哪些方面的问题？可以怎么改进？

【案例解析】、【企业实战&经典案例】、【阅读参考】、【知识巩固】可登录清华大学出版社网址(http://www.tup.tsinghua.edu.cn 或 http://www.tup.com.cn)查看。

项目7 薪酬福利

【知识目标】

- 了解薪酬及其相关概念;
- 了解薪酬水平的影响因素;
- 了解常见的企业薪酬制度;
- 掌握薪酬管理的基本原则及内容;
- 了解员工福利的构成和内容。

【能力目标】

- 能够掌握薪酬管理的基本程序和基本方法,能初步设计薪酬体系;
- 能够分析企业员工福利的激励作用;
- 能够计算各种类型的工资。

【核心概念】

薪酬、经济性报酬、非经济性报酬、薪酬水平、薪酬结构、薪酬管理、薪酬体系、福利、法定福利、弹性福利、工资总额

【项目框架图】

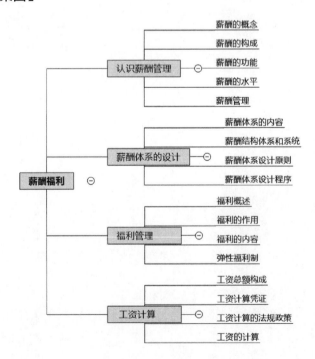

项目 7　薪酬福利

任务 7.1　认识薪酬管理

引导案例

和 尚 分 粥

有七个和尚曾经住在一起，每天分一大桶粥。要命的是，粥每天都是不够的。

一开始，他们抓阄决定谁来分粥，每天轮一个。于是乎每周下来，他们只有一天是饱的，就是自己分粥的那一天。

后来他们开始推选出一个道德高尚的人出来分粥。强权就会产生腐败，大家开始挖空心思去讨好他，贿赂他，搞得整个小团体乌烟瘴气。

然后大家开始组成三人的分粥委员会及四人的评选委员会，互相攻击扯皮下来，粥吃到嘴里全是凉的。

最后想出来一个方法：轮流分粥，但分粥的人要等其他人都挑完后拿剩下的最后一碗。为了不让自己吃到最少的，每人都尽量分得平均，就算不平均，也只能认了。大家快快乐乐，和和气气，日子越过越好。

(资料来源：百度文库，https://wenku.baidu.com/view/298911b70a1c59eef8c75fbfc77da26924c59628.html)

【问题思考】

你从该故事中，得到了什么启示？

7.1.1　薪酬的概念

1. 薪酬的含义

薪酬是员工为企业提供劳动而得到的各种货币与实物报酬的总和，其实质是一种交换关系。薪酬的概念具有狭义和广义之分：狭

微课 26　薪酬的内涵

义的薪酬是指个人获得的工资、奖金等以金钱或实物形式支付的劳动回报；广义的薪酬包括经济性报酬和非经济性报酬两部分(见图 7-1)。薪酬是指员工向其所在组织提供劳动而获得的以货币形式和非货币形式所表现的补偿或报酬。主要包括工资、奖金、津贴、股权和福利等。薪酬是企业对员工给企业所作贡献的回报或酬劳。薪酬是员工从企业那里得到的各种直接的和间接的经济收入。简单地说，它就相当于报酬体系中的货币报酬部分。

2. 薪资的含义

薪资即薪金、工资的简称。薪金又称薪水，通常是指以较长时间为单位计算员工的劳动报酬，如月薪、年薪。工资通常是指以工时或完成产品的件数计算员工应当获得的劳动报酬，如计时工资(小时、日、周工资)或计件工资。

3. 与薪酬相关的其他概念

(1) 报酬。员工完成任务后，所获得的一切有形和无形的待遇。

(2) 收入。员工所获得的全部有形报酬,是薪资、奖金、津贴和加班费等项目的总和。

(3) 薪给。薪给可分为工资和薪金两种形式。

(4) 奖励。员工超额劳动的报酬,如红利、佣金、利润分享计划等。

(5) 福利。公司为每个员工提供的福利项目,如带薪休假、各种保险等。

(6) 分配。社会在一定时期内对新创造出来的产品或价值,即国民收入的分配,包括初次分配、再分配。在初次分配中,又包括一次分配,即国家与企业之间的分配;二次分配,企业与员工之间的分配。

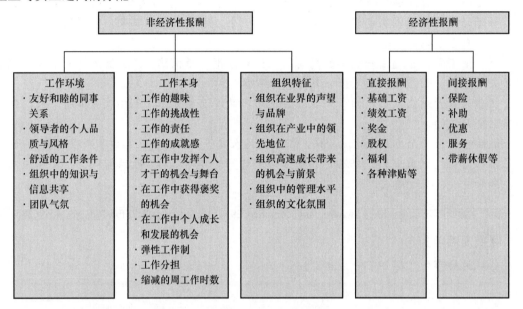

图 7-1　广义的薪酬

4. 薪酬的实质

从某种意义上说,薪酬是组织对员工的行为、态度及业绩等所给予的各种回报。从广义上来说,薪酬包括工资、奖金、休假等外部回报,也包括参与决策、承担更大的责任等内部回报。

外部回报指员工因为雇佣关系从自身以外所得到的各种形式的回报,也称外部薪酬。外部薪酬包括直接薪酬和间接薪酬。直接薪酬是员工薪酬的主体组成部分,包括员工的基本薪酬,即基本工资,如周薪、月薪、年薪等;也包括员工的激励薪酬,如绩效工资、红利和利润分成等。间接薪酬即福利,包括公司向员工提供的各种保险、非工作日工资、额外的津贴和其他服务,比如单身公寓、免费工作餐等。

内部回报指员工自身心理上感受到的回报措施,主要体现为一些社会和心理方面的回报,一般包括参与企业决策、获得更大的工作空间或权限、更大的责任、更有趣的工作、个人成长的机会和活动的多样化等。内部回报往往看不见,也摸不着,对于企业来说不是简单的物质付出,如果运用得当,也能对员工产生较大的激励作用。然而,在管理实践中内部回报方式经常会被管理者所忽视。管理者应当认识到内部回报的重要性,并合理地加以利用。

7.1.2 薪酬的构成

1. 基础工资

基础工资是企业按照一定的时间，定期向员工发放的固定报酬。基础工资可反映员工的两种价值，即反映员工所承担的职位的价值以及员工所具备的技能或能力的价值。基于以上情况，基础工资可分为以职位为基础的基础工资和以能力为基础的基础工资。我国企业员工的基础工资以月薪为主，部分管理者，特别是高层管理者的基础工资以年薪为主。

2. 绩效工资

绩效工资是根据员工的绩效评价的结果而确定的增加部分，因此它是对员工的每月工作绩效的一种奖励。它与奖金的差别在于，奖金并不成为基础工资永久性的增加部分，而只是一次性的奖励。员工的绩效工资主要与员工的销售业绩、客人投诉率、当月/当年的经营效益、员工的工作质量、各项成本降低等绩效挂钩。

3. 奖金

奖金又可称为激励工资或可变工资。在薪酬体系中，它是根据员工的工作绩效进行浮动的部分。奖金可以与个人的业绩、部门或团队的业绩、组织的整体业绩挂钩，同时还要考虑员工在组织中的重要性。目前有些企业把奖金部分与绩效工资合为一项，或把奖金作为一年中特殊经营活动的特别奖励。

4. 津贴与补贴

津贴与补贴是组织对员工工作的特别因素的补偿。比如，对夜班工作的员工，给予额外的夜班工作补贴；对外语考试通过的员工给予奖励津贴、对技术等级考试后持证上岗的员工给予津贴等。但津贴不是企业总体薪酬的主要部分，在总体薪酬中比例很小。

5. 股权

企业实施的员工持股计划、经理人的股票期权计划，将员工的个人利益与组织利益连接起来，优化了企业的结构，成为企业动力系统的重要组成部分。

6. 福利

福利在现代企业的薪酬体系中的地位越来越重要。在市场经济的初期，我国的很多企业都削减了福利待遇，但随着经济改革的进一步深入，我国企业的观念开始逐步变化，企业的福利对吸引和保留人才起着重要的作用。现代企业的福利项目与传统的福利项目有着很大的不同，包括带薪休假、健康计划、补充医疗保险、住房补贴等具有人文关怀的内容，还出现了根据员工偏好而设计的自助餐式的福利计划。这些福利项目的出现，不仅代表了企业文化，更成为企业在人力资源竞争方面的优势。

7.1.3 薪酬的功能

薪酬功能是指薪酬在运用过程中的具体功能的体现和表现，是薪酬管理的核心，包括补偿功能、激励功能、调节功能、效益功能和统计监督功能。

1. 补偿功能

职工在劳动过程中体力与脑力的消耗必须得到补偿，只有保证劳动力的再生产，劳动才能得以继续，社会才能不断进步发展。同时，职工为了提高劳动力素质，要进行教育投资，这笔费用也需要得到补偿，否则就没有人愿意对教育投资，劳动力素质就难以不断提高，进而影响社会发展。在市场经济体制下，对以上两方面的补偿不可能完全由社会来承担，有相当一部分要由个人承担解决。对职工来说，通过薪酬的取得，以薪酬换取物质、文化生活资料，就可保证劳动力消耗与劳动力生产费用支出的补偿。薪酬的这一补偿功能表面上似乎与一些人所说的薪酬保障功能是一个意思，没有区别，实际上是有区别的。补偿功能符合按劳分配原则，多劳多得薪酬(补偿)，少劳少得薪酬(补偿)。而保障功能是基于平均主义，不论干与不干、干多干少都要保障基本生活，而且还为一些单位打着保障生活、改善生活的旗号，盲目攀比薪酬水平，增加薪酬提供了"理论"根据。

2. 激励功能

在社会主义社会，物质文化生活资料是作为商品来生产和流通的，价值规律仍起着调节作用，货币仍旧是价值尺度和流通手段。职工为了取得所需要的物质文化生活资料，只能用货币去购买。货币薪酬多，购买的生活资料就多，生活水平就高；薪酬少则生活水平低。显然，为了提高生活水平，就要通过多劳动来多得薪酬。但是，薪酬的多少不仅取决于提供的劳动量，还在于劳动的质量。劳动质量高，薪酬就多；反之，薪酬就少。因此，职工为了取得较多的薪酬，提高生活水平，还应不断地、全面地提高自身的素质，以求能够提供数量更多、质量更高的劳动，从而获得更多的薪酬。通过薪酬的这一激励功能，就能从物质利益上激励职工关心自己劳动力素质的提高和劳动成果的增加，最终使全社会的经济不断发展提高，人民生活不断改善。

3. 调节功能

薪酬的调节功能主要表现在引导劳动者合理流动。劳动力市场中劳动供求的短期决定因素是薪酬。薪酬高，劳动供给数量就大；薪酬低，劳动供给数量就少。因此，科学、合理地运用薪酬这个经济参数，就可以引导劳动者向合理的方向流动，使其从不急需的产业(部门)流向急需的产业(部门)，从发挥作用小的产业(部门)流向发挥作用大的产业(部门)，达到劳动力的合理配置。薪酬的调节功能还表现在通过对薪酬关系、薪酬水平的调整来引导劳动者努力学习和钻研企业等经济组织急需的业务(技术)知识，从人才过剩的职业(工种)向人才紧缺的职业(工种)流动，既满足了各行各业的需要，又平衡了人力资源结构。此外，薪酬的确定，还能协调国家、集体、个人三者的利益关系。

4. 效益功能

薪酬对企业等经济组织来说是劳动的价格，是所投入的可变成本。所以，不能将企业的薪酬投入仅看成货币投入。它是资本金投入的特定形式，是投入活劳动(通过劳动力)这一生产要素的货币表现。因此，薪酬投入也就是劳动投入，而劳动是经济效益的源泉。此外，薪酬对劳动者来说是收入，是生活资料的来源。在正常情况下，一个劳动者所创造的劳动成果总是大于他的薪酬收入，剩余部分就是薪酬经济效益。从雇主的眼光来看，薪酬具有效益功能。也正因为薪酬的效益功能，社会才有可能扩大再生产，经济才能不断发展，人们的生活水平也才会不断提高。

5. 统计与监督功能

薪酬是按劳动数量与质量进行分配的。因此，薪酬可以反映出劳动者向社会提供的劳动量(劳动贡献)大小。薪酬是用来按一定价格购买与其劳动支出量相当的消费资料的。所以，薪酬还可以反映出劳动者的消费水平。因此，通过薪酬就可把劳动量与消费量直接联系起来。从而对薪酬支付进行统计与监督，实际上也就是对活劳动消耗进行统计与监督，进而也是对消费量进行统计与监督。这就有助于国家从宏观上考虑理顺消费品供应量与薪酬增长的关系以及薪酬增长与劳动生产率增长、国内生产总值增长的比例关系。

7.1.4 薪酬的水平

1. 薪酬水平的含义

微课27　薪酬水平类型

所谓薪酬水平，是指企业支付给不同职位的平均薪酬。薪酬水平侧重分析组织之间的薪酬关系，是相对于其竞争对手组织整体的薪酬支付实力而言的。一个组织所支付的薪酬水平高低无疑会直接影响到企业在劳动力市场上获取劳动力能力的强弱，进而影响企业的竞争力。所谓薪酬的外部竞争性，实际上是指一家企业的薪酬水平高低以及由此产生的企业在劳动力市场上的竞争能力大小。

薪酬水平是指企业内部各类职位和人员平均薪酬的高低状况，它反映了企业薪酬的外部竞争性。薪酬水平反映了企业薪酬相对于当地市场薪酬行情和竞争对手薪酬绝对值的高低。它对员工的吸引力和企业的薪酬竞争力有着直接的影响，其数学公式为

薪酬水平=薪酬总额/在业的员工人数

2. 薪酬水平的影响因素

企业经营者在加强薪酬管理、充分调动员工积极性时，要综合考虑各种因素对薪酬的影响，这种影响一般可分为内在因素和外在因素。

1) 内在因素

影响薪酬的内在因素包括员工的个人特性、员工所承担的工作或职务的特性以及企业的组织特性等，主要包括以下几种。

(1) 企业的薪酬政策。有些企业为了吸引和留住具有竞争力的员工，会把薪酬看作投资，加大投入。有些企业则只是看作成本，为了控制成本，则采用降低政策。

(2) 企业的支付能力。薪酬的相关政策应充分考虑企业的支付能力，否则就会得不偿失。

(3) 职务。一般来说职务高的人责任也重，他们的决策对组织的生存和发展具有重大的影响，因此给予较高的薪酬是合理的。

(4) 年龄与工龄。从理论上来说，工龄并不反映劳动者的劳动能力，也不体现劳动者的劳动成果。但在实际上，工龄往往是影响薪酬的一个很重要的因素。这是因为工龄能够补偿员工过去的投资，工龄长意味着对企业过去贡献大，为了补偿这部分贡献，往往适当增

加一部分薪酬。同时，工龄薪酬能够减少劳动力流动、降低企业的人工成本。

(5) 知识与技能。具备知识和技能较高的员工相应地可获得较高的薪酬。

(6) 劳动量。员工的薪酬水平都要受到他所提供的劳动量的影响。工作条件的好坏也是影响员工薪酬高低的一个因素。对于条件差、或比较危险的工作，会给予较高的薪酬作为补偿。

2) 外在因素

影响薪酬的主要外在因素包括劳动力市场情况、地区与行业薪酬水平、生活费用与物价水平、集体谈判以及各种法律规定。

(1) 法律规定。许多国家为了保障劳动者的最基本生活，都以法律形式规定了最低工资。这些法律都是影响企业薪酬的因素。

(2) 劳动力市场情况。劳动力市场情况反映该区域内的劳动力需求情况。这一状况影响到招聘或留人所需要的薪酬比率。但是要排除一些特殊情况，如供大于求等。

(3) 地区与行业的薪酬水平。企业的薪酬水平必须与本地区、同行业的薪酬水平保持一致。

(4) 生活费用与物价水平。生活费用受到物价水平影响，当物价上涨时，若不增加工资，则不能维持原来的生活水平。由于通货膨胀的存在，薪酬水平必须进行周期性的调整，以保证员工的购买力不变。

(5) 工会的力量。在市场经济国家，劳动者通过工会与雇主就有关薪酬和其他劳动条件进行谈判。如果工会力量大，那么在谈判中就可以占主导地位，迫使企业让步，接受工会所提出的薪酬条件。

3. 薪酬水平策略

根据企业薪酬水平与市场薪酬水平的对比，薪酬水平策略通常有三种选择。①市场领先型薪酬策略(也称竞争性策略)。实施竞争性策略的企业强调自身薪酬水平的外部竞争性，实行高于市场薪酬水平的薪酬标准，确保留住企业现有人才，并对外部人才具有较强的吸引力。②跟随型薪酬策略(也称稳定性策略)。企业以稳定员工队伍为目标，企业薪酬水平与市场薪酬水平基本保持一致，在保持一定流动率的基础上实现员工队伍的相对稳定。③滞后型薪酬策略(也称限制性策略)。企业采取低于市场平均水平的薪酬标准，当企业处于衰退期或支付能力不足时，会通过这种方式降低企业经营成本。④有的企业也会选择把三种薪酬水平策略混合，即混合型薪酬策略。

1) 市场领先型薪酬策略

采用这种策略的企业特征：投资回报率较高、薪酬成本在企业经营总成本中所占的比率较低、产品市场上的可替代品较少、能源型生产企业或高科技企业。这种做法能够吸引并留住一流的高素质人才，进而确保企业能够保有一支技术熟练的高效率和高生产率的劳动力队伍，从而企业可以把更多的精力投入到那些比薪酬成本控制更为重要和更有价值的项目当中去。较高薪酬水平的可能收益包括下述几种。

(1) 高水平的薪酬能够很快为企业吸引来大批可供选择的求职者，从而提高所雇用的员工的质量。

(2) 较高的薪酬水平提高了员工离职的机会成本，有助于改进员工的工作绩效(努力工作以防止被解雇)。

(3) 吸引和留住优秀人才和熟练技工，保持人员稳定，并且高薪有利于树立企业形象。

(4) 工作可能具有某些明显劣势，如工作地点偏远、办公环境恶劣、责任重大、风险高等，支付高薪作为一种补偿。

2) 市场跟随型薪酬策略

这种策略就是根据市场平均水平确定本企业的薪酬定位的一种常用做法。实施这种薪酬策略的企业往往既希望确保自己的薪酬成本与产品竞争对手的成本保持基本一致，同时又希望自己能够保留一定的员工吸引和保留能力。采取这种薪酬政策的企业其风险可能是最小的，它能够吸引到足够数量的员工为其工作，只不过在吸引那些非常优秀的求职者方面没有什么优势。

3) 滞后型薪酬策略

采用滞后型薪酬策略的企业，大多处于竞争性的产品市场上，成本承受能力很弱。受产品市场上较低的利润率所限制，没有能力为员工提供高水平的薪酬，在实施这种策略的企业中，员工的流失率往往也比较高。

4) 混合型薪酬策略

混合型薪酬策略是指企业在确定薪酬水平时，根据职位的类型分别制定不同的薪酬水平。比如，有些公司针对不同的职位族使用不同的薪酬决策，对核心职位族采取市场领先型的薪酬策略，而在其他职位族中实行市场跟随型或相对滞后型的基本薪酬策略。混合型策略最大的优点就是其灵活性和针对性，对于劳动力市场上的稀缺人才以及企业希望长期保留的关键职位上的人才采取薪酬市场领先政策，对于劳动力市场上的富余劳动力以及鼓励流动的低级职位上的员工采取市场匹配政策，这样既有利于公司保持自己在劳动力市场上的竞争力，同时又有利于合理控制公司的薪酬成本开支。

进而言之，对企业里的关键人员例如高级管理人员、技术人员，提供高于市场水平的薪酬，对普通员工实施匹配型的薪酬政策，对那些在劳动力市场上随时可以找到替代者的员工提供低于市场价格的薪酬。此外，有些公司还在不同的薪酬构成部分之间实行不同的薪酬政策。比如在总薪酬的市场价值方面处于高于市场的竞争性地位，在基本薪酬方面处于稍微低一点的滞后地位，同时在激励性薪酬方面则处于比平均水平高很多的领先地位。

7.1.5 薪酬管理

薪酬管理是根据企业的发展战略要求，通过管理制度的设计与完善，薪酬激励计划的编制和实施，最大限度地发挥各种薪酬形式如工资、奖金和福利等作用，为企业创造更大的价值。

1. 薪酬管理的基本目标

(1) 保证薪酬在劳动力市场上具有竞争性，吸引并留住优秀人才。
(2) 对各类员工的贡献给予充分肯定，使员工及时得到相应的回报。
(3) 合理控制企业人工成本，提高劳动生产效率，增强企业产品的竞争力。
(4) 通过薪酬激励机制的确立，将企业与员工长期、中短期经济利益有机地结合在一起，促进公司与员工结成利益关系的共同体,谋求员工与企业的共同发展。

2. 薪酬管理的基本原则

实际上薪酬原则是一个企业给员工传递信息的渠道,也是企业价值观的体现。它告诉员工:企业为什么提供薪酬,员工的什么行为或结果是企业非常关注的,员工的薪酬构成是为了对员工的什么行为或结果产生影响,员工的什么方面有提高时才能获得更高的薪酬等。目前,企业普遍认为进行有效的薪酬管理应遵循以下几项原则。

1) 对外具有竞争性原则

根据市场薪酬水平的调查,对于与市场水平差距较大的岗位薪酬水平,进行一定幅度调整,使企业薪酬水平有一定的市场竞争性。

2) 对内具有公正性原则

此原则也可以理解为内部一致性原则,它要求薪酬结构的各因素之间、薪酬岗位标准的各指标之间,都要保持一个合适的比例,一定要确保薪酬结构能充分体现人力资本价值、岗位职责等决定薪酬的基准因素:即员工工作努力、所作贡献、取得业绩与所获得报酬对等;与内部相同工作或能力相当人员之间报酬对等。在内部公平性方面,员工往往有一种有趣的现象,总会认为自己的付出高于其他员工,而收入要低于别人。

3) 对员工具有激励性原则

薪酬应该对员工达成工作目标、取得更好的成绩具有激励性。薪酬管理应与企业的发展战略紧密结合,激励团队实现企业的发展战略。有些财大气粗的公司,不惜成本,不讲策略地把钱给多了也会坏事,这样不仅减少了企业的利润空间,也起不到激励员工的作用。我们在设计薪酬方案时,同一个岗位,可设定若干等级,以保证员工在同一岗位上具有一定上升空间。

4) 对成本具有控制性原则

人力成本的增长需要与企业总利润的增长幅度相对应,用适当工资成本的增加,激发员工创造更多的经济价值,实现企业的可持续发展。企业都希望花最少的钱,产生最大的效益。但在实际操作中,许多企业就因为将问题简单化而"因加得减""花钱买难受"。员工也会因企业操作不当而"吃肉骂娘"。如何才能"把钱花在刀刃上"?在操作策略上要把握"恰到好处"的妙处。如充满人情味的小额福利就是一个很好的例子,花钱不多,突出个性,效果非常理想。

5) 遵守法律原则

薪酬政策必须符合国家和当地政府制定的有关法律、法规。如我国颁布的《劳动法》《最低工资保障法》,在深圳经济特区还有《劳动合同条例》《劳动用工条例》等规定。近年来,有一些企业在劳动用工、工资制度和支付方面出了许多问题,一方面损害了员工的劳动权益,另一方面破坏了企业的社会形象。我们经常会在媒体上看到企业因拖欠员工工资、工资结构不合理、工资支付不及时、违反最低工资标准或不按照政府规定缴纳社会保险而引发的劳务纠纷。有一家生产家具的民营企业,公司效益较好,雇用的多数是外来员工。公司有一个政策,就是每周六天工作制,而且周六上班没有加班工资。员工对公司的薪酬政策不满意,甚至有一些将要离职的员工联名向政府劳动部门上告该公司违反劳动法规。其实该公司的做法进行一些调整就可以了,如降低工资标准。但依照法律要求,必须为员工计算加班工资。这样既保护了员工的合法权益，又不会增加经营成本。问题就出在企业管理者不了解有关法规或没有引起足够重视，伤害了员工的生产积极性，企业和个人都受到不应有的损失。

3. 薪酬管理的内容

1) 企业员工工资总额管理

工资总额管理不仅包括工资总额的计划与控制，还包括工资总额调整的计划与控制。国家统计局对于工资总额的组成有明确的界定，事实上，对于国家来说，工资总额的准确统计是国家从宏观上了解人民的收入水平，员工的生活水平，计算离退休金、有关保险金和经济补偿金的重要依据；对于企业来说，工资总额是人工成本的一部分，是企业掌握人工成本的主要信息来源，是企业进行人工成本控制的重要方面。因此，必须充分认识工资总额统计核算的重要性。由于工资总额的各项组成均与企业经济效益等因素直接相关，工资总额的调整在所难免，因此，确定工资总额调整的幅度也是十分重要的。

工资总额的管理方法，首先应确定合理的工资总额所需考虑的因素，如企业的支付能力、员工的生活费用、市场薪酬水平以及员工现有薪酬状况等，然后计算合理的工资总额，可以采用工资总额与销售额挂钩的方法或计算盈亏平衡点的方法推算合理的工资总额，还可以采用工资总额占附加值比例的方法来推算合理的工资总额。

2) 企业员工薪酬水平的控制

企业员工薪酬水平的控制是企业要明确界定各类员工的薪酬水平，以实现劳动力与企业之间公平的价值交换，这是薪酬管理的重要内容。正确的做法是哪类员工对企业的贡献大，他们从薪酬中得到的回报就应当越多，哪类员工对企业的贡献小，他们从薪酬中得到的回报就应当越少，以示公平。

同时，为了体现薪酬管理对外对内公平的基本原则，还必须根据劳动力市场的供求关系以及社会消费水平的变化，及时对企业员工的总体薪酬水平适时地进行调整，以最大限度地调动企业内各个方面的工作积极性、主动性和创造性。

3) 企业薪酬制度设计与完善

企业薪酬制度设计与完善是企业薪酬管理的一项重要任务，包括工资结构设计与完善，即确定并调整不同员工薪酬项目的构成，以及各薪酬项目所占的比例，还包括工资等级标准设计、薪酬支付形式设计，即确定薪酬计算的基础是按照劳动时间，还是按照生产额、销售额计算。不同的企业薪酬制度有不同的适用对象和范围，它们有的简单，有的复杂，关键是要选择与企业总体发展战略以及实际情况相适应的薪酬制度。

4) 日常薪酬管理工作

日常薪酬管理工作具体包括下述内容。

(1) 开展薪酬的市场调查，统计分析调查结果，写出调查分析报告。

(2) 制订年度员工薪酬激励计划，并对薪酬计划执行情况进行统计分析。

(3) 深入调查了解各类员工的薪酬状况，进行必要的员工满意度调查。

(4) 对报告期内人工成本进行核算，检查人工成本计划的执行情况。

(5) 根据公司薪酬制度的要求，结合各部门绩效目标的实现情况对薪酬进行必要的调整。

■ 引导案例解析

同样是七个人，不同的分配制度，就会有不同的风气。所以一个单位如果有不好的工作习气，一定是机制问题，一定是没有完全公平公正公开，没有严格地奖勤罚懒。如何制定分配制度，是每个领导需要考虑的问题。

 课堂实训&案例讨论

宇都水务集团是北方一家大型管理集团，国企性质，成立于 2006 年，致力于水务项目的建设、经营与投资，包括城市用水供应、排水及污水处理业务，水环境综合治理等。集团下属 10 家供水企业，3 家污水处理及排水企业，现有员工 6000 人。本部设有六个部门：办公室、财务稽核部、人力资源部、资本运营部、运营管理部、信息科技部。近年来，集团加大了供水设备制造、节能科技研发的力度。但随着集团发展，员工在薪酬管理方面反馈的问题越来越多。

集团的工资结构是岗位工资、绩效工资、津补贴、年度奖金，岗位工资分了三个级别，中层正职为 7000 元，副职为 6000 元，员工为 5000 元，有的岗位工作量大且复杂，有的岗位工作量小且内容简单，且多年维持同样的工资水平，没有调整，员工反映工资没有市场竞争力，也不清楚涨薪的渠道。因此抱怨情绪越来越严重。

绩效工资的发放与绩效考核结果关联，在月度考核时，绩效优秀的员工可以拿到全额绩效工资，甚至有的人会拿到月度超额绩效工资。为了有效控制工资成本，工资总额不能突破月工资标准，即有人被奖励多少钱，就有人要被扣除多少钱。为了减少矛盾，部门绩效考核结果变成所有员工都是合格，绩效工资体系失去了效用。

随着集团发展，人员招聘困难，公司需要引进和留住人才，因此需要对员工实施正向激励，让人力资源部分析现状并提出改善方案。

(资料来源：知乎，https://zhuanlan.zhihu.com/P/111003294)

【案例讨论】

请从案例中描述的情形，分析该集团薪酬方面存在哪些问题？

【案例解析】、【企业实战&经典案例】与【阅读参考】可登录清华大学出版社网址 (http://www.tup.tsinghua.edu.cn 或 http://www.tup.com.cn)查看。

任务 7.2 薪酬体系的设计

 引导案例

一碗牛肉面引发的管理难题

某茶馆，读 MBA 的小李与小张和读管理学博士的师兄大刘，一起喝茶、聊天，这时旁边桌上的一个夹克衫客户(面老板)过来与小张打招呼。

面老板:"小张,快毕业了吧?"

小张:"唉,是老乡呀,最近在哪发财呢?前几天路过您陕西中路的'兰州拉面'店时,发现变成服装店了。"

面老板:"唉,别提了,关门了,做不下去了。"

小张:"啊!当初您的拉面店口味醇厚,生意火得不得了,说日进斗金都不为过,为啥关门了?来,一起坐,说说。"

小张:"这是我老乡,前段时间曾在陕西中路开了一家'兰州拉面'店,我特别喜欢吃,口味正宗、醇厚。这是我同学小李、师兄大刘。"

面老板:"大家好!"

面老板:"现在的人贼着呢!我当时雇了个会做拉面的师傅,但在工资上总也谈不拢。"

小李:"为什么?"

面老板:"开始的时候为了调动他的积极性我们是按销售量分成的,一碗面给他5毛的提成,经过一段时间,他发现客人越多他的收入也越多,这样一来他就在每碗里放超量的牛肉来吸引回头客。一碗面才六块钱,本来就靠个薄利多销,他每碗多放几片牛肉我还赚哪门子啊!"

"后来看看这样不行,钱全被他赚去了!就换了种分配方式,给他每月发固定工资,工资给高点也无所谓,这样他不至于多加牛肉了吧?因为客多客少和他的收入没关系。"

"但你猜怎么着?"面老板有点激动了,"他在每碗里都少放许多牛肉,把客人都赶走了!"

小张激动地问:"这是为什么?"

面老板很是无奈:"牛肉的分量少,顾客就不满意,回头客就少,生意肯定就清淡,他(大师傅)才不管你赚不赚钱呢,他拿固定的工钱巴不得你天天没客人才清闲呢!"

"实在没办法,最后我只能关门了。"面老板很伤感地说。

大家又喝了会茶,面老板接了个电话,告辞走了。

面老板走后,三人很感慨:"多好的项目,就因为管理不善而黯然退出市场,尽管被管理者只有一个!"三人随后结合所学知识进行了讨论。

小李:"一碗牛肉面中要放多少牛肉?重要的资本要适度地掌握。肉多,成本收不回来;肉少了,客源就会流失。"

小张:"可以考虑将小老板所用两种方案进行折中,即:底薪加提成的方法,提成根据每碗的利润分配。这样既可以防止他少放牛肉,又能防止他疯狂地多放牛肉。"

大刘:"问题是每碗的利润界定后怎么分配?一碗面能挣多少是瞒不过大师傅的,如果不能让双方的利益在某个点达到平衡,一切又会回复原样。而要达到所说的那种平衡涉及一个复杂的相关函数问题,说不定还要用到博弈论。"

小李:"是一个关于大师傅激励的问题。可以设计一个激励机制,就是在定额约束下的销量或利润累积奖励。"

小李:"根据每碗面的顾客可接受效用制定一个材料定额,大师傅的工资还是按照销售量提成,但是前提是月度的材料消耗不得偏离定额太多,例如允许波动幅度为20%,否则只有基本工资。或者说每碗面规定需要添加的牛肉克数,一批牛肉的总量是固定的,拉面的卖出量是可以计算的,多少碗面放多少斤牛肉限定住了,哪个加牛肉的要敢多加或者少加，工资就对不起了。"

小张："还是底薪加提成工资，老板自己心里得算清楚一碗面的成本是多少？利润是多少？如果牛肉放多了，客户多了，以牛肉最大量为定量，以面条量为变量，控制一下放面条的多少使自己还有利润可赚，这个就得有一个取值的过程了！"

大刘："对这个小老板的拉面店来说，其实就是师傅以技术入股的方式和老板利润分配，大家都双赢。两个人合伙做，费用两个人摊，进行规范化管理。"

小李："把面馆承包给大师傅，面老板拿了提成后回家养花弄鸟去。"

小张+大刘："逃避问题，MBA 这样说，你脸红不？"

小小牛肉面的故事，却反映出了一个小企业管理中奖励与分配问题。

(资料来源：通过互联网综合收集、整理及加工。)

【问题思考】

如果你是面老板，你如何做才能留住大师傅并保持面店的利润？

薪酬体系设计是指根据企业的实际情况，并紧密结合企业的战略和文化，系统全面科学地考虑各项因素，并及时根据实际情况进行修正和调整，遵循按劳分配、效率优先、兼顾公平及可持续发展的原则，充分发挥薪酬的激励和引导作用，为企业的生存和发展发挥重要的制度保障作用。一个设计良好的薪酬体系直接与组织的战略规划相联系，从而使员工能够把他们的努力和行为集中到帮助组织在市场中竞争和生存的方向上去。薪酬体系的设计应该补充和增强其他人力资源管理系统的作用，如人员选拔、培训和绩效评价等。

7.2.1 薪酬体系的内容

薪酬体系由基本工资分配制度、补充工资分配制度和福利制度组成。

1. 基本工资分配制度

基本工资分配制度是指工资的支付形式、工资总量的决定机制以及考核兑现的方式方法等。

2. 补充工资分配制度

补充工资分配制度是基本工资分配制度的补充，解决的是基本工资分配制度无法解决的技术、管理和资本要素参与的工资分配问题。

3. 福利制度

员工个人的福利项目一般可以分成下述 3 类。
(1) 第一类是强制性福利。
(2) 第二类是企业自行设计的福利项目。
(3) 第三类是职务引发的消费以及弱势群体的待遇。

7.2.2 薪酬结构体系和系统

1. 传统薪酬结构体系

1) 基于岗位的薪酬体系

微课28 以绩效为导向的薪酬结构

微课29 以能力为导向的薪酬结构

基于岗位的薪酬体系，顾名思义，是将岗位的相对重要性作为确定薪酬水平的依据，即以岗位的相对价值作为支付工资的依据。构建这样的薪酬体系，首先要对企业不同的岗位进行详细的工作分析和岗位评价，对岗位的工作性质、强度、责任、复杂性及其所需要的知识技能等因素的差异程度进行综合评估，以确定一个岗位相对于其他岗位的不同作用和相对价值，得出企业的整体岗位结构分布并确定等级，进而确定薪酬等级。通俗地说，就是在什么岗，拿什么钱。

优点：薪酬体系结构稳定，真正实现了同岗同酬，内部公平性较强。随着职位的晋升，薪级也随之晋级，调动了员工通过努力工作以争取晋升机会的积极性。

不足：缺乏一定的灵活性。如果一个员工长期得不到晋升，其收入水平很难有较大的提高，不仅会影响员工的积极性，还会阻碍员工能力的发展。由于岗位导向的薪酬制度更看重内部岗位价值的公平性，也就吸引不到急需的人才。

2) 基于技能的薪酬体系

基于技能的薪酬体系是以员工所具备的技术和能力作为工资支付的基础，即以人的能力要素作为工资支付的依据。使用这种薪酬体系有一个潜在的逻辑，就是员工能力的提高能促进企业竞争力的提升。采用这种薪酬体系，企业首先要明确对员工的技能要求，其次是建立相配套的技能评估体系，并且将工资计划和培训计划相结合。技能工资制包括技术工资和能力工资两种类型。技术工资是以应用知识和操作技能水平为基础的工资，主要适用于技术工人岗位。其基本思想是根据员工取得的相关考试或培训证书提供薪酬，而不管这种技术是否能为企业创造价值。这种薪酬方式能鼓励员工提高各种技能，但如果一个企业只是单纯地增加员工技能，却无法充分利用这些技能，其结果只是增加成本，得不到任何收益。能力工资主要适用于企业专业人员和管理人员，又可分为基础能力工资和特殊能力工资。基础能力指履行某个岗位的职能应该具有的能力，通过工作分析得出衡量能力的大致标准，但该能力不是企业的竞争优势所在。特殊能力难以获得，在本质上有一定特殊性，是能影响企业竞争优势的核心竞争能力。特殊能力工资给予的对象是企业的技术或经营管理方面的专门人才。

优点：鼓励员工提升自己的能力，员工的能力得到发挥和认可，有助于提高员工的满意度，留住人才。同时，随着员工能力的不断提升，使企业能够适应多变的环境，增强企业的灵活性。

不足：第一，可能会使员工感到不公平。做同样的工作，但由于两个人的技能不同而收入不同，容易造成不公平感。高技能的员工未必有高的产出，即技能工资的假设未必成立，这还要取决于员工在工作中的投入程度。第二，界定和评价员工的技能不是一件容易做到的事情，管理成本高。第三，员工着眼于提高自身技能，可能会忽视组织的整体需要和当前工作目标的完成。已达技能顶端的人才如何进一步地激励，这也是其弱点之一。

3) 基于绩效的薪酬体系

基于绩效的薪酬体系是以员工的工作业绩为基础支付工资，主要依据是工作成绩或劳动效率。基于绩效的工资结构包括基本工资和绩效工资。基本工资由职位或技能所决定，绩效工资则是按照考核结果，对照预设的标准和比例来计算。绩效薪酬可以衡量员工的有效付出，将个人回报和对企业的贡献挂钩，避免"干好干坏一个样"的不公平现象。采取绩效薪酬体系的关键是要建立起一套有效的绩效管理体系。绩效薪酬的形式有计件(工时)工资制、佣金制、年薪制等。绩效工资制适用于生产工人、管理人员、销售人员等。

优点：第一，激励效果明显。员工的收入和工作目标的完成情况直接挂钩，能让员工感觉到公平。第二，有助于实现企业的目标。员工的工作目标明确，通过层层目标分解，使组织战略目标得以实现。第三，节省成本。企业不用事先支付过高的人工成本，在整体绩效不好时能够节省人工成本。

不足：第一，收入多少取决于个人的绩效水平，在员工过于考虑个人绩效时，会造成部门或者团队内部成员的不良竞争，使员工为了取得良好的个人绩效而缺乏合作意识。第二，绩效评估往往很难做到客观、公正和准确。如果在这种情况下就将收入和绩效挂钩，势必会造成新的不公平，难以发挥绩效薪酬的激励作用。第三，影响员工的忠诚度。长期采用绩效薪酬制度，一旦企业整体绩效增长缓慢时，员工拿不到高的物质报酬，会影响员工的士气，在企业困难时，也很难做到"共渡难关"，员工可能会选择离职或消极工作。

4) 基于市场的薪酬体系

此种薪酬体系是根据市场价格确定企业薪酬水平，根据地区及行业人才市场的薪酬调查结果，确定岗位的具体薪酬水平。人才资源的稀缺程度在很大程度上决定了薪酬的市场水平。该薪酬体系一般适用于企业的核心人员。

优点：企业可以通过薪酬策略吸引和留住关键人才。企业也可以通过调整那些替代性强的人才的薪酬水平，节省人工成本，提高企业竞争力。参照市场价格来确定工资水平，员工容易接受，并减少员工在企业内部的矛盾。

不足：第一，市场导向的工资制度要求企业有良好的发展能力和盈利水平，否则难以支付和市场接轨的工资水平。第二，员工要非常了解市场薪酬水平，才能认同市场工资体系，因此，这种薪酬体系对薪酬市场数据的客观性提出很高的要求，同时，对员工的职业化素质也提出了很高的要求。第三，完全按照市场价格来支付薪酬，会使企业内部薪酬差距拉大，造成员工之间的矛盾。

5) 组合薪酬结构

该种薪酬结构的特点是将薪酬分解成几个组成部分，分别依据绩效、技术和培训水平、职务(或岗位)、年龄和工龄等因素确定薪酬额。

2. 新型薪酬结构系统

在薪酬结构中，除了有固定薪酬部分和效益工资、业绩工资、奖金等短期激励薪酬部分外，还有股票期权、股票增值权、虚拟股票等长期激励薪酬部分。一般的情况是，高级管理人员的薪酬结构中长期激励部分比重较大，而中级管理人员的薪酬结构中长期激励部分比重较小。

总体来说，每种薪酬模式和其适用对象基本上都应遵循以上设计的原则。但是薪酬不是万能的，它不可能完全发挥激励的作用，还要辅以其他管理手段。比如说三层面理论提及：高管可以配合适用股权激励等长期激励方式；核心骨干人员可以设计职业发展通道进行激励；基层员工可以采用轮岗等方式不断提高其技能，促进个人发展以获得激励效果等，而这些又和企业的实际状况和市场环境有密切的关系。因此，在薪酬模式的设计中，一定要结合实际状况，进行灵活的运用，才能实现科学构建薪酬管理体系的目标。

7.2.3 薪酬体系设计原则

1. 战略导向原则

薪酬体系的设计要遵循企业的战略，体现战略发展的要求。例如，企业进行新产品推广，就要适当提高固定工资比例和新产品销售的提成系数。企业在进行薪酬设计时，必须从企业战略的角度进行分析，确定哪些因素重要，哪些因素不重要，并通过一定的价值标准，赋予这些因素一定的权重，同时确定它们的价值分配标准。没有匹配战略导向的薪酬体系将会在一定程度上妨碍企业的发展。

2. 公平性原则

公平性是薪酬体系的基础。员工只有在认为薪酬体系公平的前提下，才能产生对企业的认同感和归属感，才能激励员工努力地工作。公平性原则是亚当斯公平理论在薪酬设计中的应用，它非常强调企业在设计薪酬时要"一碗水端平"。包括横向公平、纵向公平和外部公平三个方面。

一是横向公平，企业要确保按劳分配，同工同酬。根据员工承担责任的大小，需要的知识能力的高低，工作性质和要求的不同，以及绩效的不同来支付员工的薪酬，以体现不同层级、不同职系、不同岗位在企业中的价值差异。例如，对于从事同种工作的员工，优秀员工就要比差一些的员工获得的工资高一些。

二是纵向公平，即企业设计薪酬时要考虑到历史的延续性，一个员工过去的投入产出比和现在乃至将来都应该基本上是一致的，从长远看要有所增长。这里涉及一个工资刚性问题，即一个企业发给员工的工资水平在正常情况下只能看涨，不能看跌，否则会引起员工很大的不满。

三是外部公平，即企业的薪酬设计与同行业的同类人才相比要具有一致性。也就是说，企业的薪酬水平要符合合理的行业市场定位。

3. 外部竞争性原则

企业要获得优秀的人才加盟，就要制定出对人才具有吸引力和竞争力的薪酬体系。企业在设计薪酬体系时，要考虑到同行业的市场平均薪酬水平和竞争对手的薪酬水平，保证企业的薪酬水平在市场上具有一定的竞争力，这样才能吸引和留住企业发展所需的战略、关键性人才。例如，海底捞的薪酬策略是为员工支付高于市场平均水平10%以上的薪酬。

4. 经济性原则

经济性原则要求企业设计薪酬体系时必须充分考虑企业自身发展的特点和实际的支付

能力，一方面要保证薪酬水平具有一定的竞争力和激励性；另一方面要确保企业的资金积累，使企业具有可持续发展的基础。对于企业而言，从短期来看，企业的销售收入扣除各项非人工(人力资源)费用和成本后，要能够支付起企业所有员工的薪酬；从长期来看，企业在支付所有员工的薪酬及补偿所用非人工费用和成本后，要有盈余，这样才能支撑企业追加和扩大投资，获得企业的可持续发展。

5. 激励性原则

薪酬本身具有激励的功能，企业要制定一套科学合理的薪酬体系来调动员工的积极性、主动性和创造性。例如，企业在设计薪酬体系时，同样是 10 万元，不同的部门、不同的市场、不同的企业发展阶段，支付给不同的员工，一种方式是发 4 万元的工资和 6 万元的奖金，另一种方式是发 6 万元的工资和 4 万元的奖金，激励效果完全是不一样的。企业的薪酬设计要以增强工资和奖金的激励性为导向，了解人性的特点和员工的需求以及工作岗位的性质和要求，合理设计薪酬结构，通过动态工资和奖金等激励性工资单元的设计，激发员工的积极性。

6. 合法性原则

薪酬体系的设计应当在国家和地区相关劳动法律法规允许的范围内进行。企业制定的薪酬制度必须符合国家法律法规的规定。例如，国家在最低工资标准、工作时间、经济补偿金、加班加点工资等方面都有相应的规定。

7. 补偿性原则

补偿性原则是薪酬体系设计要考虑到的基本原则，即企业支付给员工的薪酬应足以补偿员工基本生活需要的付出，包括员工恢复工作精力所必要的各种生活费用和为开展工作所投入的用于学习知识和技能的费用等。

7.2.4 薪酬体系设计程序

如前所述，一套好的薪酬体系应对内具有激励性，对外具有竞争性和吸引力。设计一套科学、合理的薪酬体系，一般要考虑以下 8 个步骤。

1. 确定薪酬策略

薪酬策略是在综合考虑企业战略、目标、文化和外部环境的基础上，制定的对薪酬管理的指导原则。企业的发展战略决定了企业的薪酬策略。确定薪酬策略就是确定符合企业价值判断准则和反映企业战略需求的薪酬分配策略。薪酬策略可以体现在以下三个方面：一是薪酬水平策略，即领先型、跟随型还是滞后型或是混合型；二是薪酬激励策略，即重点激励哪些员工，采用什么样的激励方式；三是薪酬结构策略，即薪酬应当由哪些部分构成，各占多大比例，薪酬分多少层级，层级之间的关系如何等。

例如，企业处于发展阶段，其经营策略是追求快速增长，此时应采取的薪酬策略可能是企业与员工共担风险，在薪酬结构上采取"低固定薪酬+高浮动薪酬"的策略；企业处于成熟阶段，其经营策略是追求稳健的发展，此时应采取的薪酬策略可能是给予员工较高的薪酬，提高固定薪酬的比例。

2. 进行岗位分析

岗位分析是薪酬体系设计的基础。通过岗位分析，可以明确各岗位的工作性质、职责的大小、劳动强度的大小、工作环境及条件的要求以及任职资格等。岗位分析做好了，才能进一步地进行岗位评价，确定薪酬等级水平等。

3. 实施岗位评价

岗位评价是确保薪酬体系内部公平性的重要手段之一。岗位评价是对岗位的难易程度、责任大小等进行评价，以衡量各个岗位的重要性或"相对价值"，确定岗位等级，进而确定新制定的等级及工资标准。例如，将整个企业的薪酬体系设计为10级，秘书这个岗位的薪酬定为5级，而董事长这个岗位的薪酬就是10级。通过这样的办法来解决薪酬内部公平性的问题。

4. 开展薪酬调查

薪酬调查是为了解决企业薪酬外部均衡性的问题。调查的对象一般选择本地区、同行业中的其他企业或者其他行业中与本企业存在竞争关系的企业。调查的内容包括本企业所属行业的整体工资水平、竞争对手的薪酬状况、企业所在地区的工资水平和生活水平、岗位的职责和任职条件等。调查的方法有问卷调查、委托专业调查公司、搜集公开的薪酬资料、流动人员调查等。

5. 进行薪酬定位

薪酬定位是薪酬体系设计的关键环节，它明确了企业薪酬水平在市场上的相对位置，反映了企业薪酬水平竞争能力的强弱程度。影响企业薪酬定位的因素有企业内部因素和企业外部因素两种。企业内部因素主要有企业的薪酬策略、盈利能力、支付能力、发展阶段等。企业外部因素有国家相关的法律法规、目标劳动力市场的薪酬水平、目标劳动力市场的人才供求状况，以及产品市场的差异化程度等。

6. 设计薪酬结构

薪酬结构可以阐明员工薪酬的构成项目及各部分所占的比例。薪酬的构成主要包括工资、津贴、奖金、福利等。薪酬的不同组成部分起着不同的激励作用。薪酬体系的设计主要是决定以什么为基础或依据来设立企业的工资结构。薪酬的结构可以分为以工作为导向的薪酬结构(岗位薪酬制)、以绩效为导向的薪酬结构(绩效薪酬制)、以技能为导向的薪酬结构(技能薪酬制)和组合薪酬结构(组合薪酬制)。

7. 确定薪酬水平

薪酬水平是企业内部各个岗位具体的薪酬标准。在确定某一岗位的薪酬水平时，可以通过岗位分析、岗位评价和参照薪酬市场调查的结果来确定不同职级、职等的薪酬水平、薪酬幅度、薪酬级差等。

8. 薪酬体系的实施、调整和修正

薪酬体系的初稿设计完成以后，应广泛征求员工的意见，以确保其民主性、公平性和合理性。在正式实施之前，企业需要事先和员工进行沟通，必要时还要辅以培训。在实施的过程中，企业要定期调查员工的薪酬需求及其满意度，了解员工的想法和建议，并根据外部环境的变化，及时对薪酬体系进行调整和修正。

总之，薪酬体系设计只有根据企业的实际情况，并紧密结合企业的战略和文化，系统全面地考虑各种影响因素，并及时进行修正和调整，才能充分发挥薪酬的激励和引导作用，为企业的生存和发展提供重要的制度保障。

引导案例解析

没有一种好的办法能一劳永逸地解决分配问题，在这种作坊式的小企业里，老板与员工每天有大量时间接触，关系是否和谐非常重要。唯有靠小老板良好的个人魅力并善待下属，才会让大师傅内心产生归属感及满足感，积极工作努力为老板创造利润，到那时候牛肉的多少就不成问题了。

拉面馆老板应借鉴以下方法来进行管理。

(1) 底薪加提成，提高大师傅积极性。

(2) 不能把全线流程的权力都下放给大师傅，比如加牛肉由老板或老板娘来做。

(3) 建立有效的制度，包括奖赏和惩罚，制度根据顾客的满意程度和利润来建立。

(4) 大师傅的工资提成不能只和销量挂钩，应该和老板的利润挂钩，比如一碗面中老板利润的 30%是大师傅的工资。

(5) 平时给大师傅精神奖励，让大师傅认为自己也是面馆的主人。

课堂实训&案例讨论

阳光公司是一家小型国企，主要业务是城市农贸市场的开发和管理，主要负责农贸市场内部规划、秩序管理、安全管理和环境管理等。公司约 100 人，人员结构中 30 岁以下的员工较少。公司组织结构分为高层、中层和基层。

自公司成立以来高层执行年薪制，年收入由上级单位核定。中层和基层工资执行的是岗位工资制，工资构成包括岗位工资、全勤奖、餐补、年终绩效奖。员工反映目前公司的工资构成过于单一，同一层级岗位的岗位工资一样，人员的工资没有差异。每年年底考核一次，也基本流于形式，获得优秀也就多 2000 元的年终绩效奖励。

该公司主要业务是农贸市场的开发和管理，业务集中在市场规划部和市场管理部，但是这两个部门无论业务做得好坏，工资金额固定，基本上没有什么激励性体现，加上市场管理部有轮班制，需要上夜班，导致很多员工消极怠工，都想去职能部门。

公司也因为农贸市场管理不是很好，上级单位对公司的经营业绩考核逐年降低，公司领导的年收入也受到很大影响，为此公司领导急于改变现状，优化薪酬管理，增强激励性，从而提高员工的工作积极性。

(资料来源：知乎-周大贵，https://www.zhihu.com/people/zhou-da-gui-67)

【案例讨论】

(1) 该公司想增强薪酬的激励性，该如何做？

(2) 在绩效管理方面可以做哪些改进？

【案例解析】、【企业实战&经典案例】与【阅读参考】可登录清华大学出版社网址 (http://www.tup.tsinghua.edu.cn 或 http://www.tup.com.cn)查看。

任务 7.3 福 利 管 理

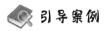

员工福利该不该取消?

三晋化肥厂是 A 市的重点企业,小王是该厂的人力资源部主管。十年前,他从学校分配到该厂。当时,该厂效益不错,福利也多,不用掏钱可以分到吃不完的粮油,上下班免费接送,有的职工甚至还可以外出旅游度假。能在这样的企业工作,他觉得荣耀和自豪,并产生一种内在的归属感。而近几年,他发现一些单位技术骨干不断调走,流入一家工资高出三倍的县合资化肥企业。对员工满意度进行调查,近七成的职工对单位的福利不再感兴趣,倾向拥有较高工资。小王意识到,要单位拿出同样高工资留住人才是不现实的,而福利对员工的激励功能明显减弱,有福利无福利一个样,福利多福利少一个样。

(资料来源:百度文库,http://wenku.baidu.com/view/8055baf95b8102d276a20029bd64783e09127dac.html)

【问题思考】

作为人力资源部门主管,该不该向领导提出建议,取消一部分没用的福利呢?小王很是困惑。

福利是员工的间接报酬。一般包括健康保险、带薪假期或退休金等。这些奖励作为企业成员福利的一部分,奖给职工个人或者员工小组。福利管理是指选择福利项目、确定福利标准、制定各种福利发放明细表等福利方面的管理工作。福利管理有利于企业获得社会声望,增强员工信任感和归属感,合理避税又不降低员工实际薪酬水平,适当缩小薪酬差距。对员工,福利保险一经确定不大会取消,较工资奖金更恒定、更可靠,可为员工退休生活及不可预测事件提供保障。

7.3.1 福利概述

1. 福利的概念

福利是企业以组织成员身份为依据,而不是以员工的劳动情况为依据支付给员工的间接薪酬。在劳动经济学中,又被称为小额优惠。员工福利是企、事业单位和机关团体为全体员工举办的集体生活福利设施、文化福利设施以及各项补贴制度的总称。福利有广义和狭义之分,广义福利具有三个层次:第一个层次是以全体社会成员为对象的国家福利;第二个层次是以一定地区居民为对象的地方福利;第三个层次是以本单位员工为对象的员工福利。狭义福利单指员工福利,又称为职业福利或劳动福利,它是企业为满足劳动者的生活需要,在工资收入之外,向雇员本人及其家属提供的货币、实物及一些服务形式。本书主要探讨狭义福利。

2. 福利的特点、性质

福利一般采取实物支付或延期支付的方式；具有固定成本的性质，具有刚性、均等性、集体性等特点。福利的表现形式灵活多样，具有保健性质、税收优惠以及规模效应等优势。但是福利作为薪酬构成中的一部分，存在激励性不够，刚性过强，一旦提供，难以取消的问题。

7.3.2 福利的作用

从国外的情况来看，在雇员的全部收入中，福利所占的比例普遍在 38%以上，有的企业已经上升到 50%以上。从我国的情况来看，以北京市国有制造业为例，1990—1998 年保险福利占人工成本总额的比例区间为 38.4%~31.32%；外商投资企业制造业为 44.68%~32.25%。1999 年，北京市企业保险福利费用总额 229.29 亿元，相当于工资总额的 37.3%。在保险福利总额中，离休、退休、退职费占 5.8%；丧葬、抚恤、救济费占 0.3%；医疗卫生费占 30.6%；员工生活困难补贴占 0.3%；文体宣传费占 0.9%；集体福利事业补贴和集体福利设施费占 2.4%；计划生育补贴占 0.4%；冬季取暖补贴占 1%；其他占 8.3%。总之，福利对吸引员工，促进组织的发展具有十分重要的意义。具体内容如下所述。

1. 吸引优秀员工

优秀员工是组织发展的顶梁柱，以前一直认为，组织主要靠高工资来吸引优秀员工，现在许多企业家认识到，良好的福利有时比高工资更能吸引优秀员工。

2. 提高员工的士气

良好的福利使员工无后顾之忧，使员工有与组织共荣辱之感，士气必然会高涨。

3. 降低员工辞职率

员工过高的辞职率必然会使组织的工作受到一定损失，而良好的福利会使很多可能流动的员工打消流动的念头。

4. 激励员工

良好的福利会使员工产生由衷的工作满意感，进而激发员工自觉为组织目标奋斗的动力。

5. 凝聚员工

组织的凝聚力由许多因素组成，但良好的福利无疑是个重要因素，因为良好的福利体现了组织高层管理者以人为本的经营思想。

6. 提高企业经济效益

良好的福利一方面可以使员工得到更多的实惠，另一方面用在员工身上的投资会产生更多的回报。

7.3.3 福利的内容

《中华人民共和国劳动法》第三条规定：劳动者享有平等就业和选择职业的权利、取得劳动报酬的权利、休息休假的权利、获得劳动安全卫生保护的权利、接受职业技能培训的权利、享受社会保险和福利的权利、提请劳动争议处理的权利以及法律法规规定的其他劳动权利。由此可见："享受福利"是劳动者的劳动权利之一。福利不等于劳动报酬，不等于社会保险，也不等于国家法律法规规定的正常的休息休假，而是与三者并列的一种权利。福利包括国家法定福利和企业自主的福利，如图7-2所示。

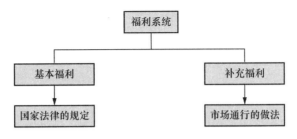

图7-2 福利系统的构成

1. 法定福利

法定福利也叫作基本福利，是指按照国家法律、法规和政策规定必须发生的福利项目，其特点是只要企业建立并存在，就有义务、有责任且必须按照国家统一规定的福利项目和支付标准支付，不受企业所有制性质、经济效益和支付能力的影响。法定福利包括下述几种类型。

微课30 什么是法定福利

1) 社会保险

社会保险主要是通过筹集社会保险基金，并在一定范围内对社会保险基金实行统筹调剂至劳动者遭遇劳动风险时给予必要的帮助，社会保险对劳动者提供的是基本生活保障。包括养老保险、医疗保险、工伤保险、失业保险。只要员工符合享受社会保险的条件，即或者与用人单位建立了劳动关系，或者已按规定缴纳各项社会保险费，即可享受社会保险待遇。社会保险是社会保障制度的核心内容。

2) 公休假日

公休假日又称"公休日和公共假日"，是指国家法律明文规定的带薪休假制度，是法律规定或者依法订立的协议规定的每工作一定时间必须休息的时间。如每工作五天以后休息两天，这两天就是公休假日。随着社会经济的发展，公休假的意义越来越突出。公休假是对人的休闲权利的一种尊重，是社会文明进步的一种标志。随着社会经济的发展，休闲在人们生活中的地位越来越重要，公休假可使人们拥有更多的时间在紧张的工作和生活中放松身心。

3) 法定节假日

法定节假日是指根据各国、各民族的风俗习惯或纪念要求，由国家法律统一规定的用以进行庆祝及度假的休息时间。法定节假日制度是国家政治、经济、文化制度的重要反映，涉及经济社会的多个方面，涉及广大人民群众的切身利益。现行法定年节假日标准为11天。包括春节、清明节、劳动节等节日。

4) 探亲假

探亲假是指与父母或配偶分居两地的职工，每年享有的与父母或配偶团聚的假期。规定探亲假的目的是适当解决职工同亲属长期远居两地的探亲问题。

5) 带薪休假

职工连续工作满 1 年的，可享受带薪年休假待遇，是为职工提供更多休假的时间，利于实现错峰休假；员工累计工作已满 1 年不满 10 年的，年休假 5 天，已满 10 年不满 20 年的，年休假 10 天，已满 20 年的，年休假 15 天。

2. 补充福利

补充福利是指在国家法定的基本福利之外，由企业自定的福利项目，企业补充福利项目的多少和标准的高低在很大程度上要受到企业经济效益和支付能力的影响以及企业出于自身某种目的的影响。

补充福利的项目五花八门，经常见到的有交通补贴、房租补助、免费住房、工作午餐、女工卫生费、通信补助、互助会、员工生活困难补助、财产保险、人寿保险、法律顾问、心理咨询、贷款担保、内部优惠商品、搬家补助、子女医疗费补助等。值得注意的是，许多人将住房公积金认为是法定福利，其实不是，住房公积金在我国国民经济发展中占据着重要地位，是指国家机关、国有企业、城镇集体企业、外商投资企业、城镇私营企业及其他城镇企业、事业单位、民办非企业单位、社会团体及其在职职工缴存的长期住房储金。

1) 集体福利与个人福利

集体福利是指全部员工可以享受的公共福利设施，包括员工集体生活设施，如员工食堂、托儿所、幼儿园等；集体文化体育设施，如图书馆、阅览室、健身室、浴池、体育场(馆)；医疗设施，如医院、医疗室等。

个人福利是指在个人具备国家及所在企业规定的条件时可以享受的福利，如探亲假、子女医疗补助、生活困难补助、房租补贴等。

2) 经济性福利与非经济性福利

(1) 经济性福利。

a. 住房性福利：以成本价向员工出售住房，给予房租补贴等。

b. 交通性福利：为员工免费购买电、汽车月票或地铁月票，用班车接送员工上下班。

c. 饮食性福利：免费供应午餐、慰问性的水果等。

d. 教育培训性福利：员工的脱产进修、短期培训等。

e. 医疗保健性福利：免费为员工进行例行体检，或者打预防针等。

f. 文化旅游性福利：为员工过生日而举办的活动、集体旅游、体育设施的购置等。

g. 金融性福利：为员工购买住房提供低息贷款。

h. 其他生活性福利：直接提供的工作服。

i. 企业补充保险与商业保险：补充保险包括补充养老保险、补充医疗保险等。商业保险包括安全与健康保险，如人寿保险、意外死亡与肢体残伤保险、医疗保险、病假职业病疗养、特殊工作津贴等；养老保险金计划；家庭财产保险等。

(2) 非经济性福利。企业提供非经济性福利，基本目的在于全面改善员工的"工作生活质量"。这类福利形式包括下述 3 种。

a. 咨询性服务，如免费提供法律咨询和员工心理健康咨询等。

b. 保护性服务，如平等就业权利保护(反性别、年龄歧视等)、隐私权保护等。

c. 工作环境保护，如实行弹性工作时间、缩短工作时间、员工参与民主化管理等。

7.3.4 弹性福利制

1. 弹性福利的含义

弹性福利又称为自助餐式福利、菜单式福利、自选福利或弹性福利计划等，是一种有别于传统固定式福利的新员工福利制度。"弹性福利计划"与"传统福利计划"最大的区别在于给予员工选择权和决定权。最大限度满足员工个性化需要，大大提高了员工对福利的感知度与体验值。

在实践中通常是由企业提供一份列有各种福利项目的"菜单"，然后由员工依照自己的需求从中选择其需要的项目，组合成属于自己的一套福利"套餐"。这种制度非常强调"员工参与"的过程。当然员工的选择不是完全自由的，有一些项目，例如法定福利就是每位员工的必选项。此外企业通常都会根据员工的薪水、年资或家庭背景等因素来设定每一个员工所拥有的福利预算，同时福利清单的每项福利项目都会附一个金额，员工只能在自己的预算内购买喜欢的福利。

2. 弹性福利的类型

1) 附加型弹性福利计划

这是最普遍的一种形式，是在现有的福利计划之外，再提供其他不同的福利措施或提高原有福利项目的水准，让员工去选择。

2) 核心加选择型

这种类型由"核心福利"和"弹性选择福利"所组成，前者是每个员工都可以享有的基本福利，不能自由选择；后者可以随意选择，并附有价格。

3) 弹性支用账户

这是比较特殊的一种，员工每一年可从其税前总收入中拨取一定数额的款项作为自己的"支用账户"，并以此账户去选择购买雇主所提供的各种福利待遇。拨入支用账户的金额不需扣缴所得税，不过账户中的金额如未能于年度内用完，余额就归公司所有；既不可在下一个年度中并用，更不能够以现金的方式发放。

4) 福利套餐型

福利套餐型是由企业同时推出不同的福利组合，每一个组合所包含的福利项目或优惠水准都不一样，员工只能选择其中一种弹性福利，性质如同餐厅里的套餐消费。

5) 选高择低型

选高择低型一般会提供几种项目不等、程度不一的福利组合供员工选择，以组织现有的固定福利计划为基础，再据以规划数种不同的福利组合。这些组合的价值和原有的固定福利相比，有的高，有的低。如果员工看中了一个价值较原有福利待遇还高的福利组合，那么他就需要从薪水中扣除一定的金额来支付其间的差价。如果他挑选的是一个价值较低的福利组合，他就可以要求雇主发给其间的差额。

3. 弹性福利的优缺点

1) 弹性福利的优点

(1) 满足员工的个性化需求。由于每个员工个人的情况是不同的，因此他们的需求可能也是不同的，例如，年轻的员工可能更喜欢以货币的方式支付福利，有孩子的员工可能希望企业提供儿童照顾的津贴，而年龄大的员工又可能特别关注养老保险和医疗保险。

传统的福利计划，企业作为福利的买单者，同时也能行使福利计划的决策权，员工作为福利的消费者却没有被赋予选择权。因此这种全员统一、标准化的福利计划安排由于不能满足员工的个性化需求，直接导致了员工对福利计划的体验值与满意度不高。

弹性福利计划的引入将福利产品选择权赋予员工本人，员工可以根据自身及家庭的需求自主决定福利产品或产品组合。真正做到"我的福利，我做主"。从而帮助员工真正认知了企业提供福利的价值，强化了其对企业的归属感，使福利成本价值最大化。弹性福利实现了企业和员工诉求上的双赢。

(2) 控制福利成本。在传统的福利体系下，福利和现金薪酬一样具有很强的刚性，福利标准只能升不能降，福利项目只能增不能减。一方面企业要承受逐年攀升的福利成本压力，另一方面福利在员工激励方面的效能又不能得到充分发挥。

在弹性福利计划体制下，企业可以在既定福利预算额度框架内，通过不断丰富可供选择的福利项目提高员工的体验值，即在不增加成本的前提下优化福利价值的效能。同时，企业还可以通过与员工共担福利成本的方式，设计员工自费福利计划，帮助员工享受到团体福利的实惠。比如，企业可以安排一些高标准的福利产品(如高额度的人身意外险、高保障的健康医疗保险、体检等)，有需求的员工可以选择个人承担一部分费用给本人或家属购买这类产品，由于是企业统一安排，员工不仅可享受到团购带来的实惠，而且也可省去大量的时间投入。

(3) 提高员工的福利满意度。在内部员工福利需求调研中发现，员工在被问及是否了解公司为其提供的福利保障时，80%以上的员工都回答不太了解。这也是令企业管理层和HR最为头疼的问题。一方面是企业的福利成本居高不下，HR劳心费力为员工提供福利待遇；另一方面却是员工的毫无感知。传统福利计划由于是企业一手操办，员工被动享受，在整个福利计划实行过程中，员工由于没有参与感，对福利的内容和价值缺乏直观的感受。

弹性福利计划的优势恰恰在于强调了员工在本人福利计划决策中的参与感与决定权。企业实施弹性福利计划时，员工沟通是其中非常重要的环节，HR可以充分利用这一机会引导员工认识企业福利的真正价值。

(4) 引导员工的福利使用行为。在传统福利制度下，每个员工的福利项目是一样的，而且具有相对的延续性与稳定性。虽然企业在设计这些福利项目上是经过深思熟虑的，但由于沟通方式过于简单，加上员工在享受福利上存在一定的被动性，特别是某些风险防范类的福利项目绝大多数员工没有机会体验，因此对其价值和意义也无从谈起。

目前采取弹性福利计划的企业中绝大多数企业均采取"核心福利+自选福利"的模式。其中核心福利更多强调的是企业从风险防范角度强制性安排的福利项目，一般要求员工在预算额度内将其作为必选项目。员工在决定个人福利产品组合时，通过对必选项目的了解，可以提高其对风险的认识，加深对福利基本功能的理解，改变片面地将福利等同于变相的现金收入的观念。

(5) 区别于竞争对手。区别于竞争对手的弹性福利计划安排可以增强企业与员工之间的情感联系，从而达到保留人才的目的。中国的各行各业都处于人才战日趋白热化的阶段，单纯靠现金收入的比拼肯定不是企业激励和保留人才的唯一手段，激励与保留人才需要人力资源管理各个领域的综合作用。有调研显示，吸引员工主要靠薪酬，留住员工靠福利，员工在决定是否跳槽时，企业福利会成为影响其最终决策的重要因素。福利计划具有比现金薪酬更为丰富的内涵，能够在更大程度上传递企业的文化价值观以及对人才的基本理念。弹性福利计划的实施，可使企业区别于竞争对手，帮助企业保留人才。

(6) 发挥福利的激励作用。传统的福利制度安排更强调福利的保障作用，而执行弹性福利计划，企业可以区分不同的员工群体(职级、业绩、岗位族群等)制定差异化的预算标准、配置不同的福利产品包。一方面可以充分照顾到不同群体的特殊需求，另一方面可以充分发挥福利的激励性作用，传递企业文化，帮助企业吸引和保留人才。

(7) 在并购重组情况下整合福利。在企业遇到并购重组的情况下，两家企业原有的福利标准和计划安排可能完全不同，单纯地就高或就低都不能完全满足不同员工群体的需求，同时还会给企业带来更大的成本压力。采用弹性福利计划，可以将不同企业的福利项目一并纳入福利产品包内，只要通过设定一个合理的预算标准，就可以在增加员工公平感的同时还能保证大家继续享有不同的福利计划待遇。

2) 弹性福利制度的缺点

首先，它导致了管理的复杂性。由于员工的需求是不同的，因此自由选择大大增加了企业具体实施福利的种类，从而增加了统计、核算和管理的工作量，这会增加福利的管理成本。

其次，这种模式的实施可能存在"逆向选择"的倾向，员工可能为了享受金额最大化而选择了自己并不最需要的福利项目。

再次，由员工自己选择可能还会出现非理性的问题，员工可能只考虑眼前利益或者考虑不周，从而过早地用完了自己的限额，这样当他再需要其他福利项目时，就可能无法购买或者需要透支。

最后，允许员工自由进行选择，可能会造成福利项目实施的不统一，这样就会减少统一性模式所具有的规模效应。

4. 弹性福利制度遵循的原则

弹性福利应与企业员工的个性需求紧密联系。弹性福利的设计是否成功很大程度上取决于是否满足员工的真正需求。满足不同年龄、背景和不同层次的员工在不同时期多样化的需求是弹性福利设计的首要原则。此外弹性福利设计还需要遵循以下原则。

1) 组织战略导向

传统的福利项目往往是普惠的，福利基本属于保健因素，它只可以消除员工的不满，却不能发挥更大的激励作用。弹性福利在某种程度上增加了福利的激励性，福利项目的设计和方案的实施范围上要与组织的战略发展目标相结合，以保证企业战略发展目标的实现。

2) 成本控制原则

在现代企业中，福利在整个薪酬包中的比例越来越大，企业要满足员工对多元化福利的需求，同时也要对福利成本进行合理的控制，应有切实可行的成本预算，在可接受的成本支出前提下，尽可能为员工提供高品质的福利项目。

3) 系统性设计原则

弹性福利设计不仅要考虑不同福利项目的匹配，更要注意福利导向与直接报酬激励的一致性，弹性福利设计时要考虑福利总额与企业整体绩效相结合，尽量运用有限的成本获得效益最大化。

4) 遵纪守法原则

设立福利项目必须符合国家相关法律对于福利金提取使用等要求，按照国家规定比例走税前列支，非税前列支福利项目需要将其纳入员工个人收入中。2009年11月12日，财政部《关于企业加强职工福利费财务管理的通知》对不能纳入福利费的项目作了进一步明确。

5) 行政与人力成本之投入

弹性福利制度给公司带来的最大困扰，在于必须花许多人工审核处理员工申请补助的单据，而每年与合作厂商议价也必须花上许多时间成本，此为企业导入弹性福利制度前应审慎考虑之处。

6) 动态调整原则

弹性福利不是一成不变的，员工的需求在不同时期往往有着显著的差异，必须及时根据新的情况进行相应的调整，维持短、中、长期结合的福利体系的平衡，保持一定的弹性和自由度，建立动态纠偏制度，以适应员工需求。

5. 弹性福利的设计步骤

企业在设计弹性化的福利体系时，一般可以先遵循以下步骤。

(1) 系统地清点企业目前所有提供的法律的、税制的和自行设立的福利项目。

(2) 查明自行设立福利项目的原因。

(3) 对向员工个人和员工整体按规定提供和自行设立的福利项目进行精确的年度预算，包括绝对数值和所占的百分比(如占工资总额、销售额、盈利和行业平均数的比例)。

(4) 定期开展员工调查和问询，了解他们对所设立的福利项目的重要性和满意程度的意见。

(5) 定期将自己的福利政策与工会和其他行业协会政策，以及人力资源市场上存在竞争关系的公司的政策(依据相关的薪酬和福利调查)进行比较。

(6) 为了实现随时为员工提供有吸引力的福利的目标，需要不断调整企业的福利政策以适应环境条件的变化，当然这样做必须符合经济原则，要注意福利导向与直接报酬相抵触。

(7) 为保证福利政策和实践的统一，必须将其全面系统地编写到员工手册中。

■ **引导案例解析**

上述案例中，小王作为人力资源部门的主管，不应当考虑是不是砍掉某项具体的没用的福利，而应当首先审视自己单位的福利在管理上是不是有了问题。

 课堂实训&案例讨论

某公司人力资源部经理曾夏岭最近很苦恼。4月初，在公司开年以来形势一片大好的情况下，老总在员工会议上提出，7月上旬安排大家前往张家界旅游。听此消息，员工们非常兴奋。随着行期临近，出游一事也成了近来员工们讨论的热点。可大伙儿迟迟不见公司发布"最新动向"，便向曾夏岭询问。曾夏岭向老总提起，老总却眉头一皱："这个出游的计划，还是取消了吧！最近还没到业务淡季，加上费用也不低，以后再说。"曾夏岭甚为无奈，诸如此类的事情，已经不是一次两次了。公司总体业绩好的时候，老总便授意提高员工薪水，业绩一下滑，待遇就开始大幅缩水，一旦遭遇此问题，员工们怨声载道，直指人力资源部；去年年底的年会上，老总趁着高兴劲儿，提出给大家每月发放300元的生活补助，之后仅执行了三个月，又被老总一句话给取消了……曾夏岭的工作陷入被动局面，对这种"随意制"一筹莫展。

(资料来源：百度文库，https://wenku.baidu.com/view/51f3ff0279563c1ec5da7155.html)

【案例讨论】

请结合员工福利的特点分析该企业员工福利的问题症结在哪儿？应如何改进？

【案例解析】、【企业实战&经典案例】与【阅读参考】可登录清华大学出版社网址(http://www.tup.tsinghua.edu.cn 或 http://www.tup.com.cn)查看。

任务7.4 工资构成及计算

引导案例

小王跟妻子小丽结婚快一年了，感情很好。结婚的时候小丽要求小王每个月的工资都要交给自己，如需用钱再在她这里来拿，小王对妻子也是百依百顺，想着自己单位包吃包住，平时也没什么花销，每个月老婆也会放2000块钱当个人开销，如果遇到大事需要用钱，问老婆要就是了，于是欣然答应。但是这个月就闹矛盾了，小丽发现工资卡里面除了每个月固定的工资外，还有一笔1000元钱，但是小王并没有给小丽，因此小丽就找小王闹，说他不诚信，欺骗了自己。可是小王呢，又很冤枉，这笔钱是自己过生日单位发的生日福利，以前是以生日卡的形式发放，今年公司工会换成了发放现金的方式，认为这只是单位福利，不算工资，想着快一周年结婚纪念日了，可以留下来凑钱给老婆买件礼物，而小丽始终坚持这就是工资，单位发的钱都是工资，都应该交给她，小王真是有理说不清。

(资料来源：通过互联网综合收集、整理及加工。)

【问题思考】

如果你是小王，应该怎么给妻子解释？到底这笔钱是不是工资呢？

7.4.1 工资总额构成

工资总额是指企业在一定时期内支付给职工的劳动报酬总额。它包括按计时工资率支付的计时工资、按计件单价支付的计件工资、各种经常性奖金、各种工资性质的津贴，以及按国家规定支付给职工的

微课31 工资总额的构成与内容

非工作时间的工资。

1. 工资总额包含的项目

1) 计时工资

计时工资是指按计时工资标准(包括地区生活费补贴)和工作时间支付给个人的劳动报酬。包括对已做工作按计时工资标准支付的工资；实行结构工资制的单位支付给职工的基础工资与职务(岗位)工资；新参加工作职工的见习工资(学徒的生活费)；运动员体育津贴等。

微课32　计件工资的计算

2) 计件工资

计件工资是指对已做工作按计件单价支付的劳动报酬。包括实行超额累进计件和直接无限计件与限额计件、超定额计件等工资，按劳动部门或主管部门批准的定额和计件单价支付给个人的工资；按工作任务包干方法支付给个人的工资；按营业额提成或利润提成办法支付给个人的工资。

3) 奖金

奖金是指支付给职工的超额劳动报酬和增收节支的劳动报酬。包括生产奖；节约奖；劳动竞赛奖；机关、事业单位的奖励工资；其他奖金。

4) 津贴和补贴

津贴和补贴是指为了补偿职工特殊或额外的劳动消耗和因其他特殊原因支付给职工的津贴，以及为了保证职工工资水平不受物价影响支付给职工的物价补贴。

(1) 津贴包括补偿职工特殊或者额外劳动消耗的津贴、保健性津贴、技术性津贴、年功性津贴(工龄津贴)及其他津贴。

(2) 物价补贴包括为保证职工的工资水平不受物价上涨或变动影响而支付的各种补贴。

5) 加班加点工资

加班加点工资是指按规定支付的加班工资和加点工资。

6) 特殊情况下支付的工资

特殊情况下支付的工资包括下述几项。

(1) 国家有关法律、法规和政策规定，因病与工伤及产假、计划生育假、婚丧假、事假、探亲假、定期休假、停工学习、执行国家或社会义务等原因按计时工资标准或计时工资标准的一定比例支付的工资。

(2) 附加工资。又称"工资附加费"。是指以计划期职工工资总额的一定比例提取的各种基金的统称。包括劳动保险金、工会经费、医药卫生补助金、福利补助金、企业直接支付的劳动保险费用，是"文革"开始后实行的一种制度。1978年恢复奖励制度和计件工资形式以后，国家处理附加工资的主要精神是已享受了附加工资的职工仍按原额度发放，未享受的新职工不发放。附加工资要随着职工标准工资增加而逐步冲销。经过1979年以来多次工资调整及1985年的工资改革，附加工资已基本冲销了。

(3) 保留工资。是指由于某种原因形成的职工原工资高于现行级别工资标准而保留发放的那部分工资。是国家为保证原工资水平较高的职工工资待遇不下降而采取的一种过渡办法。对保留工资的处理原则是按国家规定予以保留的工资要支付给职工，但在职工以后的工资增长中要予以抵销。对职工计算支付计件工资、奖金、加班加点工资及津贴时，应以其本人现行标准工资为基础，不包括保留工资；但在计发停工、工伤假、产假期间的工资以及退休金时应包括保留工资在内。

2. 工资总额不包括的项目

(1) 根据国务院发布的相关规定，颁发的发明创造奖与自然科学奖、科学技术进步奖和支付的合理化建议和技术改进奖以及支付给运动员、教练员的奖金。

(2) 有关劳动保险和职工福利方面的各项费用。

(3) 有关离休、退休、退职人员待遇的各项支出。

(4) 劳动保护的各项支出。

(5) 稿费、讲课费及其他专门工作报酬。

(6) 伙食补助费、午餐补助费、调动工作的旅费和安家费。

(7) 带工具和牲畜来企业工作职工所支付的工具与牲畜等的补偿费用。

(8) 租赁经营单位承租人的风险性补偿收入。

(9) 买本企业股票及其债券的职工所支付的股息(包括股金分红)和利息。

(10) 劳动合同制职工解除劳动合同时由企业支付的医疗补助费及生活补助费等。

(11) 因录用临时工而在工资之外向提供劳动力单位支付的手续费或管理费。

(12) 支付给家庭工人的加工费及其按加工订货办法支付给承包单位的发包费用。

(13) 支付给参加企业劳动的在校学生的补贴。

(14) 计划生育独生子女补贴。

7.4.2 工资计算凭证

职工工资核算的原始凭证主要包括工资卡、考勤记录、工时记录、产量记录、工资单、工资汇总表等。

1. 工资卡

工资卡主要记录职工的工资级别和工资标准，反映每个职工的基本情况。

2. 考勤记录

考勤记录是登记出勤和缺勤时间及其情况的原始记录，是计算计时工资的主要依据，也是计算计件工资的依据之一。

3. 工时记录

工时记录是登记产品生产工人或生产小组在出勤时间内工作时数及其情况的原始记录。

4. 产量记录

产量记录是登记产品生产工人或生产小组在出勤时间内完成产品的数量、质量和耗用工时的原始记录。

5. 工资单

工资单(又称工资结算单、工资表、工资计算表等)是据以向每个职工发放工资和津贴的原始记录。

6. 工资汇总表

工资汇总表是据以提供企业各部门工资类别并作为发放工资、进行工资分配提供资料的原始记录。

前三项是工资核算的主要原始记录，也是编制工资单的主要依据；工资单是前三项原始记录的货币表现，是工资发放的原始依据；工资汇总表是根据工资单汇总编制的，是编制工资发放付款记账凭证和工资分配转账记账凭证的重要依据。

7.4.3 工资计算的法规政策

我国《劳动法》《劳动合同法》《劳动争议调解仲裁法》《社会保险法》《劳动合同法实施条例》等法律和行政法规的出台，覆盖了HR 工作大部分的内容。HR 从业人员要知法懂法，善于用法律思维处理工作中遇到的问题，防范劳动纠纷，体现 HR 人员的专业素养，维护公司的良好形象。

微课33　工资计算的法规政策

1. 工作时间

工作时间又称劳动时间，指劳动者为履行工作义务，在法定限度内，在用人单位从事工作或者生产的时间。工作时间的长度由法律直接规定，或由集体合同或劳动合同直接规定。工作时间可分为标准工作时间、缩短工作时间、延长工作时间、不定时工作时间、综合计算工作时间、计件工作时间和其他情形。

1) 标准工作时间

标准工作时间(标准工时)是指法律规定的在一般情况下普遍适用的，按照正常作息制度安排的工作日和工作周的工时制度。我国的标准工时为劳动者每日工作 8 小时，平均每周工作 40 小时，每周至少一天休息日。实行计件工资的劳动者，用人单位应当根据每日工作不超过 8 小时、平均每周工作不超过 40 小时的工时制度，合理确定其劳动定额和计件报酬标准。

2) 缩短工作时间

缩短工作时间是指法律规定的在特殊情况下劳动者的工作时间长度少于标准工作时间的工时制度，即每日工作少于 8 小时。缩短工作日适用于下述劳动者。

(1) 从事矿山井下、高温、有毒有害、特别繁重或过度紧张等作业的劳动者。

(2) 从事夜班工作的劳动者。

(3) 哺乳期内的女职工。

3) 延长工作时间

延长工作时间是指超过标准工作日的工作时间，即日工作时间超过 8 小时，每周工作时间超过 40 小时。延长工作时间必须符合法律、法规的规定。

4) 不定时工作时间和综合计算工作时间

不定时工作时间又称不定时工作制，是指无固定工作时数限制的工时制度。适用于工作性质和职责范围不受固定工作时间限制的劳动者。如企业中的高级管理人员、外勤人员、推销人员和部分值班人员，从事交通运输的工作人员以及其他因生产特点、工作特殊需要或职责范围的关系，适合实行不定时工作制的职工等。综合计算工作时间，又称综合计算工时工作制，是指以一定时间为周期，集中安排并综合计算工作时间和休息时间的工时制度，即分别以周、月、季、年为周期综合计算工作时间，但其平均日工作时间和平均周工作时间应与法定标准工作时间基本相同。对符合下列条件之一的职工，可以实行综合计算工作日：①交通、铁路、邮电、水运、航空、渔业等行业中因工作性质特殊，需连续作业的职工；②地质及资源勘探、建筑、制盐、制糖、旅游等受季节和自然条件限制的行业的部分职工；③其他适合实行综合计算工时工作制的职工。

实行不定时工作制和综合计算工时工作制的企业，应根据《劳动法》的有关规定，与工会和劳动者协商，履行审批手续，在保障职工身体健康并充分听取职工意见的基础上，采用集中工作、集中休息、轮流调休、弹性工作时间等适当方式，确保职工的休息休假权利和生产、工作任务的完成。对于实行不定时工作制的劳动者，企业应根据标准工时制度合理确定劳动者的劳动定额或其他考核标准，以便安排劳动者休息。其工资由企业按照本单位的工资制度和工资分配办法，根据劳动者的实际工作时间和完成劳动定额情况计发。对于符合带薪年休假条件的劳动者，企业可安排其享受带薪年休假。实行综合计算工时工作制的企业，在综合计算周期内，某一具体日(或周)的实际工作时间可以超过 8 小时(或 40 小时)。但综合计算周期内的总实际工作时间不应超过总法定标准工作时间，超过部分应视为延长上班时间，并按劳动法第四十四条第(1)项的规定支付工资报酬，其中法定休假日安排劳动者工作的，按劳动法第四十四条第(3)项的规定支付工资报酬。而且延长工作时间的小时数平均每月不得超过 36 小时。

5) 计件工作时间

计件工作时间是以劳动者完成一定劳动定额为标准的工时制度。

6) 其他情形

法定标准工作日以外的工作，应按以下标准支付工资。

(1) 用人单位依法安排劳动者在日法定标准工作时间以外延长工作时间的，按照不低于劳动合同规定的劳动者本人日或小时工资标准的 150%支付劳动者工资。

(2) 用人单位依法安排劳动者在休息日工作，而不能安排补休的，按照不低于劳动合同规定的劳动者本人日或小时工资标准的 200%支付劳动者工资。

(3) 用人单位依法安排劳动者在法定休假节日工作的，按照不低于劳动合同规定的劳动者本人日或小时工资标准的 300%支付劳动者工资。

2. 经济补偿金

经济补偿金是用人单位解除劳动合同时，给予劳动者的经济补偿。经济补偿金是在劳动合同解除或终止后，用人单位依法一次性支付给劳动者的经济上的补助。我国法律一般称作"经济补偿"。我国《劳动法》、1994 年劳动部发布的《违反和解除劳动合同的经济补偿办法》等规定了用人单位在与劳动者解除劳动合同时，应该按照一定标准一次性支付一定金额的经济补偿金。

1) 不承担经济补偿的条件

(1) 劳动者在试用期间被证明不符合录用条件的。此种情况在试用期满后不再适用。

(2) 劳动者严重违反劳动纪律或用人单位规章制度的。

(3) 劳动者严重失职、营私舞弊，对用人单位利益造成重大损失的。

(4) 劳动者被追究刑事责任的。

(5) 劳动者主动提出解除劳动合同，或者用人单位提高劳动合同工资待遇但劳动者不愿意续签的，用人单位可以不支付经济补偿金。

(6) 劳动者在劳动合同期限内，由于主管部门调动或转移工作单位而被解除劳动合同，未造成失业的，用人单位可以不支付经济补偿金。

前述(2)~(4)款规定的条件出现时，用人单位可以开除、除名的形式解除劳动合同。在解除劳动合同时应注意以下问题：第一，从劳动者违纪行为做出处理决定的时间间隔，超过了处理时效，不能以此解除劳动合同。第二，以开除的形式解除劳动合同的，应征求工会的意见。第三，根据罪由法定的原则，劳动者涉嫌违法犯罪被限制人身自由且未被法院作出终审判决期间，不能解除劳动合同。此期间，用人单位也无须承担劳动合同规定的义务。第四，劳动者违纪或给用人单位利益造成重大损失的依据可以是法律法规规定的，也可以是用人单位经合法程序制定且公示的企业内部管理规则等。

2) 承担经济补偿责任的条件

(1) 劳动者单方解除劳动合同，用人单位有下列情形之一的，劳动者可以解除劳动合同：

① 未按照劳动合同约定提供劳动保护或者劳动条件的；

② 未及时足额支付劳动报酬的；

③ 未依法为劳动者缴纳社会保险费的；

④ 用人单位的规章制度违反法律、法规的规定，损害劳动者权益的；

⑤ 因《劳动合同法》第二十六条第一款规定的情形致使劳动合同无效的；

⑥ 法律、行政法规规定劳动者可以解除劳动合同的其他情形。

用人单位以暴力、威胁或者非法限制人身自由的手段强迫劳动者劳动的，或者用人单位违章指挥、强令冒险作业危及劳动者人身安全的，劳动者可以立即解除劳动合同，不需事先告知用人单位。

(2) 用人单位依照《劳动合同法》第三十六条规定向劳动者提出解除劳动合同并与劳动者协商一致解除劳动合同的。

由用人单位首先提出解除协议的，应当支付经济补偿。相较劳动法的规定，本项经济补偿范围有所缩小。《劳动法》第二十四条、第二十八条规定，用人单位与劳动者协商一致解除劳动合同的，用人单位应当依照国家有关规定给予经济补偿。在《劳动合同法》制定过程中，考虑到有的情况下，劳动者主动跳槽，与用人单位协商解除劳动合同，此时劳动者一般不会失业，或者对失业早有准备，如果要求用人单位支付经济补偿不太合理，因此对协商解除情形下，给予经济补偿的条件作了一定限制。

(3) 用人单位依照《劳动合同法》第四十条规定解除劳动合同的。

无过失性辞退，有下列情形之一的，用人单位提前三十日以书面形式通知劳动者本人或者额外支付劳动者一个月工资后，可以解除劳动合同：

① 劳动者患病或者非因工负伤，在规定的医疗期满后不能从事原工作，也不能从事由用人单位另行安排的工作的；

② 劳动者不能胜任工作，经过培训或者调整工作岗位，仍不能胜任工作的；

③ 劳动合同订立时所依据的客观情况发生重大变化，致使劳动合同无法履行，经用人单位与劳动者协商，未能就变更劳动合同内容达成协议的。

(4) 用人单位依照《劳动合同法》第四十一条第一款规定解除劳动合同的。

经济性裁员，有下列情形之一，需要裁减人员二十人以上或者裁减不足二十人但占企业职工总数10%以上的，用人单位提前三十日向工会或者全体职工说明情况，听取工会或者职工的意见后，裁减人员方案经向劳动行政部门报告，可以裁减人员。

(5) 除用人单位维持或者提高劳动合同约定条件续订劳动合同，劳动者不同意续订的情形外，依照《劳动合同法》第四十四条第一项规定终止固定期限劳动合同的：

① 劳动合同期满时，用人单位同意续订劳动合同，且维持或者提高劳动合同约定条件，劳动者不同意续订的，劳动合同终止，用人单位不支付经济补偿；

② 如果用人单位同意续订劳动合同，但降低劳动合同约定条件，劳动者不同意续订的，劳动合同终止，用人单位应当支付经济补偿；

③ 如果用人单位不同意续订，无论劳动者是否同意续订，劳动合同终止，用人单位应当支付经济补偿。

注意：以完成一定工作任务为期限的劳动合同终止时的经济补偿、工伤职工的劳动合同的经济补偿、劳务派遣中的经济补偿，都是要给付的。

(6) 依照《劳动合同法》第四十四条第四项、第五项规定终止劳动合同的。

《劳动合同法》第四十四条第四项规定，用人单位被依法宣告破产的，劳动合同终止。第四十四条第五项规定，用人单位被吊销营业执照、责令关闭、撤销或者用人单位决定提前解散的，劳动合同终止。《企业破产法》第一百一十三条规定，破产清偿顺序中第一项为破产人所欠职工的工资和医疗、伤残补助、抚恤费用，所欠的应当划入职工个人账户的基本养老保险、基本医疗保险费用，以及法律、行政法规规定应当支付给职工的补偿金。用人单位因为有违法行为而被吊销营业执照、责令关闭、撤销时，劳动者是无辜的，其权益应该受到保护。劳动合同终止时，用人单位应该支付经济补偿。较劳动法的规定，本项规定是增加的规定。

(7) 法律、行政法规规定的其他情形。

有些法律、行政法规中有关于用人单位支付经济补偿的规定。如《国营企业实行劳动合同制度暂行规定》规定，国营企业的老职工在劳动合同期满与企业终止劳动关系后可以领取相当于经济补偿的有关生活补助费。尽管《国营企业实行劳动合同制度暂行规定》于2001年被废止，但2001年之前参加工作的劳动者，在劳动合同终止后，仍可以领取自工作之日起至2001年的生活补助费。

上述条件出现，用人单位解除劳动合同应提前30天通知，支付经济补偿，其标准为根据劳动者在本单位工作年限，每满1年发给1个月工资作为经济补偿金。补偿金的发放按照"就高不就低的原则"确定，即按照解除劳动合同前的12个月的平均工资计算，本人平均工资高于企业平均工资的，按本人平均工资发放，否则，按企业平均工资发放；第二种情形最多不超过12个月；第一种情形还要视病情和劳动能力状况，发给一定的医疗补助费。劳动者非因工致残和经医生或医疗机构认定患有难以治疗的疾病，医疗期满，应当由劳动鉴定委员会参照工伤与职业病致残程度标准进行劳动能力鉴定。被鉴定为一至四级的，应当退出劳动岗位，解除劳动关系，并办理退休、退职手续，享受退休、退职待遇。

3. 个人所得税

个人所得税是调整征税机关与自然人(居民、非居民人)之间在个人所得税的征纳与管理过程中所发生的社会关系的法律规范的总称。个人所得税的纳税人是指在中国境内有住所,或者虽无住所但在境内居住满一年,以及无住所又不居住或居住不满一年但有从中国境内取得所得的个人,包括中国公民、个体工商户、外籍个人等。

自 2018 年 10 月 1 日起,个税起征点调至每月 5000 元,增加子女教育、大病医疗等专项费用扣除。

专项附加扣除包括下述各项。

(1) 纳税人本人或配偶发生的首套住房贷款利息支出,可按每月 1000 元标准定额扣除。

(2) 住房租金根据纳税人承租住房所在城市的不同,按每月 800 元到 1200 元标准定额扣除。

(3) 纳税人赡养 60 岁(含)以上父母的,按照每月 2000 元标准定额扣除。

(4) 纳税人在一个纳税年度内发生的自负医药费用超过 1.5 万元部分,可在每年 6 万元限额内据实扣除。

(5) 纳税人的子女接受学前教育和学历教育的相关支出,按每个子女每年 1.2 万元(每月 1000 元)标准定额扣除。

(6) 纳税人接受学历或非学历继续教育的支出,在规定期间可按每年 3600 元或 4800 元标准定额扣除。

计算方法:

应纳税所得额=扣除三险一金后月收入-扣除标准

扣除标准 5000 元/月(自 2018 年 10 月 1 日起正式执行)(工资、薪金所得适用)。

应纳个人所得税税额=应纳税所得额×适用税率-速算扣除数

税率表见图 7-3。

全月应纳税所得额	税 率	速算扣除数/元
全月应纳税所得额不超过 3000 元	3%	0
全月应纳税所得额超过 3000 元至 12000 元	10%	210
全月应纳税所得额超过 12000 元至 25000 元	20%	1410
全月应纳税所得额超过 25000 元至 35000 元	25%	2660
全月应纳税所得额超过 35000 元至 55000 元	30%	4410
全月应纳税所得额超过 55000 元至 80000 元	35%	7160
全月应纳税所得额超过 80000 元	45%	15160

图 7-3 自 2018 年 10 月 1 日起调整后的 7 级超额累进税率

4. 最低工资保障

我国最低工资保障制度是国家通过立法,强制规定用人单位支付给劳动者的工资不得低于国家规定的最低工资标准,以保障劳动者能够满足其自身及其家庭成员基本生活需要的法律制度。最低工资保障制度是国家对劳动力市场的运行进行干预的一种重要手段。最低工资是指劳动者在法定工作时间内提供了正常劳动的前提下,其所在用人单位应支付的最低劳动报酬。最低工资的支付以劳动者在法定工作时间内提供了正常劳动为条件。劳动者因探亲、结婚、直系亲属死亡按照规定休假期间，以及依法参加国家和社会活动，视为提供了正常劳动，用人单位支付给劳动者的工资不得低于其适用的最低工资标准。劳动者与用人单位形成或建立劳动关系后，试用、熟练、见习期间，在法定工作时间内提供了正常劳动，其所在的用人单位应当支付其不低于最低工资标准的工资。

最低工资不包括下列各项。

(1) 加班加点工资。

(2) 中班、夜班、高温、低温、井下、有毒有害等特殊工作环境条件下的津贴。

(3) 国家法律、法规和政策规定的劳动者保险、福利待遇。

(4) 用人单位通过贴补伙食、住房等支付给劳动者的非货币性收入。

最低工资的具体标准由省、自治区、直辖市人民政府规定，报国务院备案。在确定和调整最低工资标准时，应综合参考下列因素。

(1) 劳动者本人及平均赡养人口的最低生活费用。

(2) 社会平均工资水平。

(3) 劳动生产率。

(4) 就业状况。

(5) 地区之间经济发展水平的差异。最低工资标准应当高于当地的社会救济金和失业保险金标准，低于平均工资。最低工资标准发布实施后，如确定最低工资标准参考的因素发生变化，或本地区职工生活费用价格指数累计变动较大时，应当适时调整，但每年最多调整一次。

劳动部发布的《企业最低工资规定》明确我国最低工资保障制度适用范围为"本规定适用于中华人民共和国境内各种经济类型的企业以及在其中领取报酬的劳动者"，"乡镇企业，是否适用本规定，由省、自治区、直辖市人民政府决定"。

《劳动法》明确规定："用人单位支付劳动者的工资不得低于当地最低工资标准。"最低工资应以法定货币支付。用人单位支付给劳动者的工资低于最低工资标准的，由当地人民政府劳动保障行政部门责令其限期改正，逾期未改正的，由劳动保障行政部门对用人单位和责任者给予经济处罚，限期支付劳动者工资低于当地最低工资标准的差额；逾期不支付，责令用人单位按照应付金额50%以上1倍以下的标准计算，向劳动者加付赔偿金。

5. 克扣或非法扣除工资

企业提供职工食宿，从职工工资里直接扣除食宿费。"包食宿"只能算是员工福利，不能转嫁给劳动者。

以无证无据的各种"罪状"为借口扣罚工资，以员工有偷窃行为、员工在工作期间出过事故如超载被罚等为由克扣工资。

6. 工资的发放

工资须在用人单位与劳动者约定的日期支付。如遇节假日或休息日，则应提前在最近的工作日支付。工资至少每月支付一次，实行周、日、小时工资制的可按周、日、小时支付工资。

7.4.4 工资的计算

1. 制度工作时间的计算

年工作日：365 天-104 天(休息日)-11 天(法定节假日)=250 天
季工作日：250 天÷4 季=62.5 天/季
月工作日：250 天÷12 月=20.83 天/月
工作小时数的计算：以月、季、年的工作日乘以每日的 8 小时

2. 日工资、小时工资的折算

按照《劳动法》第五十一条的规定，法定节假日用人单位应当依法支付工资，即折算日工资、小时工资时不剔除国家规定的 11 天法定节假日。据此，日工资、小时工资的折算为

日工资=月工资收入÷月计薪天数
小时工资=月工资收入÷(月计薪天数×8 小时)
月计薪天数=(365 天-104 天)÷12 月=21.75 天

按《劳动法》规定，法定节假日用人单位应依法支付工资，即折算日工资、小时工资时不剔除国家规定的 11 天法定节假日。职工月计薪天数 21.75 天，由(365 天-104 天)÷12 个月所得。职工日工资的计算办法为月工资收入÷月计薪天数；小时工资的计算办法为月工资收入÷(月计薪天数×8 小时)。

3. 应付职工工资

应付职工工资是计算实发工资的基础。企业计算出应付工资以后，再减去各种代扣款项，即为实发工资。应付工资、实发工资的计算公式为

应付工资=计时工资+计件工资+经常性奖金+工资性津贴+加班工资
实发工资=应付工资-代扣款项合计

1) 计时工资

计时工资计算的主要依据是基本工资和工作时间。目前我国大多数企业的工资都采用月薪制，因此这里只介绍月应付计时工资的计算。

若每个职工每月都出满勤，只需按其基本工资数，就可直接得出月计时工资额。如果出现缺勤问题，月应付计时工资的计算公式为

应付计时工资=月标准工资-缺勤应扣工资
缺勤应扣工资=日工资×事假天数+上年度日工资×病假天数×扣款比例

上述公式中涉及的一个关键指标是日工资率。

日工资率是每个职工每天应得的工资额。是每月按平均法定工作日数 21.75 日计算。21.75 日为年日历天数 365 日减去 104 个双休日，再除以 12 个月算出的平均数，即(365-104)÷12≈21.75(天)。(注：目前 11 个法定节假日已纳入计薪体系，即职工在 11 个法定节假日可以带薪休假。)

2) 计件工资

计件工资是根据当月产量记录中的产品数量和规定的计件单价计算工资。计件工资计算的主要依据有合格品数量、料废品数量、计件单价等。料废品是指由于材料缺陷(料废)

而导致的废品。料废品数量应和合格品数量加在一起，按同一计件单价计算计件工资；如果是由于工人加工过失而造成的废品(工废)，则工废品数量不计算计件工资，有的还应由工人赔偿相应的损失。计件单价是根据工人生产单位产品所需要的工时定额和该级工人每小时的工资率计算出来的。

应付计件工资计算公式为

应付计件工资=(合格品数量+料废品数量)×计件单价

如果是按生产小组计算集体计件工资，应按上述方法首先计算出小组应得的计件工资总额，然后在小组各成员之间按照一定的分配标准进行分配。

集体计件工资是以工作队(组)为计算单位，工资取决于计件单位集体的劳动成果，它是以工作队(组)生产的合格产品的数量乘以计件单价，计算出应得的计件工资总额，然后在班组或工作队内部工人之间根据每个人的技术熟练程度和贡献大小等进行合理的分配。

按照本人标准工资分配，即将集体所得的计件工资，按照成员个人日工资标准和实际工作天数进行分配。其计算公式

个人实得计件工资 = 个人日工资标准×实际工作天数×工资分配系数

其中：工资分配系数 = 集体实得计件工资总额÷集体应得标准工资总额

集体应得计件工资总额 = 工作队(组)生产合格产品数量×计件单价

集体应得标准工资总额 = $\sum$(个人日工资标准×实际工作天数)

3) 加班工资

根据《劳动法》第三十六、四十一、四十四条规定：劳动者每日工作不超过 8 小时，平均每周工作不得超过 44 小时；用人单位由于生产的需要，经与工会和劳动者协商后可以延长工作时间，一般每日不得超过 1 小时；因特别原因需要延长工作时间的，在保障劳动者自身健康的条件下延长工作时间每日不得超过 3 小时；但每月不得超过 36 小时。

(1) 安排劳动者延长工作时间的，支付不低于工资的 150%的工资报酬。

(2) 休息日安排劳动者工作又不能安排补休的，支付不低于工资的 200%的工资报酬。

(3) 法定休假日安排劳动者工作的，支付不低于工资的 300%的工资报酬。

以某职工月岗位应得的工资 750 元计算，日工资标准约为 35.85 元，小时工资约为 4.48 元。元旦加班一天(8 小时)，该职工加班费计算公式为：4.48 元×300%×8 小时=107.52 元；1 月 2 日和 3 日加班两天(每天加班 8 小时)，(1 月 2 日和 3 日为休息日)该职工加班费计算公式为：4.48×200%×16 小时=143.36 元。

4) 经常性奖金的计算

应根据企业制定的奖金支付标准和得奖条件计算。

5) 工资性津贴的计算

工资性津贴项目较多，适用的政策依据不一，企业在计算该项内容时，应遵循国家对各种津贴种类、标准、范围等政策的规定。

6) 特殊情况下的工资

《劳动法》第五十一条"劳动者在法定休假日和婚丧假期间以及依法参加社会活动期间，用人单位应当依法支付工资"的规定，构成我国特殊工资支付规定。特殊情况下的工资按计时工资或计件工资标准或计时工资、计件工资标准的一定比例支付。具体包括履行国家和社会义务期间的工资；婚、丧等事假工资；探亲假工资；停工期间的待遇；职工半

脱产学习期间的工资；伤、病、产假工资；年休假工资；附加工资和保留工资。

7) 代扣款项的计算

代扣款项，是指从应付工资中代扣的应由职工个人支付的各种款项，如代扣的个人所得税、社会劳动保险金、住房公积金、互助储金、工会会员会费等。

■ 引导案例解析

工资是指劳动者从其所在用人单位获得的全部劳动报酬。工资有广义和狭义之分。广义的工资指各种劳动收入。狭义的工资则专指劳动法中所调整的劳动者基于劳动关系取得的各种劳动收入。

 课堂实训&案例讨论

某生产班组共有甲、乙、丙、丁4名工人，该月生产某产品2000件，每件计件单价为3元，班组成员日工资标准和实际工作天数如表7-1所示。

表7-1 班组成员日工资标准和实际工作天数

工 人	月工资标准/元	日工资标准/元	工作天数
甲	1500	71.70	22
乙	1300	62.14	22
丙	1000	47.80	21
丁	800	38.24	20
合计			85

【案例讨论】

(1) 求集体计件工资总额和集体标准工资总额。

(2) 求工资分配系数。

(3) 计算每个人实得计件工资额。

【案例解析】、【企业实战&经典案例】、【知识巩固】可登录清华大学出版社网址(http://www.tup.tsinghua.edu.cn 或 http://www.tup.com.cn)查看。

项目 8 员工关系管理

【知识目标】

- 了解员工关系管理基本术语;
- 掌握员工关系管理基本方法;
- 掌握员工关系管理内容;
- 掌握员工关系管理的风险规避方法。

【能力目标】

- 能够收集、分析、整理、解决员工关系矛盾;
- 能够具有劳动关系管理能力,会操作员工入职、在职、离职基本流程;
- 能够具有法律观念,能按劳动合同法等法律法规处理员工关系问题;
- 能够具有开展员工活动管理能力。

【核心概念】

员工关系管理、申诉管理、满意度调查、员工纪律管理、劳动关系管理、劳动契约、心理契约

【项目框架图】

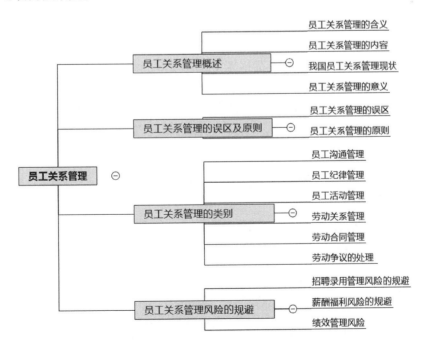

任务 8.1　员工关系管理概述

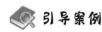引导案例

东航飞行员"集体返航"事件。2008年3月31日,东航云南分公司从昆明飞往大理、丽江、西双版纳、芒市和临沧六地的18个航班在飞到目的地上空后,乘客被告知无法降落,航班全部飞回昆明,这导致昆明机场更多航班延误。虽然东航官方解释是"天气原因",但同一天飞往上述地区的其他航空公司航班则正常降落。之后,东航称集体返航事件有"人为原因"。集体折返的原因,据传是飞行员因为待遇低下而集体"罢飞"。无独有偶,3月份以来,民航业已发生多起类似事件。当月14日下午,同样由于认为受到了不公正的待遇,上海航空公司40余位机长同时报请病假;3月28日,东星航空11名机长因与公司发生劳资等纠纷,集体"斗假",导致多数武汉始发的航班停飞。追本溯源,飞行员"罢飞"事件源于快速放开的民航投资闸门。2004年民营资本可以进入民航业筹建航空公司,但当时各航空公司飞行员总数仅1万多人,刚好能满足当时国内700多架飞机的配备需要。据中国民航总局预测,到2010年,我国航空运输机将达1250架,需补充6500名飞行员,而我国每年培养飞行员的总数只有600~800名。由于民用航空公司的快速发展,需要大量的飞行员,而自己培养飞行员时间不允许,培训费又很高,最简便的方法就是去国有航空公司高薪挖人。而国有航空公司则坚决抵制,各种诉讼不断,索赔天价也挡不住飞行员的跳槽。国有航空公司为了留住飞行员,与飞行员签署的都是长期合同,有的甚至是长达99年的终身合同。中国民航总局联合五部委发文要求"飞行员辞职必须征得原单位的同意",要赔偿原单位"70万~210万元不等的培训费"等,甚至飞行员支付了相关费用,跳槽也不容易。据说东航飞行员集体罢飞就是因为一些飞行员按规定支付了赔偿金,但因原航空公司不放档案而难以到民营航空公司工作。在飞行员跳槽遇阻力,企业内部又没有有效沟通渠道时,无奈之下,一些飞行员选择了集体罢飞这种极端手段。"返航"事件是飞行员和航空公司之间劳资矛盾的一次"井喷",折射出企业与员工之间的矛盾和冲突。目前全国各大、小航空公司的飞行员"辞职门"事件呈愈演愈烈的态势。越来越多的飞行员因不满自己的劳动权益受侵犯以及自己的正当权利得不到保障,而选择以提出辞职的形式来维护自己的合法权益。

(资料来源:通过互联网综合收集、整理及加工。)

【问题思考】

从强行辞职到对簿公堂,再到罢飞事件,一系列的辞职案例告诉我们什么?

员工关系是组织中由于雇佣行为而产生的关系,是人力资源管理的一个特定领域。在市场经济体制下如何协调企业与员工的利益,建立劳动者正常、有效的利益诉求管道,避免采用极端维权方式来表达不满和诉求,已成为企业管理者、政府和劳动者需要共同面对的问题。

8.1.1 员工关系管理的含义

1. 员工关系的定义

员工关系又称雇员关系,是研究与雇佣行为管理有关的问题的特殊现象。强调以员工为主体和出发点的企业内部关系,注重个体层次上的关系和交流。

微课 34 员工关系的内涵

2. 员工关系管理的定义

员工关系管理是指雇佣关系中,员工与员工雇佣者之间产生的管理问题。涉及企业与员工个体、管理者与被管理者,以及员工群体之间的各种工作关系、利益冲突和社会关系进行协调与管理的制度、体系及行为。

员工关系管理是人力资源管理的一个特定领域,它贯穿于人力资源管理的各个方面。今天,越来越多的企业把组织内的"第一资源"即员工当作"客户"对待,上升到理论高度,就是"员工关系理论"。企业和员工的沟通管理,多采用柔性的、激励性的、非强制性的手段,提高员工满意度,支持组织整体管理目标的实现。

8.1.2 员工关系管理的内容

企业中员工关系非常繁杂,在企业管理中只要与人有关的工作,都和员工关系管理工作有一定的联系。因此在实施员工关系管理的时候,一方面要注意合法合规,另一方面也要注意合情合理,为企业的可持续发展服务。根据我国企业管理实践需求,参照国内外一些企业的实践经验,将员工关系管理者的基本工作内容概括如下。

1. 员工沟通管理

员工沟通管理的主要工作内容包括维护企业上下级之间畅通的沟通渠道,加强申诉管理,确保员工和企业管理者之间产生的纠纷、问题能得到及时有效的解决;提供心理咨询服务,引导并帮助员工在工作中建立良好的人际、群际关系,缓解精神压力,促使员工适应社会和健康发展;开展员工满意度调查,随时关注员工对工作、报酬、自我发展、人际关系等的认识,优先解决员工最关注的问题,促使员工从潜意识对集体组织产生强大的向心力。

2. 员工纪律管理

员工纪律管理的主要工作内容包括制定并维护企业统一的制度、流程、规范或标准作业程序,通过在员工纪律管理实施过程中采取的奖励、惩罚等方式,提高员工行为的统一性和组织纪律性。确立冲突处理的首要责任人,处理突发意外事件。

3. 劳动关系管理

劳动关系管理的主要工作内容包括办理员工入职和离职手续;增强法律意识,预防入职和离职过程中的相关风险;人员信息管理;劳动合同管理;劳动争议处理。

4. 员工活动管理

员工活动管理的主要工作内容包括创建并维护员工各类业余活动的方式、地点或氛围；定期组织开展各类文化、体育、娱乐活动；丰富员工业余生活，帮助员工缓解工作压力，实现劳逸结合。

8.1.3 我国员工关系管理现状

我国处于社会经济转型期，因员工关系而引起的各种问题和矛盾多发，形成了特定的员工关系管理环境，对企业员工关系管理产生了极大的影响。我国员工关系处于不断变化过程中，主要有下述各种特点。

1. 外部环境层面

1) 员工关系管理的法律、法规和政策

2005 年之前，我国在该领域只有《劳动法》《企业劳动争议处理条例》《劳动监察条例》《集体合同规定》《最低工资规定》等法律和法规。这些远不能满足劳动力市场和企业内部对劳动关系和员工关系法律协调的需要。

2005 年后，《劳动合同法》《促进就业法》和《劳动争议调解仲裁法》的立法工作相继展开。自 2008 年 1 月 1 日起，《劳动合同法》和《促进就业法》启动实施。2014 年正式实施的《劳务派遣暂行规定》等对劳务派遣人员和非全日制员工管理进行了很多规制。

这些法律、法规的出台，使企业与员工之间的关系趋向规范化和法治化，通过签订劳动合同规范企业和劳动者的关系，明确双方的权利和义务，规范和约束劳动关系双方的用工行为和劳动行为，体现出对弱势群体的保护。

我国长期的劳动力供大于求的状况，使劳动者在劳动力市场和企业管理中处于相对弱势地位，为维护劳动者的权益和保证公平的实现，需要法律干预和政府实施保护性政策。

2) 劳动力市场的二元结构

随着企业对人才需求的变化，劳动力市场的结构性失衡越来越突出，一些企业急需的专业人才短缺，而只具有一般性技能的劳动力大量闲置。由此造成了我国劳动力市场的二元结构特征明显，职业隔离严重，劳动者收入差距扩大。这些都加大了企业员工关系协调与管理的难度。

3) 三方协调机制的建立与培育

所谓三方机制，按照国际劳工组织的定义是指由政府、雇主组织和工会通过一定的组织机构和运作机制共同处理所有涉及劳动关系的问题，如劳动立法、相关经济和社会政策的制定、就业与劳动条件、工资水平、劳动标准、职业培训、社会保障、职业安全与健康、劳动争议处理等。鉴于劳动关系三方有不同的利益诉求和价值取向，在涉及劳动关系和员工管理方面难免出现分歧和矛盾。为了协调各自的利益，需按一种制度和机制来处理分歧，通过协商、对话来达到妥协与合作。

我国的三方协调机制正在培育过程中，当前的主要问题是相关的法律机制尚需完善，劳资双方主体的代表性不充分，力量不均衡，工会的功能和组织性质不完善，资方力量明显强于雇员及其组织。这些均需要通过法律和制度机制来平衡。

2. 企业内部员工关系管理层面

1) 员工关系管理的意识尚需增强

很多企业没把员工真正当作客户看待，只局限于建立雇佣关系，或者只依法订立劳动合同，而没有其他管理制度和措施。对员工关系管理认知不足，大部分企业没有设置独立的岗位，或即使有也没有能够充分履行员工关系管理的职能。

2) 人资管理人员专业技能有限

多数从业者的知识和经验不全面或相对较弱，而有关劳动法规、沟通、员工活动等领域的知识和技能成为从业者亟待提升的核心能力。

3) 员工关怀不够

物质关怀上，大多数企业会有年度体检、节假日礼金等，但精神关怀层面，如压力冲突化解、员工帮助热线、婚姻家庭关系等采用率较低。

4) 长期激励不足

很多企业福利主要体现在企业班车和工作餐等两方面。甚至许多企业只提供国家规定的五险一金，少数企业保险都不缴。而对股票、期权、分红等长期激励手段利用不够。

8.1.4 员工关系管理的意义

员工关系管理的目的是提高员工满意度、忠诚度和敬业度，进而提高企业生产率，维持企业的竞争优势，使企业在竞争中获胜。许多企业在公司发展状况良好、员工队伍比较稳定时，根本就不会想到还要做什么员工关系管理工作，等到发现下属员工积怨较多，甚至纷纷离职的时候，才想起平时怎么没有重视员工关系管理工作。

建立和谐的员工关系，是企业文化建设的重要方面，也是树立良好企业形象的重要方面。良好的员工关系管理能够增强企业的竞争优势。

▌引导案例解析

案例中显示的是一个典型的员工关系问题，企业和劳动者在很多问题上有着不同的利益诉求和看法，解决这一问题需要从正确认识员工关系的基本理念着手。

任务 8.2　员工关系管理的误区及原则

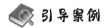 引导案例

Sunny 是一家企业的人力资源总监，有十余年的工作经验，从普通职员做到人力资源总监的位置，除了靠能力和经验之外，她还靠自己的好人缘。

Sunny 特别喜欢和基层员工接触，特别关心基层员工的生活。

最令她满足的是她能够帮助员工解决困难。当某个员工向她反映问题时，她总是第一时间处理，所以每次都能快速帮员工解决困难。员工们私底下给她取个了外号——"有求必应的知心大姐"。可是，这也给她带来了许多麻烦。

某员工因为家庭困难找到Sunny，希望Sunny能给自己涨一些工资。Sunny听完这位员工的描述之后，觉得他实在是太可怜，于是给他涨了工资。结果，这位员工所在部门的其他人听说了这件事，觉得不公平，也来找Sunny。Sunny推托了几次，但这些人还是不断来找她。无奈之下，她就把这类岗位员工的工资全涨了。其他岗位的员工听说后，也来找到她诉苦，她索性说服领导，把全公司员工的工资都涨了。结果，年底业绩评估时，公司的人力费用严重超标。

某部门主管年终绩效考核得分很低，眼看到手的奖金可能还不到同级别其他主管的一半，他慌了，于是去找Sunny，Sunny听完他讲述这一年工作开展的各种困难、家庭遇到的各种变故，以及为工作付出的努力之后，觉得这位主管不应该只拿这么少的年终奖。

Sunny找到老总汇报了这位主管的情况，为他申请了和其他主管一样的奖金。可是，其他主管知道后，感觉自己被公司的绩效考核愚弄了。原来说好的优胜劣汰哪里去了？绩效考核搞了半天，最后还是"大锅饭"。

类似的事件还有很多，如员工旷工后找她求情不算旷工、有主管不给员工及时报工伤找她求情不处罚、有例行工作检查出问题找她求情不通报扣分等。

员工们越来越喜欢她，企业领导层却对她越来越不满意，原本定好的管理制度，最后都形同虚设。

Sunny为此特别郁闷，难道自己对员工好一点错了吗？

(资料来源：通过互联网综合收集、整理及加工。)

【问题思考】

Sunny的做法是否正确？

8.2.1 员工关系管理的误区

1. 员工需求的实现程度，是员工关系管理核心心理契约的集中体现

员工关系管理，绝不是一味地帮助员工解决困难，也不是一味地对员工好。企业不能过分从"细节"或"个体"层面去理解和实施员工关系管理。站在员工个体的角度，员工个性化的要求非常多，企业不可能、也不需要满足全部员工的个性化要求。

每个企业都希望通过提高员工的满意度来增强员工对企业的忠诚度和贡献度，从而增强客户的满意度。然而，对于员工关系管理究竟应该怎么管、管什么、管到什么程度，大多数企业的认识都是模糊的。有的企业有时对员工不闻不问，有时又对员工千依百顺；有时对员工很抠门，有时又对员工很大方。

2. 企业文化的缺失

缺乏共同的愿景，导致员工关系管理的起点不清晰。

没有统一的企业文化很难使企业内部形成统一的价值观，进而难以形成统一、明确的工作标准，也难以实现HR的目标。

3. 制度建立或执行不到位

缺乏完善的激励约束机制,导致 ERM 根本的缺失;即使建立了完善的制度、流程、机制,但缺乏执行力度,不能严格履行;直线管理者应作为员工关系管理的首要责任人;制度不明确。

8.2.2 员工关系管理的原则

在实施员工关系管理过程中,要遵循如下原则。

1. 心理契约是员工关系管理的核心部分

能够留住员工在企业工作的,有劳动契约和心理契约两类契约。劳动契约包括劳动合同、社会保障、薪酬政策、劳动保护等企业依法应当为员工提供的内容;心理契约包括职业发展、工作授权、福利政策、企业文化等具备企业特色且并非有法律强制规定的内容。

劳动契约一般是有形的,心理契约通常是无形的;劳动契约能够留住员工的人,心理契约能够留住员工的心。企业要做好员工关系管理,在做好劳动契约建设的同时,也要做好心理契约建设。

2. 完善激励约束机制是员工关系管理的根本

企业中合理的利益分配关系、上下级关系,决定了企业员工关系管理的质量。企业规章制度标准的建立应以企业与员工共生共存、共同发展为准则,根据统一的晋升机制、激励机制、约束机制,合理平衡企业各方的利益关系,保证员工关系管理的和谐发展。

3. 职能部门负责人和人力资源部门是员工关系管理的共同责任人

员工关系管理的关键并不仅仅是人力资源部门和员工之间的互动关系,更是员工的直属上级和员工之间的关系。人力资源部门在员工关系管理过程中扮演着"配角"的角色,"主角"是员工和员工的直属上级。

在日常工作中,员工的直属上级和员工直接接触,能够第一时间掌握员工的工作、生活等情况,能够第一时间对员工实施员工关系管理。员工的直属上级对员工实施员工关系管理,能够提高团队凝聚力,让员工和企业之间的关系更协调,更容易实现企业的目标。

4. 以共同认同企业文化为目标

员工对企业文化的认同能够换来双方更好的发展。实施员工关系管理,可以让员工认同企业文化、企业愿景、企业理念,二者互相促进。当员工认同企业文化的时候,企业的各项管理制度会更容易得到落实,企业的组织能力也会更强。

■ 引导案例解析

员工关系管理的最终目的不是让每个员工满意,员工关系管理的终极目标是实现企业和员工双方的发展以及让企业各利益相关者满意。这些利益相关者包括员工、消费者、股东、投资人、社会与环境公众,甚至包括供应商、竞争者,同时这些利益相关者也能确保履行自己的义务。

【企业实战&经典案例】可登录清华大学出版社网址(http://www.tup.tsinghua.edu.cn) 或 http://www.tup.com.cn)查看。

任务 8.3　员工关系管理的类别

企业中员工关系非常繁杂,在企业管理中只要与人有关的工作,都和员工关系管理工作有一定的联系。因此在实施员工关系管理的时候,一方面要注意合法合规,另一方面要注意合情合理,为企业的可持续发展服务。

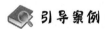

引火烧身的经理

人物:员工甲、乙和经理。

地点:经理办公室。

背景:员工甲和乙发生了冲突,怒气冲冲地找他们的经理评理,于是来到了经理办公室。

甲:经理您说说看,明明是我的客人,结果却被这家伙抢去了,您给评评理!

乙:他胡说!这个客人进门就是我接待的,后来我去招呼另一个客人了,现在转回来做,签了这个单子,当然算我的!

甲:这样我可干不下去了!

乙:干不下去你走啊!

甲:你……(抓住乙)

经理:行了行了,别吵了,有什么大不了的!就这点小事儿也值得打架。(降低问题的严重性、阻止双方宣泄)这样会破坏安定团结的(当双方争执时,表达不愉快的情绪)。

甲:什么!这还算小事儿?这事关我们的奖金分配呢!

乙:就是就是,您怎么一点同情心都没有(引导对方攻击你)。

经理:你们冷静冷静,这事你们俩都有责任(认为双方都有错误)。不过话又说回来,你们不知道我当初做销售时也是这样啊,那时我和另外一个销售吵得还凶呢!后来……(换话题)

甲:算了算了,我看跟他也说不出什么,这种人管理下,我不干了!

乙:我不走,我要向上级领导反映……

经理不但没有帮助员工化解冲突,反而轻易地把他自己放在冲突的网中央。

(资料来源:通过互联网综合收集、整理及加工。)

【问题思考】

你认为经理做法是否妥当?应该怎样解决呢?

8.3.1 员工沟通管理

员工沟通管理的主要工作内容包括维护企业上下级之间畅通的沟通渠道，加强申诉管理，确保员工和企业管理者之间产生的纠纷、问题能得到及时有效的解决；提供员工身心健康服务，引导并帮助员工在工作中建立良好的人际、群际关系，缓解精神压力，促使员工适应社会和健康发展，并实施员工援助计划(Employee Assistance Program，EAP)，帮助员工实现工作与生活的平衡；开展员工满意度调查，随时关注员工对工作、报酬、自我发展、人际关系等的认识，优先解决员工最关注的问题，促使员工从潜意识对集体组织产生强大的向心力。

1. 申诉管理

申诉是指组织成员以口头或书面等正式方式，表现出来的对组织或企业有关事项的不满。它是一种正式的方式，为员工和企业管理者之间产生的纠纷而制定的制度，可以确保员工关系问题得到及时有效的解决。

微课35 有冤何处诉

1) 申诉的种类

(1) 个人申诉，这种申诉多是由于管理方对员工进行惩罚引起的纠纷，通常由个人或工会的代表提出。争议的焦点，是违反了协议中规定的个人和团体的权利，如有关资历的规定、工作规则的违反、不合理的工作分工、工资水平、绩效分配等。

(2) 集体申诉，这种申诉是为了集体利益而提起的政策性申诉，通常是工会针对管理方(在某些情况下，也可能是管理方针对工会)违反协议条款的行为提出的质疑。

2) 建立申诉制度

制定申诉制度，可使员工能够通过正常途径宣泄其不满情绪，化解内部紧张关系，进而消除劳资争议。具有如下意义。

(1) 提供员工依照正式程序，维护其合法权益的通道。

(2) 疏解员工情绪，改善工作气氛。

(3) 审视人力资源管理政策与制度等的合理性。

(4) 防止不同层次管理权的不当使用。

(5) 提高企业内部自行解决问题的能力，避免外力介入或干预，使问题扩大或恶化。

3) 申诉的处理程序

处理员工申诉，不管企业内部是否有工会组织，其主要程序可以归为四个阶段。

(1) 受理申诉。由申诉者和管理者、监督者商谈，在这一过程中重要的是了解申诉产生的关键原因。

(2) 查明事实。员工关系管理者要查明事实，做调查了解，要公正处理，不得偏私。

(3) 解决问题。员工关系管理者在查明事实真相的基础上，应设法解决问题，不让问题扩大化，并向申诉者说明调查结果，作出解释，防止误解，消除顾虑。

(4) 申请仲裁。如果申诉问题在企业内部得不得解决，可以诉诸第三方或公权力进行仲裁。在我国，可以经劳动争议仲裁委员会进行裁决，仲裁后仍不服，还可以在规定期限内向人民法院提起诉讼。

2. 提供心理咨询服务

心理咨询服务是将心理学的理念、理论、方法和技术应用到员工关系管理中，帮助员工解决心理冲突，缓解精神压力，促使员工适应社会和健康发展。实践证明，良好的心里咨询服务，良好的心理教育、疏导和训练，能够增强员工的意志力、自信心、抗挫折能力和自控能力，还能增强员工的创新意识、贡献意识、集体意识和团队精神。许多知名企业已经开始定期邀请心理培训机构的专业人士为员工进行"压力管理"等心理培训。

3. 企业员工帮助计划

企业员工帮助计划(EAP)是企业组织为员工提供的系统的长期的援助与福利项目；通过专业人员对组织以及员工进行诊断和建议，提供专业指导、培训和咨询，帮助员工及其家庭成员解决心理和行为问题，提高绩效及改善组织氛围和管理。

经过几十年的发展，服务模式和内容包括工作压力、心理健康、灾难事件、职业生涯困扰、婚姻家庭问题、健康生活方式、法律纠纷、理财问题、减肥和饮食紊乱等，全方位帮助员工解决个人问题。

1) 企业员工帮助计划的服务内容

(1) 对员工职业心理健康问题进行评估，由专业人员采用专业的心理健康评估方法评估员工心理生活质量现状及问题产生的原因。

(2) 搞好职业心理健康宣传。企业利用海报、自助卡、健康知识讲座等多种形式引导员工正确认识心理健康，鼓励他们在遇到心理问题时要积极寻求帮助。

(3) 设计与改善工作环境。它包括以下几点。

① 改善工作硬环境，即物理环境。

② 通过组织结构变革、领导力培训、团队建设、工作轮换、员工生涯规划等手段改善工作的软环境，在企业内部建立支持性的工作环境，丰富员工的工作内容，指明员工的发展方向，消除问题的诱因。

(4) 开展员工和管理者培训。通过压力管理、挫折应对、保持积极情绪等一系列培训，帮助员工掌握提高心理素质的基本方法，增强其对心理问题的抵抗力。管理者必须掌握员工心理管理的知识，能在员工出现心理问题时，很快找到适当的解决方法。

(5) 开展多种形式的员工心理咨询活动。企业为受心理问题困扰的员工提供咨询热线、网上咨询、团体辅导、个人面询等丰富的形式，充分解决员工心理问题。

2) 企业员工帮助计划的具体做法

(1) 初级预防：消除问题的诱因，其目的是减少或消除任何导致职业心理健康问题的因素，并且更重要的是设法建立一个积极的、支持性的和健康的工作环境。

(2) 二级预防：教育和培训。旨在帮助员工了解职业心理健康知识和进行心理课程教育；向企业内从事员工心理保健的专业人员提供培训课程，以提高员工的心理健康意识和处理员工个人心理问题的能力。

(3) 三级预防：员工心理咨询与辅导。这是指由专业心理咨询人员向员工提供个别、隐秘的心理辅导服务，以解决他们的各种心理和行为问题，使他们能够保持较好的心理状态去生活和工作。

4. 满意度调查

现代企业管理有一个重要的理念：把员工当"客户"。员工是企业利润的创造者，是企业生产力最重要和最活跃的要素，同时也是企业核心竞争力的首要因素。企业的获利能力基本上是由客户忠诚度所决定的，客户忠诚度是由客户满意度所决定的，客户满意度则是由员工所创造的，而员工对公司的忠诚度取决于其对公司是否满意。所以，欲提高客户满意度，需要先提高员工满意度，前者是流，后者是源。没有员工满意度这个源，客户满意度这个流也就无从谈起。

微课36　心委屈了

组织行为研究结果表明，高满意度会对以下方面产生重大影响：高满意度可以提高生产率；可以降低缺勤率；可以降低员工流动率；可以调高组织承诺和公民行为。

员工满意度调查(Employee Satisfaction Survey)是一种科学的人力资源管理工具，它通常以问卷调查等形式，收集员工对企业管理各个方面满意程度的信息，然后通过专业、科学的数据统计和分析，真实地反映公司经营管理现状，为企业管理者决策提供客观的参考依据。

1) 满意度调查的内容

员工满意度调查的内容见表8-1。

表 8-1　员工满意度调查的内容

调查内容	子项	含义
工作满意度	工作适合度	工作适合自己，符合自己的期望和爱好，能扬长避短，工作量适度，工作中的困难可以克服
	工作挑战性与成就感	工作有适度的挑战性，在工作中能够体现个人价值，有发展机会，能达到自我实现的目的等
	工作安全感	工作安全有保障，无职业伤害，工作压力适当，不影响生理和心理健康
	责权分配度	适度、明确的工作分工，工作中适度赋权，责权利匹配
	工作环境与条件	主要指工作的物理环境，包括工作场所干净整洁、光线充沛、温度适宜；工作所需设备和其他资源配备齐全，运行正常等
报酬满意度	薪酬水平	薪酬水平及其增长在相关劳动力市场有一定的竞争力
	薪酬公平	企业内部薪酬分配标准、结果及其薪酬管理具备公平性
	福利待遇	对各项保险、医疗制度以及年休假等企业福利感到满意
自我发展满意度	培训开发	培训的次数、广度和深度，有助于自身发展
	工作提高	能够从工作中不断获得提高的机会，扩展社交范围和社会网络
	上级指导	当工作中遇到困难，能够及时得到上级的帮助和指导
	晋升机会	有充分、公正的晋升机会，职业生涯发展路径通畅
对领导满意度	公司领导	关爱员工，关心员工的发展，注意与员工沟通交流
	主管领导	在分配工作、管理下属、与员工间的沟通等方面能够有效进行激励，下属能领会意图，较好地完成任务
	工作认可	努力工作能得到上级的认可、重视和公平对待

续表

调查内容	子项	含义
人际关系满意度	同事关系	同事之间有适当的心理距离，相互了解和理解，开诚布公，有互帮互助的良性竞争氛围
	沟通方式	沟通渠道畅通，信息传播准确、高效
	尊重体面	工作群体中，对个人人格的尊重及对工作价值的认可，无歧视
组织和管理认同感	组织认同	对组织的背景、历史和企业文化以及企业在行业中的地位和影响力的认同
	参与管理	有参与管理的机会，合理化建议能得到重视
	管理满意度	对企业的各项规章制度的理解和认同，对制度以外的其他管理行为的认同

2) 满意度调查实施流程

员工满意度调查由 HR 在征得领导层支持的前提下，设计调查问卷，并根据调查结果，形成调查报告，根据报告的结果给出提升员工满意度的工作建议。

(1) 建立调查团队，一般由人力资源部门负责组织实施，由各个部门配合完成。

(2) 确立调查对象，可以是全体员工，也可以是部分员工。部分员工可以是针对目前暴露的突出问题而选择，可以根据员工层级选择，也可以根据员工所属特征(地区、年龄、性别、部门)选择。

(3) 确定调查内容，包括工作时间、工作环境、劳动强度、工作感受、薪酬福利、晋升空间、学习机会、领导方式等。

(4) 确定调查方法，可以是定性调查或定量调查，调查方式可以采用问卷调查法、员工访谈法等。

(5) 实施满意度调查，根据行动计划，由调查团队开展实施。

(6) 调查结果的总结、分析和反馈，对满意度调查所有数据结果进行综合统计、数据分析；发现问题做深入挖掘，形成解决方案，并形成最终调查报告，反馈给相关部门、人员。

员工满意度调查有助于培养员工对企业的认同感、归属感，不断增强企业的向心力和凝聚力。员工满意度调查活动可使员工在民主管理的基础上树立以企业为中心的群体意识，从而对组织集体产生强大的潜意识的向心力。

8.3.2 员工纪律管理

员工纪律管理的主要工作内容包括制定并维护企业统一的制度、流程、规范或标准作业程序，通过在员工纪律管理实施过程中采取奖励、惩罚等方式，提高员工行为的统一性和组织纪律性；确立冲突处理的首要责任人，处理突发意外事件。

微课37 奖惩的原理——热炉法则

1. 奖励

奖励属于积极性的激励措施，是对员工某项工作成果的肯定，旨在利用员工的向上心、荣誉感，促使其守法守纪，尽责尽职，并发挥最高的潜能。奖励可以给员工带来高度的自尊感、积极的情绪和满足感。奖励方法见表8-2。

表8-2 员工奖励方法及说明

奖励方法	具体说明
表扬	在公开场合给予表扬、赞美、嘉许，或将事迹公布、刊登在公司发行的内部刊物上
表彰、记功	记功主要以精神奖励为主，一般不进行物质奖励，这些奖励可作为绩效加分或者增加奖金的依据或者晋升的参考，表彰三次相当于记功一次，记功三次相当于记大功一次
物质奖励	采取发放奖金、奖品等方法对员工进行物质奖励
奖状、奖牌、奖章	这种方式可以使受奖者长期显示荣耀，另外，奖状、奖牌、奖章的设计件式，本身的价值及授奖人的身份、地位，都可以影响奖励的效果
晋级加薪	根据员工的表现或者绩效考核情况，提升员工的薪级，从而提高薪酬水平
晋升职务	提升员工的职位，其通常也伴随着薪资的提升。如从技术员提升到技术工程师
培训、考察、深造	对有潜力和表现良好的员工优先进行培训，或提供深造机会，或送其出国考察

2. 惩罚

惩罚则是消极的诱因，其目的是利用人的畏惧感，促使其循规蹈矩，不敢实施违法违纪行为。惩罚会使人产生愤恨、恐惧或挫折心理，除非十分必要，否则不要滥施惩罚。

1) 惩罚的方法

员工惩罚的方法总结见表8-3。

表8-3 员工惩罚的方法及说明

惩罚方法	具体说明
口头警告	对于存在不太严重的违纪行为的，可给予口头警告。虽然口头警告不会像书面警告那样发出，但是也会记录在册，如员工连续受到两次口头警告可记一次最终书面警告
书面警告	对于有较严重的或重复的违纪行为，或连续表现差的员工，可给予书面警告，受到该警告的员工若工作没有改进，或再有任何错误发生，将会受到停职、停薪或者解聘等惩罚
降薪降职	员工违反纪律或工作表现欠佳，或对本职务无法胜任，严重影响工作进行的，可进行降薪降职处理

2）惩罚的原则——热炉法则

每个公司都有自己的"天条"及规章制度，单位中的任何人触犯了都要受到惩罚。

而惩罚容易引起员工的对立情绪，甚至影响和谐的人际关系。与奖赏之类的正面强化手段相反，惩罚之类属于反面强化手段。企业的正常运转与员工的配合是脱离不了的，有好的管理才有好的员工。管理者必须对违反规章制度的员工进行惩罚，并且要照章办事，该罚一定罚，该罚多少就罚多少，不能有半点仁慈和宽厚。这是树立管理者权威的重要方法，也是维护企业制度严肃性的必要手段，西方管理学家将这种惩罚原则称之为"热炉法则"。

热炉法则指出，当员工在工作中违反了规章制度，就像一个烧红的火炉，一定要让他受到"烫"的处罚。惩罚应具有四个显著特点，即刻性、预先示警性、适用平等性和彻底贯穿性。

第一，即刻性。当某人要碰到火炉时，立即就会被烫，火炉对人，不分贵贱亲疏，企业的管理制度也应如此，不分职务高低，适用于任何人，一律平等；还有，违反制度的行为与处罚之间间隔时间过长，就不能发挥罚戒、教育作用，因此，执行制度一定要坚决果断。

第二，预先示警性。火炉摆在那里，要让大家知道碰触则会被烫，这就需要企业的管理有一个健全的长效机制，只有立足于正反两面的引导，使人自觉地去行动，管理机制才能发挥其优越性。

第三，适用平等性。火炉对人不分贵贱亲疏，一律平等对待。无论你是农民还是财主，无论你是士兵还是将军，哪怕是国王，谁碰就烫谁，火炉面前，人人平等，烫人不商量。

第四，彻底贯穿性。火炉对人绝对"说到做到"，不是吓唬人的。执行和落实惩罚制度虽然会使人痛苦一时，但绝对必要，如果企业在执行赏罚时优柔寡断、瞻前顾后，就会使制度成为摆设，失去其应有的作用。

"热炉法则"描述了一种理想状态，若制度的效用真能如此，管理者就可高枕无忧了。实际上，在一个缺乏执行氛围的团队，管理者很大一部分精力将会耗费在推动制度的执行上，但个人的力量，代替不了铁的纪律。我们不缺乏制度，我们缺乏的是铁的纪律，缺乏对铁的纪律的执行。

3. 对员工进行奖惩的程序和步骤

第一步，建立奖惩制度，如《员工奖惩管理办法》。参照范例。

第二步，按照民主程序制定制度并予以公示。员工奖惩制度的制定必须经过民主程序，避免日后发生纠纷。制度制定完成后，按照公示程序，进行全员公示。

第三步，员工学习《员工奖惩管理办法》并签字。组织全员学习并签字确认，确保深入员工内心。

第四步，开始渐进性惩处。对于惩处一定要慎重，避免引起冲突。

员工奖惩管理办法范例见图 8-1。

员工奖惩管理办法(范例)

第一章 总则

第一条 目的

为强化员工遵纪守法和自我约束的意识，增强员工的积极性和创造性，同时保证企业各项规章制度得到执行，维护正常的工作秩序，特制定本制度。

第二条 适用范围

本项管理规定适用于公司所有员工。

第二章 奖励

第三条 公司奖励的方式分经济奖励、行政奖励和特别贡献奖三种。

第四条 员工有下列行为之一者，可获得奖励。

(1) 工作有出色或超常的业绩；

(2) 员工一致拥护和推荐；

(3) 检举违规或损害企业利益的行为；

(4) 对企业经营业务或管理制度提出有效的合理化建议得到采纳实施，并取得重大成果和显著成绩；

(5) 为企业取得重大社会荣誉，或其他特殊贡献，足为员工表率。

(6) ……(请补充)

第五条 企业设有"管理创新奖""合理化建议奖""优秀员工奖""优秀团队奖"等奖项，在每个工作年度结束后，人力资源部组织评选活动，对工作中表现优异的员工给予奖励。

第六条 员工获得"管理创新奖"奖励应符合下列条件。

(1) 部门管理有重大创新举措，为公司管理降低成本；

(2) ……(请补充)

第七条 员工获得"合理化建议奖"奖励应符合下列条件。

(1) 为公司管理提供合理化建议并得到高层采纳取得显著的管理效益；

(2) ……(请补充)

第八条 员工获得"优秀员工奖"奖励应符合下列条件。

(1) 入职1年以上；

(2) 在岗位工作中取得突出业绩；

(3) ……(请补充)

第九条 团队获得"优秀团队奖"奖励应符合下列条件。

(1) 团队战斗力强，取得突出的业绩；

(2) ……(请补充)

第十条 各种奖项的奖励标准如下：

……(请根据企业实际规定补充)

图 8-1 员工奖惩管理办法(范例)

第三章 处罚

第十一条 员工受到处罚主要包括批评、记过、扣绩效、降级或降职乃至辞退。

第十二条 员工有下列情形之一，予以批评处理：

(1) 工作拖沓，上班期间穿着不整者；

(2) ……(请补充)

第十三条 员工有下列情形之一，予以记过处理：

(1) 上班期间经常浏览和工作无关网站者；

(2) ……(请补充)

第十四条 员工有下列情形之一，予以扣绩效处理：

(1) 由于工作疏忽给公司造成重大经济损失；

(2) ……(请补充)

第十五条 员工有下列情形之一，予以降级降职处理：

(1) 连续 2 个季度考核不合格者；

(2) ……(请补充)

第十六条 员工有下列情形之一，予以辞退处理：

(1) 严重违反工作纪律，给公司造成重大经济损失者；

(2) 泄露公司商业机密者；

(3) ……(请补充)

第四章 附则

员工奖惩的核实由人力资源部负责跟踪和落实。

本项管理规定最终解释权在人力资源部。

图 8-1　员工奖惩管理办法(范例)(续)

(资料来源：瑞文网，https://www.ruiwen.com/gongwen/zhidu/331599.html，略有改动。)

4．员工冲突管理

冲突指企业组织中的成员个体或群体在交往中产生摩擦，彼此间关系紧张，出现对抗、投诉，甚至产生劳动争议的现象。无论什么行业、什么企业，只要存在沟通，都难免产生冲突，企业要正视冲突问题，妥善控制可能发生或已经发生的员工冲突。

1) 冲突的作用

冲突的消极作用是影响员工的心理健康；造成组织内部的不满与不信任；导致员工和整个组织变得封闭、缺乏合作；阻碍组织目标的实现。冲突的积极作用是促进问题的公开讨论；提高员工在组织事务中的参与程度；增进员工间的沟通与了解；化解积怨，促进问题的尽快解决。

2) 冲突管理的核心——冲突处理的首要责任人

冲突应该由谁来解决呢？作为冲突双方的责任人，要本着求同存异的原则，尽量化解冲突；当冲突双方不可调和时，由冲突双方的直接上级出面，员工的直接上级就成为冲突管理的核心。

有时候，直接上级也成为更大冲突产生的原因，例如上面案例中的情形，当冲突双方认为直接上级在主观上的总结和判断不准确，直接上级和员工很容易在团队内部引发矛盾，产生更多的人际冲突。

要避免冲突，最好的方法是员工的直接上级要聚焦客观事实，而不是聚焦在主观人格判断上。直接上级给员工足够的尊重，对员工传达善意，员工才能回应善意。引导冲突各方一起面对问题，解决问题才是最重要的。

直接上级工作内容的一部分就是确保工作团队能够在一起运作良好。HR作为直接上级在需要帮助时是可以求助的资源。所有各方面都应该完美地相互配合并且保持和平状态。

员工的直接上级在冲突管理中的职责主要包括以下内容。

(1) 管理者在日常工作中，必须积极预防冲突的发生。要全面观察员工日常工作表现，多发掘和鼓励员工的正能量。对于员工日常工作、生活中的负面情绪，积极沟通疏导。

(2) 员工之间或者管理者与员工之间发生冲突时，如果处理过程中发现自己的言行侵犯了员工的利益，让员工产生了消极情绪，应及时向员工道歉，消除员工的消极情绪。帮助员工做情绪调节，为员工创造融洽的工作氛围。

(3) 针对员工对企业层面相关制度、流程、薪酬、福利等事项的不满，及时收集相关信息，报人力资源部门，同时稳定员工的情绪，兼顾企业管理和员工情绪之间的平衡，不要随着员工一起抱怨企业的问题。

企业要减少员工冲突，要对所有的管理干部实施培训，教会他们管理员工情绪，学会与员工有效沟通，减少员工冲突。

3) 冲突处理的策略

冲突处理的策略具体内容见表8-4。

表8-4 冲突处理的策略

策略类型	适用的冲突类型
强制策略	• 遇紧急情况，必须采取果断行动时； • 处理严重违纪行为和事故时
妥协策略	• 双方各持己见且势均力敌，但又不能用其他的方法达成一致时； • 形势紧急，需要马上就问题达成一致时； • 问题很严重，又不能采取专断或合作方式解决时
和解策略	• 需要维护稳定大局时； • 激化矛盾会导致更大的损失时； • 作出让步会带来长远利益时
合作策略	双方有共同的利益，且可以通过改变方法策略满足双方的意愿时
回避策略	• 处理无关紧要或者处理没有可能解决的问题时； • 解决问题的损失可能超过收益时

8.3.3　员工活动管理

丰富员工的文娱生活，可增进员工之间的沟通交流，调动员工工作积极性，缓解工作压力，实现劳逸结合，增强团队凝聚力，体现公司对员工的关爱。

员工活动管理的主要工作内容包括创建并维护员工各类业余活动的方式、地点或氛围；定期组织开展各类文化、体育、娱乐活动，如体检、拓展、旅游、员工联谊、聚餐、年会以及一些员工参与性较强的文娱或体育活动等；丰富员工生活，帮助员工缓解工作压力，实现劳逸结合；增强组织的凝聚力。

HR在员工活动管理中的职责如下所述。
(1)《员工活动管理办法》的制定及颁布。
(2) 员工活动的费用预算及发放。
(3) 公司活动的组织、实施、总结和改进。
(4) 部门活动的审核及支持。

8.3.4　劳动关系管理

1. 员工入职管理

1）填写入职登记表

新员工入职报到当天，企业人力资源管理人员必须要求新入职员工填写入职登记表(见表8-5)。此表不仅具有收集员工信息的作用，而且具备法律效力。如填写信息不真实，被企业发现后，此登记表可作为解除员工劳动合同的证据。

表8-5　入职登记表

一、应聘情况
应聘职位：_____　可到职期：_____　要求薪酬：_____
招聘信息来源：_____　是否可以外派工作：□是　□否
二、个人情况
姓名：_____曾用名：_____性别：_____籍贯：_____民族：_____血型：_____ 婚姻状况：□婚□已婚□离异□其他　出生日期_____年_____月_____日□阴历□阳历 身份证号码：_____政治面貌：_____户口所在地：_____ 家庭住址：_____ 现住址：_____□父母房　□自房　□亲戚房　□租房　□其他 档案所在单位：_____与原单位关系：□停薪留职□辞职□开除公职□下岗□买断 是否持有再就业优惠证：□是□否　原单位是否已缴纳养老保险金：□是□否 是否已缴医疗保险：□是□否 联系电话：(手机)_____(住宅)_____E-mail：_____ 是否需公司安排住宿：□是□否

续表

三、接受教育情况(从高到低依次填写)

学历	学校	专业	起始时间	终止时间	备注

四、工作情况

原工作单位(全称)	职位	月工资	起始时间	终止时间	离职原因	公司电话	直接主管	人力资源负责人

本人同意做背景调查　　　　　　　　签字:

五、接受社会正规培训情况/所获证书(按时间先后顺序)

培训主题/证照名称	培训地点/获取地	起始时间/获取时间	终止时间/有效期限	备注

六、家庭主要成员

姓名	年龄	与本人关系	所在单位	联系电话

七、个人特长与技能　续表

个人特长		计算机操作水平		懂何种外语及熟练程度	

八、介绍人情况/在本公司工作亲友

姓名	与本人关系	所在部门	在职职位	备注

九、健康状况

| 身高 | | 体重 | | 视力(裸眼) | | 左:　　右: | 身体状况 | |

当前是否受伤或手术:　　　　　　　　　　　□是　□否

现在或以前是否有下列病症和缺陷:　□是　□否　如有下列病症者,请用"√"表示并加以说明:
□肺病　□皮肤病　□精神病　□糖尿病　□痢疾　□肾病　□其他疾病
详细说明:

续表

十、声明
除了较轻微之交通违例外,是否曾被拘控或受任何执法部门所扣押： □是 □否 若"有"请详述之＿＿＿＿＿＿＿＿＿＿＿＿＿＿＿ 过去是否曾被任何机构解雇： □是 □否 若"有"请详述之＿＿＿＿＿＿＿＿＿＿＿＿＿＿＿ 本人现声明上述资料完全正确,并无蓄意隐瞒任何事实。本人同意如发现填报之资料有虚假事实,公司有权终止与本人的雇佣合约或劳动关系,并不做任何补偿。本人允许公司对上述资料进行查证,愿意接受必需之体格检查。 申请人签署：＿＿＿＿＿＿＿＿＿＿ 日期：＿＿年＿＿月＿＿日
面试情况表(此内容由公司有关部门填写)
人力资源部门初试意见： □推荐 □可以保留 □不予考虑 评语：＿＿＿＿＿＿＿＿＿＿＿＿＿＿＿ 简历：A□ B□ C□ (A：良好 B：一般 C：较差) 面试人：＿＿＿＿＿ 日期：＿＿＿＿＿
分管领导意见/部门复试意见： □推荐 □储备 □不予录用 评语：＿＿＿＿＿＿＿＿＿＿＿＿＿＿＿ 面试人：＿＿＿＿＿ 日期：＿＿＿＿＿
录用情况(由人力资源部门签署)： 录用部门：＿＿＿＿＿＿ 录用岗位：＿＿＿＿＿＿ 试用期：＿＿＿＿＿＿个月 试用期薪酬：＿＿＿＿＿＿ 职务级别：＿＿＿＿＿＿ 报到日期：＿＿＿＿＿＿ 人力资源部门：＿＿＿＿＿＿ 日期：＿＿＿＿＿＿

2) 入职前准备

在员工入职之前,人力资源部必须再一次电话确认员工已经携带录用通知书要求的相关资料信息；协助员工办理入职体检手续,安排好相关事宜。

3) 员工背景调查

员工背景调查,是指用人单位通过各种合理合法的途径,核实求职者个人履历信息真实性的过程,它是保证招聘质量的重要手段之一。

员工背景调查的内容范围很广,一般情况下主要包括身份识别、犯罪记录调查、教育背景调查、工作经历调查、员工工作经历真实性调查、数据库调查等。

(1) 身份识别指核实候选人身份证的真假。

(2) 工作经历调查包括调查工作经历是否真实,即时间、职位、是否正常离职等信息和以往工作的具体表现。

(3) 数据库调查指通过各种权威的信息库调查候选人被公开的一些负面信息。

背景调查的核实方式见表8-6。

表 8-6　背景调查的核实方式

员工信息种类	查询及核实方式	参考网站及渠道
身份证信息	身份证查询网站查询	http://www.nciic.com.cn
学历、学位、资格证书	学历以及资格证书认证网站	http://zscx.osta.org.cn/ 职业资格 http://chsi.com.cn 学历
大学生英语四六级考试成绩真实性	四六级考试官方网站查询	http://cet.neea.edu.cn/
工作年限	所在地社会保险网站查询	所在地社会保险网站
是否存在就业限制或者服务期协议	社会调查机构或向原单位商函核实	咨询公司或律师事务所
犯罪记录核实	候选人户口所在地派出所出具的《无犯罪记录证明》；员工档案	派出所或档案所在地
工作经历真实性	上家企业人力资源管理部门	联系相关人事专员
工作具体表现	从人事部门确认直接上级联系方式	总机或企业邮箱

企业在做背景调查时，要根据岗位特征选择调查内容，具体见表 8-7。

表 8-7　背景调查建议调查内容

员工类别	建议调查内容	备　注
保安人员	身份证识别和犯罪记录核实	企业可采用推荐熟人方式避免人才聘用风险
特殊职位	教育背景、工作经历要全面核实	财务人员
基层专业人才	教育背景、工作经历	如人事、行政、采购等管理人员等
高级专业人才	专业资格证书的核实、海外经历核实、是否陷入某种法律纠纷、是否在媒体中有负面报道、在前任雇主的详细的工作表现和真实的离职原因等	全面彻底的调查
高层管理者	更长时间范围内的工作经历核实	10 年以内的经历都要核实，包括业绩情况等，最好有相关证明人和证据

4) 用人部门接待

企业人力资源管理人员应安排新员工到所属部门报到，并协同部门领导向新员工介绍公司各办公区域及同事。所在部门负责对新员工做本部门规章制度和岗位职责要求的必要介绍，安排办公位置，申领计算机、电话。网络技术部负责给新员工开通邮箱、账号、调试计算机设备等，行政部门需发放办公用品。

用人部门在新员工入职过程中的作用比人力资源部门更重要，这直接影响着新员工的感受，决定了新员工未来是否愿意留在企业、是否能够融入企业并长期稳定地工作。

5) 入职培训

新员工入职一般需要进行入职培训，基本操作是执行新员工培训流程。需要注意的是，新员工学习企业各类规章制度、员工手册，一定要有培训前的签到和培训后的考试环节。培训结束后，所有新员工要对学习内容进行签字确认。

企业可以组织新员工参观企业或相关的岗位。参观前，需要与各部门沟通，以免影响各部门工作的正常进行。参观时需要专业、细心地讲解，要耐心全面地解答新员工提出的问题。

6) 员工信息管理

员工信息包括员工的出生年月、已婚未婚、员工技能、培训情况等重要信息。信息管理要根据员工情况及时更新。如员工受训回来，就要马上把他的培训情况、新增添技能放入信息管理系统。

要做好信息管理工作最好是利用专业的软件，把员工的相关信息全部记录管理。这些"信息"会更好地服务于领导决策。当企业出现职位空缺想通过内部调整、内部提升的时候，信息库的作用就会显现出来。了解员工的技能、了解员工参加培训的情况及其是否有转岗的意愿等情况，能够迅速找到内部的合适人选，这样就可以节省向外招聘的猎头费、招聘费、广告费，这正是员工信息管理的真正目的。

2. 员工离职管理

1) 辞职管理

(1) 辞职的定义及相关手续办理。辞职是指在任职期间内，劳动合同期限未满，个人申请离职，企业同意，或于正式离职之日前 30 日以书面形式通知企业提前终止劳动雇佣关系的行为。

微课 38 员工离职就要人走茶凉吗

员工一般情况下需事先提交《员工辞职申请表》(见表 8-8)或《员工离职申请表》(见表 8-9)，并呈送相关领导审批。

表 8-8 员工辞职申请表

申请人	姓名		性别	
	学历		专业	
	岗位		所属部门	
	到职日期		所签订合同服务期限	
	拟正式辞职时间			
辞职原因及辞职去向			申请人：	日期：
所属部门意见			部门经理：	日期：
人力资源部意见			主管领导：	日期：
总经理批示				

表 8-9 员工离职申请表

姓名		所属部门	
职务		合同有效期	自 年 月 日至 年 月 日
通知离职日期		拟离职日期	
离职类型	□试用期内公司要求解除劳动合同 □试用期内个人要求解除劳动合同 □合同未到期,个人要求解除劳动合同 □合同未到期,公司要求解除劳动合同 □合同期满,公司要求解除劳动合同 □合同期满,个人要求解除劳动合同		
离职原因	日期: 年 月 日 签名:		
直属部门经理意见	是否进行离职访谈 □是 □否 访谈结果和意见 签名: 日期: 年 月 日		
人力资源部经理意见	签名: 日期: 年 月 日		
公司领导意见	签名: 日期: 年 月 日		

人力资源管理部门在收到员工离职或辞职申请后,应通知相关部门做好辞职员工的交接工作。交接表的格式模板如表 8-10 所示。

(2) 离职面谈及相关手续办理。离职面谈是企业相关工作人员就离职相关问题进行的谈话。与主动辞职人员面谈是为了安抚员工的情绪、挽留员工留在企业继续工作、了解员工辞职的真实原因、收集员工的意见或建议、提高企业人力资源管理水平。

面谈应该以开放性的问题为主,让辞职员工能够充分表达自己的想法。离职面谈问题参考示例如表 8-11 所示。

与离职者面谈后,要形成面谈记录,分析离职的真正原因,提出改善建议,以防范类似问题再度发生(见表 8-12)。

表 8-10 离职交接表

姓名		性别		身份证号码	
公司		部门		岗位	
入职日期		申请离职日期		预计离职日期	
交接手续					
部门办公用品	□办公设备 □办公用品 □其他	□文档资料 □物料工具		部门负责人签字： 日期：	
交接内容		交接人签字			
行政部门	□办公室钥匙 □宿舍钥匙 □联系方式更新 □餐卡 □其他			行政部门负责人签字： 日期：	
信息部门	□办公自动化账号 □其他			信息部门负责人签字： 日期	
财务部门	□借款清算 □其他			财务部门负责人签字： 日期：	
人力资源部门	□工作服 □工作牌 □出勤情况 □工资计算 □人事档案 □员工手册 □其他			人力资源部门负责人签字： 日期：	
总经理意见：					
日期：					

表 8-11 离职面谈问题示例

离职原因	1. 你为什么作出离职决定 2. 你决定离职的主要原因是什么 3. 你决定离职的其他原因是什么 4. 为什么这点对你非常重要 5. 促使你决定离职的原因中，你最在意的是什么 6. 公司本可以采取什么措施让你打消离职的念头 7. 你本希望问题如何解决

续表

对公司的整体感觉	1. 你对公司的总体感觉如何 2. 你认为公司的工作环境为你的工作创造了良好的条件吗 3. 你认为公司的报酬体系如何 4. 你对公司的绩效考核系统有何看法 5. 你对公司的激励机制有何看法，你认为它本应如何改进 6. 你认为公司的福利计划如何，还需做什么改进 7. 你觉得公司的哪些设备或机器需要更换、升级或没有得到充分及合理的使用 8. 你觉得公司对你的管理方式如何 9. 你觉得公司如何才能更好地利用员工的见解和经验 10. 你觉得公司或部门内的沟通如何 11. 你觉得应如何改进公司的客户服务 12. 公司本可以怎样使你更好地发挥才能和潜力
对所负责工作的评价	1. 你认为公司目前给你提供的职位合适吗 2. 你的工作是否有足够的机会发挥你的专业所长并有所长进 3. 你是否喜欢目前从事的这项工作，其中最喜欢的工作内容是什么，最不喜欢的工作内容是什么 4. 你认为工作中最大的挑战是什么，你是否喜欢面对这样的挑战
公司培训	1. 你觉得自己还缺少哪些方面的培训，这对你工作的开展产生了什么样的影响 2. 你觉得公司对你的培训和发展需求的评估妥当吗 3. 你觉得什么样的培训和发展计划对你最有帮助而且也是你最感兴趣的
其他	1. 你的下家公司提供了什么重要的条件正是我们这里所缺少的 2. 如果合适，是否可以谈谈或重新考虑你留在公司的可能性 3. 你离职后是否愿意继续和公司保持联系 4. 你是否愿意谈谈你的去向 5. 当你在其他公司见识到更好的管理办法或经过对照想到更好的管理建议时，是否愿意主动与公司分享 6. 如果有机会，你是否还愿意重新加入公司 7. 当情况好转时，你会考虑重新回公司吗

表 8-12　员工离职面谈记录表

1. 请指出你离职最主要的原因(请在恰当处画"√")，并加以说明	□薪金　　□工作性质　　□工作环境 □工作时间　□健康因素　　□福利 □晋升机会　□工作量　　　□加班 □与公司关系或人际关系　□其他
2. 你认为公司在以下哪些方面需要加以改善(可选择多项)	□公司政策及工作程序　□部门之间沟通 □上层管理能力　　　　□工作环境及设施 □员工发展机会　　　　□工资与福利 □教育培训与发展机会□团队合作精神□其他

续表

3. 是什么原因促使你当初选择加入本公司	
4. 在你作出离职决定时,你发现公司在哪些方面与你的想象和期望差距较大	
5. 你最喜欢本公司的哪些方面,最不喜欢本公司的哪些方面	
6. 在你所在的工作岗位上,你面临的最大的困难和挑战是什么	
7. 你对公司招聘该岗位的任职者有什么建议	
8. 你认为公司应该采取哪些措施来更有效地吸引和留住人才	
9. 你是否愿意在今后条件成熟的时候再回到公司,为公司继续效力。请简述理由	

2) 辞退管理

辞退指因员工违反企业的规章制度、劳动纪律或犯有重大错误,但还没达到双方自动解除劳动关系的条件,经过合法合规的处罚、调岗、培训后仍然无效,企业内部经研讨后,经过一定的程序,主动与该员工解除劳动关系的行为。

(1) 辞退条件。《中华人民共和国劳动合同法》(2013年7月1日施行)的有关规定如下。

① 过失性辞退。用人单位单方解除劳动合同。

"劳动者有下列情形之一的,用人单位可以解除劳动合同:

(一)在试用期间被证明不符合录用条件的;

(二)严重违反用人单位的规章制度的;

(三)严重失职,营私舞弊,给用人单位造成重大损害的;

(四)劳动者同时与其他用人单位建立劳动关系,对完成本单位的工作任务造成严重影响,或者经用人单位提出,拒不改正的;

(五)因本法第二十六条第一款第一项规定的情形致使劳动合同无效的;

(六)被依法追究刑事责任的。"

② 无过失性辞退。"有下列情形之一的,用人单位提前三十日以书面形式通知劳动者本人或者额外支付劳动者一个月工资后,可以解除劳动合同:

(一)劳动者患病或者非因工负伤,在规定的医疗期满后不能从事原工作,也不能从事由用人单位另行安排的工作的;

(二)劳动者不能胜任工作,经过培训或者调整工作岗位,仍不能胜任工作的;

(三)劳动合同订立时所依据的客观情况发生重大变化,致使劳动合同无法履行,经用人单位与劳动者协商,未能就变更劳动合同内容达成协议的。"

③ 不能解除情形。《中华人民共和国劳动合同法》(2013年7月1日施行)的有关规定

如下。"劳动者有下列情形之一的,用人单位不得依照本法第四十条、第四十一条的规定解除劳动合同:

(一)从事接触职业病危害作业的劳动者未进行离岗前职业健康检查,或者疑似职业病病人在诊断或者医学观察期间的;

(二)在本单位患职业病或者因工负伤并被确认丧失或者部分丧失劳动能力的;

(三)患病或者非因工负伤,在规定的医疗期内的;

(四)女职工在孕期、产期、哺乳期的;

(五)在本单位连续工作满十五年,且距法定退休年龄不足五年的;

(六)法律、行政法规规定的其他情形。"

(2) 发送辞退通知书。企业辞退员工时,可以向员工发送辞退通知书等正式文件。辞退通知书的模板如图 8-2 所示。

```
××先生/女士:
    我公司与您于    年  月  日签订了劳动合同,双方建立了劳动关系,您成为我公司部门岗位员工。但在劳动合同履行过程中,公司发现您不能胜任本职工作,存在          的不良行为,给公司的经营发展带来损失。
    本公司决定将您辞退,终止与您的劳动关系。
    请您接到本辞退通知后,尽快办理交接事宜,并将交接清单提交人力资源部门,在相关事宜处理后前往人力资源部门办理离职手续。本公司将按照劳动法的规定,给予您一个月工资的经济补偿金。同时,接到本辞退通知后,您不得以公司名义再开展任何业务活动,否则,造成的一切后果由您本人承担。
                                                                ××公司
                                                                 年 月 日
```

图 8-2 辞退通知书模板

需要特别注意的是,即使员工确实严重违反了企业的规章制度,不到万不得已,不要采取辞退的方式,因为主动辞退员工可能给企业带来法律风险或影响企业声誉。在辞退员工前,企业可以先实施劝退。为了成功劝退员工,企业同样需要支付相应的经济补偿金。

(3) 辞退面谈。辞退面谈,建立和谐与信任的气氛最为重要。要稳定对方的情绪,就必须设法营造一种和谐与信任的气氛。为了营造一种和谐与信任的谈话氛围,除了要选择一个明亮适宜的环境之外,应尽量做到身心配合,以获得良好的面谈效果。人们能从一些非语言的行为中获取信息,而这些非语言信息的组合可以帮人们对这些行为作出分析判断。

3. 劳动合同终止

根据《劳动法》第二十三条的规定:劳动合同期满或者当事人约定的劳动合同终止条件出现,劳动合同即行终止。在企业实践中可分为两种情形。

第一种情形:自动离职(自离),是指在合同期内,员工未经公司批准而擅自离开工作岗位的行为,根据公司《员工手册》中的规定,非因不可抗力当月连续或累计旷工 3 天及以上,年度累计旷工 4 天及以上,即可视为自动离职。

第二种情形：合同终止(不再续签劳动合同)。

A. 公司提出不再续签劳动合同：是指合同期满，公司根据实际需要不再与员工续签劳动合同，并提前 30 天书面通知员工的行为。

B. 员工提出不再续签劳动合同：是指合同期满，员工不愿与公司续签劳动合同，并提前 30 天书面通知公司的行为。

4. 员工离职管理流程

员工主动离职管理的流程具体见图 8-3。

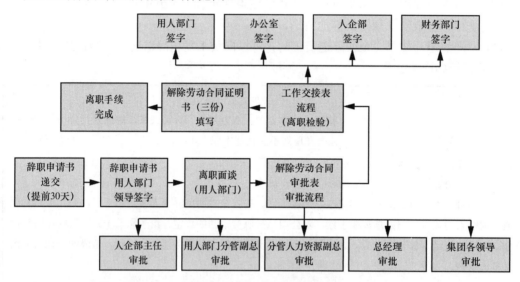

图 8-3　员工主动离职管理流程

8.3.5　劳动合同管理

劳动合同是劳动者和用人单位之间关于订立、履行、变更、解除或者终止劳动权利义务关系的协议。劳动合同是企业和员工双方确立劳动关系非常重要的资料。企业要按照法律规定，及时与员工签订劳动合同，并保管好劳动合同。

1. 订立劳动合同

加强员工关系专员对《劳动合同法》的学习，减少人员操作引发的争议。签订劳动合同应遵守的有关法律规定及解读如下所述。

1) 订立书面劳动合同

《劳动合同法》第十条规定，建立劳动关系，应当订立书面劳动合同。已建立劳动关系，未同时订立书面劳动合同的，应当自用工之日起一个月内订立书面劳动合同。用人单位与劳动者在用工前订立劳动合同的，劳动关系自用工之日起建立。

2) 及时签订劳动合同

《劳动合同法》第八十二条规定，用人单位自用工之日起超过一个月不满一年未与劳动者订立书面劳动合同的，应当向劳动者每月支付两倍的工资。

这一规定要求用人单位用工时，应当及时签订书面合同，超过一个月即视为违法，用人单位应当支付劳动者双倍的工资。

《劳动合同法》第十四条规定，用人单位自用工之日起满一年不与劳动者订立书面劳动合同的，视为用人单位与劳动者已订立无固定期限劳动合同。

3) 劳动合同的解除

《劳动合同法实施条例》第五条规定，自用工之日起一个月内，经用人单位书面通知后，劳动者不与用人单位订立书面劳动合同的，用人单位应当书面通知劳动者终止劳动关系，无须向劳动者支付经济补偿金，但是应当依法向劳动者支付其实际工作时间的劳动报酬。

4) 未签订书面合同的后果

《劳动合同法实施条例》第七条进一步规定："用人单位自用工之日起满一年未与劳动者订立书面劳动合同的，自用工之日起满一个月的次日至满一年的前一日应当依照劳动合同法第八十二条的规定向劳动者每月支付两倍的工资，并视为自用工之日起满一年的当日已经与劳动者订立无固定期限劳动合同，应当立即与劳动者签订书面劳动合同。"明确了企业超过一年未签订书面合同的后果。超过一年尚未签订书面劳动合同的，法律直接推定双方之间为无固定期限劳动合同。

《劳动合同法实施条例》第六条规定："用人单位自用工之日起超过一个月不满一年未与劳动者订立书面劳动合同的，应当依照劳动合同法第二条的规定向劳动者每月支付两倍的工资，并与劳动者补订书面劳动合同；劳动者不与用人单位订立书面劳动合同的，用人单位应当书面通知劳动者终止劳动关系，并依照劳动合同法第四十七条的规定支付经济补偿金。"

《劳动合同法》第十一条还规定了不签订书面劳动合同的劳动报酬的确定问题，即用人单位未在用工的同时订立书面劳动合同，与劳动者约定的劳动报酬不明确的，新招用的劳动者的劳动报酬按照集体合同规定的标准执行；没有集体合同或者集体合同未规定的，实行同工同酬。

5) 无固定期限劳动合同不等同于"终身合同"

《劳动合同法》第十四条第一款规定："无固定期限劳动合同，是指用人单位与劳动者约定无确定终止时间的劳动合同。"

无固定期限劳动合同是指用人单位和劳动者签订的无确定终止时间的劳动合同，没有确定终止时间并不等于就是"终身"，而是指只要符合法律、法规的规定，任何一方均可解除或终止无固定期限劳动合同。

6) 工作年限

《劳动合同法实施条例》第十条还规定，劳动者非因本人原因从原用人单位被安排到新用人单位工作的，劳动者在原用人单位的工作年限合并计算为新用人单位的工作年限。原用人单位已经向劳动者支付经济补偿的，新用人单位在依法解除、终止劳动合同计算支付经济补偿的工作年限时，不再计算劳动者在原用人单位的工作年限。

7) 工作任务合同

《劳动合同法》第十五条规定："以完成一定工作任务为期限的劳动合同，是指用人单位与劳动者约定以某项工作的完成为合同期限的劳动合同。用人单位与劳动者协商一致，可以订立以完成一定工作任务为期限的劳动合同。"

8) 劳动合同必备的条款

《劳动合同法》第十七条规定："劳动合同应当具备以下条款：(一)用人单位的名称、住所和法定代表人或者主要负责人；(二)劳动者的姓名、住址和居民身份证或者其他有效身份证件号码；(三)劳动合同期限；(四)工作内容和工作地点；(五)工作时间和休息休假；(六)劳动报酬；(七)社会保险；(八)劳动保护、劳动条件和职业危害防护；(九)法律、法规规定应当纳入劳动合同的其他事项。"

《劳动合同法》第十七条还规定劳动合同除前款规定的必备条款外，用人单位与劳动者可以协商约定试用期、培训、保守商业秘密、补充保险和福利待遇等其他事项。

2. 履行劳动合同

劳动合同的履行是指当事人双方按照劳动合同规定的条件，履行自己所应承担的义务。在履行劳动合同的过程中，劳动关系双方应当注意：试用期应包括在劳动合同期限之中；劳动者不必履行无效的劳动合同；用人单位不得随意变更劳动合同。

3. 劳动合同的变更

《劳动合同法》第三十五条规定："用人单位与劳动者协商一致，可以变更劳动合同约定的内容。变更劳动合同，应当采用书面形式。"

(1) 可以变更劳动合同的条件如下所述。

① 订立劳动合同时所依据的法律、法规已修改或废止。

② 用人单位转产或调整、改变生产任务。

③ 用人单位严重亏损或发生自然灾害，确实无法履行劳动合同规定的义务。

④ 当事人双方协商同意。

⑤ 法律允许的其他情况。

(2) 变更劳动合同必须在劳动合同有效期内进行。

(3) 必须遵循《中华人民共和国劳动法》规定的平等自愿、协商一致原则，不得违反相关法律、行政法规中规定的变更原则。

(4) 必须履行劳动合同变更的法定程序。

(5) 用人单位根据工作需要调整劳动者的工作岗位时，必须与劳动者协商一致，变更劳动合同的相关内容。

(6) 变更劳动合同，只限于对劳动合同中某些内容的变更，不能对劳动合同的当事人进行变更。

(7) 变更劳动合同后，原条款不再具有法律效力，但原劳动合同的其他条款仍然有效。

4. 劳动合同的解除和终止

1) 劳动合同的解除

劳动法律规定经劳动合同当事人协商一致，劳动合同可以解除。

(1) 用人单位单方面解除。

① 劳动者过失性解除。《劳动法》第二十五条规定："劳动者有下列情形之一的，用人单位可以解除劳动合同：

(一)在试用期间被证明不符合录用条件的;
(二)严重违反劳动纪律或者用人单位规章制度的;
(三)严重失职、营私舞弊,对用人单位利益造成重大损害的;
(四)被依法追究刑事责任的。"

② 劳动者无过失性解除。《劳动合同法》第四十条规定:"有下列情形之一的,用人单位应提前三十日以书面形式通知劳动者本人或者额外支付劳动者一个月的工资后,解除劳动合同:
(一)劳动者患病或者非因工负伤,在规定的医疗期满后不能从事原工作,也不能从事由用人单位另行安排的工作的;
(二)劳动者不能胜任工作,经过培训或者调整工作岗位,仍不能胜任工作的;
(三)劳动合同订立时所依据的客观情况发生重大变化,致使劳动合同无法履行,经用人单位与劳动者协商,未能就变更劳动合同内容达成协议的。"

另外,《劳动合同法》第四十二条规定:"劳动者有下列情形之一的,用人单位不得依照本法第四十条、第四十一条的规定解除劳动合同:
(一)从事可接触职业病危害作业的劳动者未进行离岗前职业健康检查,或者疑似职业病病人在诊断或者医疗观察期间的;
(二)在本单位患职业病或者因工负伤并被确认丧失或者部分丧失劳动能力的;
(三)患病或者非因工负伤,在规定的医疗期内的;
(四)女职工在孕期、产期、哺乳期的;
(五)在本单位连续工作满十五年,且距法定退休年龄不足五年的;
(六)法律、行政法规规定的其他情形。"

③ 用人单位经济性裁员。《劳动合同法》第四十一条规定:"有下列情形之一,需要裁减人员二十人以上或者裁减不足二十人但占企业职工总数百分之十以上的,用人单位应提前三十日向工会或者全体职工说明情况,听取工会或者职工的意见后,将裁减人员方案上报劳动行政部门。其中可以裁减人员的条件如下所述:
(一)依照企业破产法规定进行重整的;
(二)生产经营发生严重困难的;
(三)企业转产、重大技术革新或者经营方式调整,经变更劳动合同后,仍需裁减人员的;
(四)其他因劳动合同订立时所依据的客观经济情况发生重大变化,致使劳动合同无法履行的。"

(2) 劳动者单方解除。
① 提前通知解除。劳动者提前 30 日以书面形式通知用人单位,可以解除劳动合同。劳动者在试用期内提前 3 日通知用人单位,可以解除劳动合同。
② 随时通知解除劳动合同的情形:
"(一)未按照劳动合同约定提供劳动保护或者劳动条件的;
(二)未及时足额支付劳动报酬的;
(三)未依法为劳动者缴纳社会保险费用的;
(四)用人单位的规章制度违反法律、法规的规定,损害劳动者权益的;
(五)无效的劳动合同;

(六)法律、行政法规规定劳动者可以解除劳动合同的其他情形。用人单位以暴力、威胁或者非法限制人身自由的手段强迫劳动者劳动的,或者用人单位违章指挥、强令冒险作业危及劳动者人身安全的,劳动者可以立即解除劳动合同,无须事先告知用人单位。"

2) 劳动合同的终止

"有下列情形之一的,劳动合同终止:
(一)劳动合同期满的;
(二)劳动者开始依法享受基本养老保险待遇的;
(三)劳动者死亡,或者被人民法院宣告死亡或者宣告失踪的;
(四)用人单位被依法宣告破产的;
(五)用人单位被吊销营业执照、责令关闭、撤销或者用人单位决定提前解散的;
(六)法律、行政法规规定的其他情形。"

8.3.6 劳动争议的处理

1. 劳动争议产生的原因

(1) 企业内部劳动规章制度不合理、不健全或不依合理程序制定。
(2) 企业法治观念淡薄,人力资源管理人员不按照法律规定的基本要求操作。例如:不签订劳动合同,不执行正常试用期,不按时足额发放工资等。
(3) 企业用人比较随意,不征求员工本人意见,随意调薪、调岗。
(4) 企业改制和一些企业经营困难导致劳动争议的产生。

2. 劳动争议的主要类型

依据《中华人民共和国劳动争议调解仲裁法》(2008年5月1日施行)的规定,劳动争议受理的范围是企业与员工之间发生的下列争议。

(1) 因确认劳动关系发生的争议。
(2) 因订立、履行、变更、解除和终止劳动合同发生的争议。
(3) 因除名、辞退和辞职、离职发生的争议。
(4) 因工作时间、休息休假、社会保险、福利、培训以及劳动保护发生的争议。
(5) 因劳动报酬、工伤医疗费、经济补偿或者赔偿金等发生的争议。
(6) 法律、法规规定的其他劳动争议。

目前,我国的劳动争议案件的数量呈现出高速增长的趋势,劳动者的申诉率越来越高,胜诉率也越来越高。其中,经济发达地区的劳动争议案件要远高于经济发展滞后的地区,民营企业的劳动争议案件数量明显超过国有企业。

3. 劳动争议的处理程序

我国劳动争议的处理机制是"一调一裁两审"的体制。

《劳动法》第七十九条规定:"劳动争议发生后,当事人可以向本单位劳动争议调解委员会申请调解;调解不成,当事人一方要求仲裁的,可以向劳动争议仲裁委员会申请仲裁。当事人一方也可直接向劳动争议仲裁委员会申请仲裁。对仲裁裁决不服的,可以向人民法院提起诉讼。"

1) 一调即调解

所谓调解，是争议双方企业内部就劳动争议的问题直接进行协商，寻找彼此共同认可的解决方案。双方矛盾尽量化解，调解委员会只能起调解作用，本身并无决定权，不能强迫双方接受自己的意见。

2) 一裁即仲裁

所谓仲裁，劳动争议一方将纠纷提交劳动仲裁委员会进行处理的程序。行使仲裁权，解决劳动争议。劳动争议仲裁具有强制性，是解决劳动争议的必经途径，不能直接向人民法院提起诉讼。

3) 两审

所谓两审是指诉讼程序。劳动法规定，只有经过仲裁，劳动争议当事人对仲裁裁决不服，自收到仲裁裁决书之日起15日内可向人民法院起诉。劳动争议经过一次调解一次仲裁两级法院的审判即告终结。

4. 劳动争议的具体处理

(1) 因企业开除、除名、辞退职工和职工辞职、自动离职发生的争议。

 案例分享 |

由于市场竞争的原因，某自行车制造企业破产转型为电子企业。张某是该自行车厂的技术员，自转产电子产品后，原来在劳动合同中规定的工作岗位就被取消了。厂方在与他协商工作岗位变动情况时，他申请要到研发部去工作，可厂方认为，现在研发部开发的都是电子产品，张某的专业知识根本用不上。因此，厂方拒绝了他的请求，同时告诉他厂方能给他提供的工作岗位只有销售员，张某拒绝接受。最后，厂方单方面做出了与张某解除劳动合同的决定。张某不满，他认为自己的劳动合同还没有到期，厂方无权单方解除。遂向当地劳动仲裁委员会申请仲裁。

(资料来源：通过互联网综合收集、整理及加工。)

【案例解析】

《劳动合同法》规定，劳动合同订立时所依据的客观情况发生重大变化，致使劳动合同无法履行，经用人单位与劳动者协商，未能就变更劳动合同内容达成协议的，用人单位提前30日以书面形式通知劳动者本人或者额外支付劳动者一个月工资后，可以解除劳动合同。

该自行车制造企业由于全面转型，属于客观情况发生了重大变化，该厂与职工原来签订的劳动合同无法继续履行，职工们面临着调整工作岗位的问题，厂方与职工必须就劳动合同中工作岗位这一条款进行变更。如果双方在这一变更问题上能够协商一致，劳动合同自然继续履行，但若协商不一致，厂方可以单方面解除劳动合同，但是，厂方需要按规定支付给张某经济补偿金。如厂方未提前30日通知张某，还应额外支付1个月的工资。

案例分享 2

凤姐于 2008 年 1 月 1 日与天马巴士有限公司签订了劳动合同，天马巴士有限公司招收凤姐为其企业职工，双方约定凤姐每月工资 1200 元，合同期从 2008 年 1 月 1 日起至 2009 年 12 月 31 日止。2009 年 3 月 10 日 11 时许，凤姐驾驶天马巴士有限公司 26 路无人售票公共汽车到达公主坟起点站，天马巴士有限公司工作人员及临时聘请的稽查人员在车门口叫门未开，遂从车窗爬进车内，从凤姐后座处搜得夹子一把及现金×元。而后，根据车票票款统计出总额缺×元。同日，天马巴士有限公司依照本单位《员工守则》第三章第二十九条第六项关于"司乘人员在无人售票车投币箱内(包括投币箱口)偷盗票款者，一律罚款 10000元，并解除劳动合同予以辞退"的规定对凤姐作出巴字〔2004〕25 号处罚通知："一、罚款壹万元；二、没收赃款壹拾叁元伍角整及工具两件；三、解除劳动合同予以辞退。"凤姐不服，要求撤销处分决定、恢复劳动关系、补发停工期间工资。

(资料来源：百度文库，http://wenku.baidu.com/tag/62cad45abe23482fb4da4c17.html)

【案例解析】

(1)《劳动法》第七十七条规定："用人单位与劳动者发生劳动争议，当事人可以依法申请调解、仲裁、提起诉讼，也可以协商解决。调解原则适用于仲裁和诉讼程序。"

(2)《劳动法》第七十九条规定："劳动争议发生后，当事人可以向本单位劳动争议调解委员会申请调解；调解不成，当事人一方要求仲裁的，可以向劳动争议仲裁委员会申请仲裁。当事人一方也可以直接向劳动争议仲裁委员会申请仲裁。对仲裁裁决不服的，可以向人民法院提起诉讼。"

(3) 根据《劳动争议调解仲裁法》第四十四条规定，仲裁庭对追索劳动报酬、工伤医疗费、经济补偿或者赔偿金的案件，根据当事人的申请，可以裁决先予执行，移送人民法院执行。

(4) 根据《劳动法》第八十三条规定，当事人对劳动仲裁裁决不服的，自收到裁决书之日起 15 日内，可以向法院起诉。根据最高人民法院《关于审理劳动争议案件适用法律若干问题的解释》第八条规定，劳动争议案件由用人单位所在地或者劳动合同履行地的基层人民法院管辖。劳动合同履行地不明确的，由用人单位所在地的基层人民法院管辖。因此，本案中，凤姐不服劳动仲裁裁决的，可以自收到裁决书之日起 15 日内向天马巴士有限公司所在地基层法院起诉。

(2) 因执行国家有关工资、保险、福利、培训、劳动保护的规定发生的争议。

案例分享 1

国营某市轧钢厂发生下列纠纷：①工人赵某因身体有病被辞退，与厂方发生争议；②技术员钱某因未被允许参加全省轧钢行业技术员培训与厂方发生争议；③助理工程师孙某因未晋升工程师职务与厂方发生争议；④副总工程师李某因工资调整与厂方发生争议。赵、钱、孙、李四人与厂方的争议经几次协商交涉均未能解决。

项目 8　员工关系管理

(资料来源：通过互联网综合收集、整理及加工。)

【案例解析】

(1) 赵某、钱某、李某与厂方发生的争议属于《企业劳动争议处理条例》所规定的劳动争议。

(2) 发生劳动争议后，当事人应当协商解决，但协商不是处理劳动争议的必经程序；不愿协商或者协商不成的，可以向本企业劳动争议调解委员会申请调解，调解也不是处理劳动争议的必经程序；调解不成的，可以向劳动争议仲裁委员会申请仲裁，当事人也可以直接向劳动争议仲裁委员会申请仲裁。仲裁是处理劳动争议的必经程序；对仲裁裁决不服的，可以向人民法院起诉，在起诉前必须先经过仲裁程序。

(3) 协商与调解达成协议的，双方当事人应当自觉履行，协议没有强制执行力；对仲裁裁决无异议的，当事人必须履行。一方当事人在法定期限内不起诉又不履行仲裁裁决的，另一方当事人可以申请人民法院强制执行；劳动争议诉讼所做出的裁判，具有当然的强制执行力。

案例分享 2

某企业职工胡某与企业签订了为期六年的劳动合同。在合同执行了四年的时候，企业出资 9000 元送胡某进行业务培训，双方签订了培训协议作为劳动合同的附件。其中规定：胡某结业后在企业服务的年限不得少于 3 年，原劳动合同的期限也随之延长，若结业 3 年内胡某要求解除劳动合同，应承担相应的赔偿责任。胡某结业后，在企业工作 1 年就提出要解除劳动合同，胡某多次与企业交涉，企业最终同意解除劳动合同，但提出要胡某赔偿企业为其支付的 9000 元培训费后方能办理有关手续。双方僵持不下，遂向劳动争议仲裁委员会申请仲裁。仲裁委员会受理后，经过多次调解，企业与胡某最终达成协议，胡某赔偿企业 6000 元培训费，双方解除劳动合同。

(资料来源：通过互联网综合收集、整理及加工。)

【案例解析】

这是一起因履行培训协议而发生的劳动争议。根据原劳动部办公厅《关于试用期内解除劳动合同处理依据问题的复函》的规定精神，用人单位出资(指有支付货币凭证的情况)对职工进行各类技术培训，职工提出与单位解除劳动关系的，如果试用期满，在合同期内，则用人单位可以要求劳动者支付该项培训费用，具体支付方法是约定服务期的，按服务期等分出资金额，以职工已履行的服务期限递减支付。

(3) 因履行劳动合同发生的争议。

案例分享

2018 年 1 月，甲公司聘请王某担任推销员，双方签订劳动合同和承包合同，约定王某完成承包指标，每月基本工资 1000 元，超额部分按 40%提成，若完不成任务，可由公司扣减工资。该承包合同签订后，王某总是超额完成承包任务，但 2018 年 8 月，由于王某怀孕，身体健康状况欠佳,未能完成承包任务,为此,公司按合同的约定扣减工资,只发生活费,每月 280 元,低于当地的最低工资标准 320 元。其后,又有两个月均未完成承包任务。因此,甲公司作出解除与王某的劳动合同的决定,王某不服,向当地劳动争议仲裁委员会提出申诉,要求补发所扣工资,并继续履行劳动合同。

(资料来源:考生网,https://www.zikaosw.cn/daan/1143611.html)

【案例解析】

因未完成任务,公司可以扣发工资,但是不得低于最低工资标准;女职工在怀孕期间,用人单位不得解除劳动合同。显然公司这两个决定是违法的。公司应当被裁定补发工资,并且继续履行劳动合同。

■ 引导案例解析

要避免冲突,最好的方法是员工的直接上级要聚焦客观事实,而不是聚焦在主观人格判断上。直接上级给员工足够的尊重,对员工传达善意,员工才能回应善意。引导冲突各方一起面对问题、解决问题才是最重要的。

直接上级工作内容的一部分就是确保工作团队能够在一起运作良好。HR 作为直接上级在需要帮助时是可以求助的资源。所有各方面都应该完美地相互配合并且保持和平状态。

员工的直接上级在冲突管理中的职责主要包括以下内容。

(1) 管理者在日常工作中,积极预防冲突的发生。全面观察员工日常工作表现,多发掘和鼓励员工的正能量。对于员工日常工作、生活中的负面情绪,应积极沟通疏导。

(2) 员工之间或者管理者与员工之间发生冲突时,如果处理过程中发现自己的言行侵犯了员工的利益,让员工产生消极情绪,应及时向员工道歉,消除员工的消极情绪。帮助员工做情绪调节,为员工创造融洽的工作氛围。

(3) 针对员工对企业层面相关制度、流程、薪酬、福利等事项的不满,及时收集相关信息,报人力资源部门,同时稳定员工的情绪,兼顾企业管理和员工情绪之间的平衡,不要随着员工一起抱怨企业的问题。

企业要减少员工冲突,要对所有的管理干部实施培训,教会他们管理员工情绪,学会与员工沟通,减少员工冲突。

课堂实训&案例讨论

辽河油田 EAP 项目

随着社会经济快速发展,人们的生存压力开始增大,精神需求也在不断增加,在这种日益加剧的压力环境下,辽河油田启动员工帮助计划,有其特殊的背景和实施的必要。

第一,老油田之一的辽河油田社会负累沉重,群体性矛盾突出。辽河油田矿区 33 万员工及家属,其中包括离退休人员、有偿解除劳动合同人员、内养员工、遗属、孤儿等不同群体。这些群体利益诉求不同,心理不稳定,情绪易波动。需要 EAP 帮助他们建立社会支持系统,提高困难应对能力和情绪调控能力。

第二,辽河油田近年进行了多次改革重组和持续调整,改革在给企业带来活力和效率的同时，也让少数员工产生了职业上的不安全感和利益上的被剥夺感。EAP 在企业改革和各项政策出台期间，进行员工心理预警、心理调适，帮助员工和企业顺利度过这一时期。

第三，石油行业特殊的工作性质，使一些特定岗位员工和他们的家属承受着更多的心理困扰。EAP 能够帮助海外员工及家属调节工作与生活的平衡，促进夫妻沟通和亲子关系的改善，增强员工的工作动力。

随着 EAP 深入推进，部分员工由排斥、观望到认同、接纳，对心理健康的关注度、需求度大幅提高，员工的心理调适能力明显增强。公司 EAP 服务满意率达 85.95%。除项目组提供心理咨询外，所属医院门诊就诊率年均提高 30%，第二职工医院还增设了心理病房，提高了员工群众对心理健康的认知水平。

(资料来源：百度文库，https://wenku.baidu.com/view/c6d4d5da5022aaea998f0f6f.html，有改动。)

【案例讨论】

除了员工帮助计划，辽河油田还可以启动哪些员工沟通管理服务？

【案例解析】、【企业实战&经典案例】可登录清华大学出版社网址(http://www.tup.tsinghua.edu.cn 或 http://www.tup.com.cn)查看。

任务 8.4　员工关系管理风险的规避

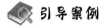

录用通知书到底能不能任性

某广告公司进行了一次外部招聘，录用名单确定后，公司按照内部招聘程序向李强发出了录用通知书，其中标明了他的工作岗位、工资报酬等。

可是，没过几天，李强又收到一封邮件：不招了！

(资料来源：通过互联网综合收集、整理及加工。)

【问题思考】

录用通知书随意发放是否可行？

8.4.1　招聘录用管理风险的规避

制定招聘录用管理制度是员工关系管理风险规避的有效起始。规范、明确、合理、经得住推敲的人才录用条件和合法、合规、有效的规章制度对企业的用工意义重大，是企业规避用工风险、防止用工欺诈的有效手段。招聘录用管理制度设计一般包括招募管理、人员选择管理、人员录用管理三个方面。

1. 录用通知书发放风险规避

录用通知书是用人单位经过对应聘者的面试考核、筛选后，对符合录用条件的应聘者发出的单方意思表示，主要目的在于告诉应聘者已被录用，用人单位愿意与其建立劳动关系，签订劳动合同。

我国《劳动合同法》等相关法律虽然没有对录用通知书的内容作出规定。但在实践中，录用通知书一般包括这些信息：工作岗位、薪资待遇、报到时间、报到地点、报到注意事项、报到所需要携带的材料、劳动合同期限、试用期、社保福利、录用通知书的有效期限及失效条件、违约责任等。

录用通知书有两种发放形式：一种是使用 E-mail 方式或者其他方式发放录用通知书，另一种是电话或短信息通知录用了。

但是，不论哪种形式发放录用通知书，用人单位都不可以随意撤销。

2. 入职审核及手续办理风险规避

1) 入职审核的内容(参考员工入职管理部分)
(1) 身份、学历等信息核实。
(2) 工作经历真实性核实。
(3) 工作具体表现调查。
(4) 犯罪记录调查。
(5) 是否存在潜在疾病或职业病。
(6) 是否与其他单位存在竞业限制。

2) 办理入职手续时用人单位应注意的事项
(1) 入职当天签订劳动合同及相关协议(保密协议、竞业限制协议、培训协议)。
(2) 入职当天签收员工手册、岗位说明书等文件。
(3) 一定要离职证明，必要时可让员工写入职承诺书，承诺与前工作单位已经解除劳动关系。
(4) 审核新入职的员工是否与前一家工作单位有保密或竞业限制协议。

3) 试用期管理风险规避
(1) 试用期的期限和次数。劳动合同期限三个月以上不满一年的，试用期不得超过一个月；劳动合同期限一年以上不满三年的，试用期不得超过两个月；三年以上固定期限和无固定期限的劳动合同，试用期不得超过六个月。

同一用人单位与同一劳动者只能约定一次试用期。以完成一定工作任务为期限的劳动合同或者劳动合同期限不满三个月的，不得约定试用期。试用期包含在劳动合同期限内。劳动合同仅约定试用期的，试用期不成立，该期限为劳动合同期限。

(2) 试用期的工资。劳动者在试用期的工资不得低于本单位相同岗位最低档工资或约定工资的 80%，并不得低于用人单位所在地的最低工资标准。

(3) 试用期内解除劳动合同。《劳动合同法》第三十九条第(一)项规定，劳动者在试用期间被证明不符合录用条件的，用人单位有权解除劳动合同。因此，用人单位试用期解除合同不能随意为之，必须符合法律规定的条件。否则，则属于违法解除劳动合同，必须支付经济赔偿金。

要对"录用条件"事先进行明确界定。录用条件一定要合法、明确、具体、可操作。首先,切忌出现违反法律强制性规定的录用条件,如乙肝歧视,对女性设定婚育方面的条件。其次,切忌一刀切以及将录用条件空泛化,抽象化,比如说符合岗位要求,就不能仅仅说符合岗位要求,而应该把岗位要求是什么,怎么衡量是否符合岗位要求固定下来。最后,"录用条件"应该是共性和个性的结合。所谓"共性"即大部分企业和岗位的员工都应该具备的基本条件。比如诚实守信,在应聘的时候如实告知自己的与工作相关的信息,包括自己的教育背景、身体状况、工作经历等。所谓"个性"即每个企业、每个岗位或者职位都有自己的特殊要求。有的有学历的要求,要求获得相应证书,有的有技术的要求,比如能符合企业招聘时对岗位职责的描述等。"录用条件"的共性可以通过规章制度进行明确。"录用条件"的个性可以通过招聘公告、劳动合同等和规章制度结合起来进行明确。

另外,企业必须在试用期内就对劳动者进行录用条件考核,并在试用期结束前作出留用或解聘的决定并送达劳动者。实践当中,有的用人单位在试用期结束后才对员工进行考核或者在试用期结束后才将解聘决定送达。这种做法,等于自弃权利。即使企业有充分的证据证明员工不符合录用条件,也不能再以此为由辞退员工了。

8.4.2 薪酬福利风险的规避

薪酬福利是企业间争夺人才,留人用人的重要手段。因此,制定严密的薪酬福利制度进行管理就不可或缺。为避免因此产生的争议,薪酬福利管理制度的制定应符合准确性、经济性、科学性和详细性等原则。

调岗调薪的风险规避如下所述。

1. 用人单位可以调岗调薪的情形

(1) 员工的业绩表现良好。
(2) 由于员工表现差导致在业绩评估中被评估为不合格。
(3) 由于公司内部结构变化,需调派员工到其他岗位工作。
(4) 双方共同商量的结果。
(5) 员工所在部门取消等。

2. 用人单位应对调岗调薪法律风险的对策——依法、依规制定详尽的调岗调薪制度

(1) 劳动者患病或者非因工负伤,在规定的医疗期满后不能从事原工作,也不能从事由用人单位另行安排的工作的。

(2) 劳动者不能胜任工作,经过培训或者调整工作岗位,仍不能胜任工作的。

也就是说,用人单位在上述条件下可以单方调整劳动者的工作岗位,当劳动者患病或非因工负伤,在规定的医疗期满后不能从事原工作,单位可以另行安排其他工作,劳动者不能胜任工作,单位可以调整其工作岗位。

(3) 劳动者由于违反用人单位规章制度,依据规章制度给予降职降薪的。这条规定首先要求用人单位必须存在明确及合法的规章制度,并明确列举降职降薪处理的具体情形。规章制度的制定要符合法定程序,除此之外单位的规章制度要对劳动者进行解释说明和公示。在依据规章制度处罚员工时,还要有充分的证据证明劳动者存在违纪行为。

8.4.3 绩效管理风险

绩效管理主要包括绩效目标设定与分解、编制绩效计划书、实施绩效考核、考核结果反馈与运用、绩效申诉与改进五个方面。其中的任何一个环节都有可能产生风险，在制定绩效管理制度时，尤其要注意与员工充分沟通获得认同，员工不认同的要分析找出具体原因，确保考核结果的公正性。

1. 考核不合格解除合同风险规避

对于已经在职的正式员工，当公司经过考核，判定为不合格后，并不能马上解除其劳动关系。《劳动合同法》规定，劳动者不能胜任工作，经过培训或者调整工作岗位，仍不能胜任工作的，用人单位方可提前三十日以书面形式通知劳动者本人或者额外支付劳动者一个月工资后，可以解除劳动合同。

除了了解上述法律外，企业还应该制定恰当的考核方法，以判定员工是否胜任工作，要使员工对考核结果心服口服。

2. 末位淘汰管理风险规避

末位淘汰是指用人单位根据其企业战略和具体目标，结合各个职位的实际情况，设定一定的考核指标体系，以此指标体系为标准对员工进行考核，根据考核的结果对得分靠后的员工进行淘汰的绩效管理制度。

根据我国《劳动合同法》的规定，用人单位与劳动者解除劳动合同，必须符合法定的条件和遵循法定的程序，不允许用人单位自行在法律规定以外创设解除条件。因此，用人单位以末位淘汰为由单方与劳动者解除劳动合同的行为是没有法律依据的。

▍引导案例解析

录用通知书在法律上的含义为"要约"，根据《合同法》第十四条规定：要约是希望和他人订立合同的"意思表示"，录用通知书具备希望和李强订立劳动合同的意思，表示性质具有要约的法律效力。

而《合同法》第十八条规定：要约可以撤销。撤销要约的通知应当在受要约人发出承诺通知之前送达受要约人。也就是说，在应聘者李强答应公司邀请之前，是可以撤销录用通知书的，同时《合同法》第十九条也指出：有下列情形之一的，要约不得撤销。

第一，要约人确定了承诺期限或者以其他形式明示要约不可撤销。

第二，受要约人有理由认为要约是不可撤销的，并已经为履行合同做了准备工作。

所以，当用人单位撤销录用通知书时，必须承担违约责任。

OFFER撤销有风险，OFFER发放需谨慎。对于HR来说，发放录用通知书要注意下述几个问题。

第一点：用人单位在发出撤销或撤回通知书前及时与求职者沟通。

第二点：在录用通知书中列明不予录用的除外情形，以保留一定的主动权。如应聘者声明拥有的相关证件不能有效提供时，用人单位不能录用等。

第三点：在录用通知书中应明确违约责任，若应聘者在承诺后未能履行如期报到上班的义务，企业可以要求其承担相应的违约责任。

第四点：在录用通知书中，应明确提出应聘者承诺的期限，建议该承诺的期限早于其报到上班的日期，这样操作可为企业争取主动权。

第五点：企业若有入职体检要求的，最好是在体检合格后再发放录用通知书。这样操作一是可以主动决定是否录用，二是可以较好地防止就业歧视引发的劳动争议。因此，HR发放录用通知书要做到三思而后发。

这里还有个问题，既然合同法规定，录用通知书是一种要约行为。那应聘者答应公司邀请后，录用通知书是不是就可以替代劳动合同的签订呢？

答案是录用通知书不等于劳动合同，录用通知书是用人单位想要建立劳动关系的单方意愿，而劳动合同是证明用人单位与劳动者建立劳动关系的法律文件。因此，二者不能相互代替。所以不论录用通知书的条款多么详尽、具体明确。劳动者入职之后必须签订劳动合同，否则就存在着支付两倍工资的法律风险。

【企业实战&经典案例】与【阅读参考】可登录清华大学出版社网址(http://www.tup.tsinghua.edu.cn 或 http://www.tup.com.cn)查看。

项目9　人力资源规划

【知识目标】

- 了解人力资源规划的含义；
- 了解人力资源的预测方法；
- 掌握人力资源规划的程序。

【能力目标】

- 能够预测人力资源需求；
- 能够预测人力资源供给；
- 能够编制人力资源规划。

【核心概念】

人力资源需求预测、人力资源供给预测、人力资源供需平衡、德尔菲法

【项目框架图】

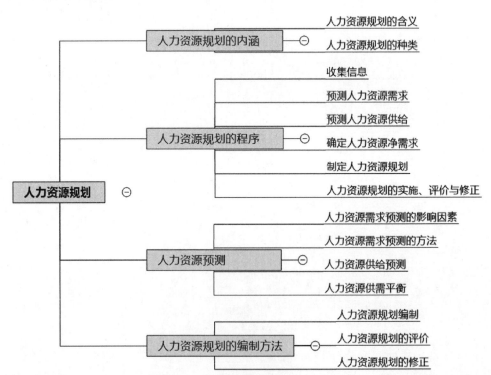

项目 9　人力资源规划

任务 9.1　人力资源规划的内涵

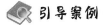

总经理的棘手问题

微课 39　人力资源规划的内涵

你是一个人力资源顾问，一家大型造纸公司的新任总经理给你打来电话。

总经理：我在这个职位上大约有一个月了，而我要做的事似乎只是与人们面谈和听取人事问题。

你：你为什么总在与人面谈？你们没有人力资源部吗？

总经理：我们有，然而人力资源部门不聘用最高层管理人员。我一接管公司，就发现两个副总经理要退休，而我们还没有找到代替他们的人。

你：你聘用什么人了吗？

总经理：是的，聘用了，而这就是问题的一部分。我从外部聘用了一个人。我一宣布这个决定，就有一个部门经理前来辞职。她说她想得到副总经理这个职位已经 8 年了，她因为我们从外部聘用了某人而生气，我怎么能知道她想得到这个职位呢？

你：你对另一个副总经理做了什么？

总经理：什么也没有做，因为我怕又有其他人由于没有被考虑担任这个职务而辞职，但这只是问题的一半。我最近发现在最年轻的专业人员中——工程师和会计人员——在过去的三年中有 80%的流动率，他们是在我们这里得到提升的人。正如你所知道的，这就是我在这个公司怎样开始工作的。我是一个机械工程师。

你：有人问过他们为什么要离开吗？

总经理：问过，他们都给了相同的回答，他们说在这里，他们没有前途。也许我应该把他们所有的人召集在一起，解释我将怎么使公司取得进步。

(资料来源：通过互联网综合收集、整理及加工。)

【问题思考】

总经理面临什么问题？你有什么好办法帮助其解决吗？

9.1.1　人力资源规划的含义

1. 代表性观点

关于人力资源规划的定义，不同的教材有不同的观点。下面列举一些具有代表性的观点。

(1) 一个确保组织在适当时间和适当岗位获得适当的人员并促使组织和个人获得长期效益的过程。

(2) 一个在组织和员工目标达到最大一致的前提下使组织的人力资源供求达到平衡的过程。

(3) 一个分析组织在所处环境变化时的人力资源需求状况，并制定必要的政策和措施以满足这些需求的过程。

(4) 组织人力资源的供给与需求的平衡过程。

2. 五层含义

综上所述，我们认为人力资源规划是指根据组织的发展战略、组织目标及组织内外环境，采用一定技术方法科学地预测组织在未来环境变化中的人力资源供求状况，并制定相应的政策和措施，从而使组织的人力资源供给和需求达到平衡，并使组织和个人都获得长期利益的过程。这一定义包括下述五层含义。

(1) 人力资源规划的制定必须依据组织的发展战略、目标及组织环境条件，尤其是组织现有的人力资源状况。

组织战略目标的实现，应立足于开发和利用现有的人力资源。因此，组织要从人力资源的数量、质量、结构等各个方面出发，对人力资源现状进行盘点，并运用科学的方法，找出现有人力资源与组织发展的差距，为人力资源规划的制定提供依据。

(2) 人力资源规划的目的是在未来实现组织人力资源供需平衡，保证组织长期持续地发展和员工个人利益的实现。

在现代社会中，人力资源是组织最宝贵的资源，拥有充足数量和良好素质的人力资源是组织取得成功的关键。人力资源规划就是对组织的人力资源管理进行统筹安排，从而为组织的发展提供人力保证。也就是说，人力资源规划可以为组织配备适宜数量与质量的人力资源，提高组织的效率和效益，使组织和员工个人长期利益得以实现。

(3) 制定必要的人力资源政策和措施是人力资源规划的主要环节。人力资源规划的制定实质上就是在人力资源供求预测的基础上制定相应的政策和措施，以实现人力资源的供需平衡，确保组织对人力资源需求的顺利实现。

(4) 人力资源规划是一个过程，其目的是通过它的实施，组织实现未来人力资源供需平衡。其一般程序是根据组织所面临的内外环境条件变化以及组织的战略目标，采用一定方法对未来组织的人力资源供需情况进行预测；然后根据预测结果制定相应的措施，以保证未来一定时期后组织人力资源的平衡。

(5) 人力资源规划是组织进行未来人力资源管理的有效工具。有效运用此工具，能够有效地增强组织对未来的应变性，减少未来人力资源供需的不确定性，从而为未来组织持续发展提供强有力的人员支撑。

9.1.2 人力资源规划的种类

由于企业目标和经营环境不同，人力资源的具体规划也要有所调整。一般来说，根据规划时间的长短和范围的大小，可将人力资源规划进行不同划分。

1. 根据规划的时间期限分类

按照规划时间期限的长短，人力资源规划可分为短期规划、中期规划和长期规划三种。短期规划一般是指 6 个月至 1 年，这种规划要求明确，任务具体。长期规划是指 3 年以上的具有战略意义的规划，它可为组织人力资源的发展和使用状况指明方向、目标和基本实现路径。中期规划介于上述二者之间。

国外有实践表明：规模较小的组织不适于拟定详细的人力资源规划，因为其规模小，各种内外环境对其影响大，规划的准确性差，制定的人力资源规划的指导作用也难以体现，同时小型组织规划成本也较高。组织人力资源规划与经营环境的关系如表9-1所示。

表9-1 人力资源规划与经营环境的关系

短期规划(不确定性/不稳定性)对应的经营环境	长期规划(确定/稳定)对应的经营环境
组织面临诸多竞争者	组织居于强有力的市场竞争地位
飞速变化的社会、经济环境	渐进的社会、政治环境
不稳定的产品/劳务需求	变化和技术革新
政治、法律环境经常变化	完善的管理信息系统
组织规模小	稳定的市场需求
管理混乱	规范且有条不紊的管理

2. 根据规划的范围分类

组织规划从其所涉及的范围，可分为组织整体人力资源规划；部门人力资源规划；某项具体任务或工作的人力资源规划。组织规划是指整个组织未来一定时期的人力资源平衡计划，更具战略性、总体性。部门规划是组织各个职能部门落实组织规划后，根据自身特点所制订的本部门未来人力资源平衡计划，是组织规划的具体化。某项具体任务或工作的人力资源规划是针对一项具体工作而制定的，是非常具体的短期计划。

■引导案例解析

总经理面临的问题一是人力资源流失及人力资源管理不善的问题。他一上任，在不了解内部人力资源的情况下，直接从外部聘请了一位管理人员，直接导致一名副经理离职；二是公司内部的工程师还有80%的流动率，其原因也是内部升职渠道不畅通。这些问题导致总经理将大部分精力都花在了听取人事问题上，没有精力考虑管理其他问题。

因此，该总经理需要做一次人力资源规划，与人力资源部门商洽人事问题，重点包括预测内部人力资源的供给。

课堂实训&案例讨论

HKW公司是家坐落在浙江某市的民营企业，其主营业务是风机的生产和销售。经过十多年的发展壮大，其主要产品的年销售额达15亿元，公司的发展蒸蒸日上，高层领导也是雄心万丈，提出了销售突破20亿元大关、经营模式进行多元化发展的目标，可就在这时，公司却在人力资源管理问题上陷入了困境，遇到了一系列的问题。

(1) 人到用时方恨少，员工数量总是不能满足业务的需要，经常发生人员不足而需要人力资源部门突击招聘的问题。

(2) 关键岗位人员储备严重不足，一旦在岗员工离职，就会缺乏继任者。

(3) 管理人员的管理水平较低，从外部招聘难以满足企业对管理人员的要求。

(4) 出现了部分员工集中离职的势头，经过人力资源部门的调查，发现他们离职的原因集中在公司的职业发展前景不明确。

(5) 企业人力资源管理的水平较差，无法为公司的发展提供人力资源方面的支持，人力资源的工作也无法满足公司发展的需要。

公司领导包括人力资源部门想尽了办法，问题依然得不到解决。迫于无奈，为了解决公司存在的人力资源方面的问题，该公司聘请了专业的咨询公司为自己制定一份人力资源3年规划。

(资料来源：HR 案例网，http://www.hrsee.com/?id=698)

【案例讨论】

如果你是咨询公司的工作人员，你认为HKW公司应该如何来制定人力资源规划呢？

【案例解析】、【企业实战&经典案例】可登录清华大学出版社网址(http://www.tup.tsinghua.edu.cn 或 http://www.tup.com.cn)查看。

任务9.2　人力资源规划的程序

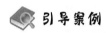
引导案例

小白的人力资源规划

某公司想要扩大规模，总经理首先想到的是人手不足，于是找到助理小白，告诉他制定一份人力资源规划。小白很快就做好了人力资源规划，并发给总经理，但是总经理却不满意。

下面是小白的人力资源规划。

总目标：根据组织发展战略，确定公司人员总数从目前的3000人扩大到5000人，其中专业技术人员比例占15%以上，90%以上员工应达到高中或中技水平，劳动生产率达到人均5万元。

总政策：举办大规模培训、人员招聘；提高专业人员待遇、改革人事制度等。

实施步骤：第一年补充500人，培训500人。第二年……

总预算：人力资源总额每年2500万元(包括工资总额的增加及培训费用)。

(资料来源：通过互联网综合收集、整理及加工。)

【问题思考】

你们认为小白的这份人力资源规划哪里不好呢？

人力资源规划程序是确保人力资源规划制定得合理有效，经过完整、严谨的流程，制定出符合企业未来发展需要的人力资源规划，是人力资源规划程序存在的意义和价值。人力资源规划程序包括六个环节，分别是收集信息、人力资源需求预测、人力资源供给预测、确定人力资源净需求、制定人力资源规划和人力资源规划的实施、评价与修正。

人力资源规划的程序如图 9-1 所示。

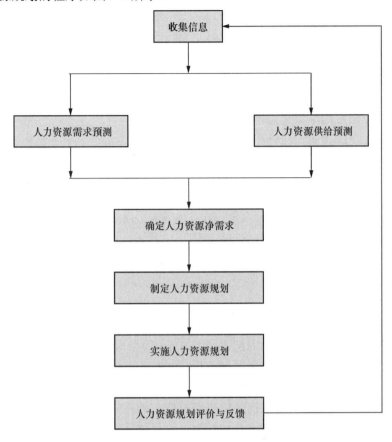

图 9-1　人力资源规划的程序

9.2.1　收集信息

信息资料是制定人力资源规划的依据。有关信息可分为两个方面：组织外部环境信息和组织内部信息。组织外部环境信息包括经济、法律、人口、交通、文化、教育等信息以及劳动力市场的供求状况和劳动力的择业期望等。这些外部因素是组织制定规划的"硬约束"，组织人力资源规划的任何政策和措施均不得与之相抵触。

组织内部因素主要有组织领导变更、技术的更新换代、组织战略、组织人力资源现状等。组织的经营战略是制定人力资源规划的前提。组织的经营战略主要包括战略目标、产品组合、市场组合、竞争重点、经营区域、生产技术等。这些因素的不同组合会对人力资源规划提出不同的要求。因而在制定人力资源规划时，必须了解与组织经营战略有关的信息。分析组织现有的人力资源状况是制定人力资源规划的基础。要实现组织的经营战略，首先应对组织的人力资源现状进行调查研究，即对现有人力资源的数量、素质结构、使用状况、员工潜力、流动比率等进行全面的统计和科学的分析。在此基础上，找出现有人力资源与组织发展要求的差距并通过充分挖掘现有的人力资源潜力来满足组织发展的需要。

9.2.2　预测人力资源需求

根据组织发展战略和内外条件选择预测技术，对组织人力资源需求的时间、数量、质量、结构等方面进行预测。

进行人力资源需求预测的具体步骤如下所述。

(1) 根据岗位研究的结果来确定职务编制和人员配置。

(2) 进行人力资源盘点，统计出人员的缺编、超编及是否符合职务资格要求。

(3) 将上述统计结论与部门管理者进行讨论，修正统计结论；该统计结论为现实人力资源需求。

(4) 根据组织发展规划，确定各部门的工作量。

(5) 根据工作量的增长情况，确定各部门还需增加的职务及人数，并进行汇总统计；该统计结论为未来人力资源需求。

(6) 汇总现实人力资源需求与未来人力资源需求，即得组织整体人力资源需求。

9.2.3　预测人力资源供给

供给预测包括两个方面：一是内部人员拥有量预测，即根据现有人力资源及未来变动趋势，预测出规划期内各时点上的人员拥有量；二是外部供给量预测，即确定在规划期内各时点上可以从外部获取的各类人员的数量。一般情况下，内部人员拥有量是比较透明的，预测的准确度较高；而外部人力资源的供给则有较高的不确定性。组织在进行人力资源供给预测时应把重点放在内部人员拥有量的预测上，外部供给量的预测则着重于关键人员，如高级管理人员、技术人员等。

进行人力资源供给预测的具体步骤如下所述。

(1) 进行人力资源盘点，了解组织员工的现状。

(2) 分析组织的职务调整政策和历史员工调整数据，统计出员工调整的比例。

(3) 向各部门人事决策人了解可能出现的人事调整问题。

(4) 汇总(2)(3)的情况，得出组织内部人力资源供给预测。

(5) 分析影响外部人力资源供给的地域性因素，包括组织所在地的人力资源整体现状；组织所在地对人才的吸引程度；组织本身对人才的吸引程度。

(6) 分析影响外部人力资源供给的全国性因素，包括全国相关专业的大学生毕业人数及分配数据；国家在就业方面的法规和政策；该行业全国范围的人才供需状况；全国范围从业人员的薪酬水平和差异。

(7) 根据(5)(6)的分析结果，得出组织外部人力资源供给预测。

(8) 将组织内部、外部人力资源供给预测汇总，得出人力资源供给预测。

9.2.4　确定人力资源净需求

在组织员工未来供给和需求预测数据的基础上，将本组织人力资源需求的预测数与同期内组织内部可供给的人力资源预测数进行对比分析，计算得出各类人员的净需求数。净需求如果是正的，则表明未来组织这类人员缺乏，需要通过招聘、内部晋升或调配等方式进行补充；净需求如果是负的，则表明组织此类人员过剩，需要采取裁员、缩短工作时间等方式进行精简。

9.2.5 制定人力资源规划

根据组织战略目标及本组织员工的净需求量，制定人力资源规划，包括总体规划和各项业务计划，并确定时间跨度。根据供求预测的不同结果，对供大于求和供不应求的情况分别制定不同的政策和措施，使人力资源达到供需平衡。同时应注意各项业务计划的相互关系，以确保它们之间的衔接与平衡。

9.2.6 人力资源规划的实施、评价与修正

1. 实施

实施是人力资源规划执行中最重要的步骤。实施前要做好充分的准备工作，实施时应严格按照规划进行，并设置完备的监督和控制机制，以确保人力资源规划实施的顺利进行。

2. 评价

当人力资源规划实施结束后，并不意味着对人力资源规划执行完毕。接下来，对人力资源进行综合审查与评价也是必不可少的。通过审查与评价，可以调整有关人力资源方面的项目及其预算，控制人力资源成本；可以听取管理人员和员工对人力资源管理工作的意见，以利于调整人力资源规划和改进人力资源管理。

评价主要从两个方面来进行。首先是对人力资源规划本身的合理性进行判断；其次是对人力资源规划的实施结果，即人力资源规划所带来的效益进行评价。

3. 修正

该阶段是人力资源规划的最后阶段，也是最容易被忽视的一个阶段。评价结果出来后，应及时进行反馈，进而对原规划进行适时的修正，以确保规划的可操作性和滚动发展与衔接。

■引导案例解析

任何人力资源的规划均不是拍脑袋得出的，应该遵循一定的原则，采用科学的方法制定出合理的人力资源规划方案。案例中小白很快地就为经理制定出一套人力资源规划方案，其内容看似合理，实质上经不起推敲，没有对现有人力资源现状进行统计分析，也未调动资源去预测组织内部的人力资源需求和供给，更没有使用科学方法分析组织外部的人力资源供给情况，因此其人力资源规划的方案得不到经理的满意。

课堂实训&案例讨论

公司人力资源规划问题

何人现任和平公司人力资源部经理助理。11月中旬,公司要求人力资源部在两星期内提交一份公司明年的人力资源规划初稿,以便在12月初的公司计划会议上讨论。人力资源部经理王盛将此任务交给了何人,并指出必须考虑和处理好下列的关键因素。

(1) 公司的现状。公司现有生产及维修工人850人,文秘和行政职员56人,工程技术人员40人,中层与基层管理人员38人,销售人员24人,高层管理人员10人。

(2) 统计数字表明,近五年来,生产及维修工人的离职率高达8%,销售人员离职率为6%,文职人员离职率为4%,工程技术人员离职率为3%,中层与基层管理人员离职率为3%,高层管理人员的离职率只有1%,预计明年不会有大的改变。

(3) 按企业已定的生产发展规划,文职人员要增加10%,销售人员要增加15%,工程技术人员要增加6%,而生产及维修工人要增加5%,高层、中层和基层管理人员可以不增加。

公司人力资源规划要求在上述因素的基础上为明年提出合理可行的人员补充规划,其中要列出现有的、可能离职的,以及必须增补的各类人员的数目。

(资料来源:百度文库,https://wenku.baidu.com/view/5517618b7dd5360cba1aa8114431b90d6d8589e0.html)

【案例讨论】

假设你是何人:

(1) 你将如何编制这份人力资源规划?
(2) 你将为人力资源规划制定什么流程设计?

【案例解析】可登录清华大学出版社网址(http://www.tup.tsinghua.edu.cn)或http://www.tup.com.cn)查看。

任务9.3 人力资源预测

 引导案例

近年来S公司常为人员空缺所困惑,特别是经理层次人员的空缺常使公司陷入被动的局面。于是公司进行了人力资源规划。

S公司的四名人力资源管理人员克服种种困难,对经理层的管理人员的职位空缺作出了较准确的预测,并据此制定了详细的人力资源规划,使该层次上人员空缺额减少了50%,跨地区的人员调动也大大减少。另外,从内部选拔工作任职者人选的时间也减少了50%,并且保证了人选的质量,合格人员的漏选率大大降低,使人员配备过程得到了改进。人力资源规划还使公司的招聘、培训、员工职业生涯规划与发展等各项业务得到改进,节约了人力成本。

(资料来源:百度文库,https://wenku.baidu.com/view/c0f878c84228915f804d2b160b4e767f5acf809c.html)

【问题思考】
如果是你的话，你会如何预测经理层的管理岗位的供需呢？

人力资源预测是指在企业评估和预测的基础上，对未来一定时期内人力资源状况的假设。人力资源预测可分为人力资源需求预测和人力资源供给预测。需求预测是指企业为实现既定目标而对未来所需员工数量和种类的估算；供给预测是确定企业是否能够保证员工具有必要能力以及员工来自何处的过程。

9.3.1 人力资源需求预测的影响因素

人力资源规划需求预测是指以组织的战略目标、发展规划和工作任务为出发点，综合考虑各种因素的影响，对组织未来人力资源的数量、质量和时间等进行估计的活动。它是组织人力资源规划的起点，其准确性对规划的成效具有决定性作用。

准确预测人力资源的需求，则要综合考虑影响人力资源需求的因素，这种因素大致可分为三类，即组织外部环境因素、组织内部因素及人力资源自身状况。

1. 组织外部环境影响因素

影响人力资源需求的外部因素主要包括经济、社会、政治、法律、技术和竞争者等。这些外部因素的影响主要是间接的，而且通过内部因素发挥作用，虽然是间接影响，却是不可忽视的因素。

经济环境包括未来的社会经济发展状况、经济体制的改革进程等，它虽对组织人力资源需求影响较大，但可预测性较弱；社会、政治、法律因素虽容易预测，但何时对组织产生影响却难以确定；技术环境的变化会影响组织的技术水平等，从而间接地影响组织的人力资源；组织竞争对手的易变性导致社会对组织产品需求的变化，也会影响组织人力资源需求。

2. 组织内部影响因素

组织内部影响因素是指组织的战略规划。企业战略规划决定了其发展速度、新产品开发、产品市场覆盖率等各方面，这些方面都会牵动组织业务量、经营方向及预算，进而对人力资源需求产生直接的影响。如组织业务扩张时期，对生产及销售人员的需求会增大。

3. 企业自身人力资源状况影响因素

企业自身人力资源状况，主要是指现有组织人员的状况，例如退休、辞职、解雇人员的数量，合同期满后终止合同的人员数量，死亡、休假人数等，这些都将直接影响人力资源需求量。

9.3.2 人力资源需求预测的方法

一般来说，人力资源需求的预测方法可分为定性预测法和定量预测法。

1. 定性方法

1) 管理人员判断法

管理人员判断法是指组织内的管理人员凭借个人的经验和直觉，对组织未来的人力资源需求进行预测。这是一种简单的方法，主要用于短期预测。在组织规模较小且技术稳定的前提下，能取得较好的效果。

2) 逐级估计法

逐级估计法是由相关人员根据自己的经验，自下而上逐层上报、汇总得出组织未来所需人员的方法。一般做法是由组织的最基层生产单位开始，逐级上报未来自己所需的人员，再由上一层领导估算平衡，最后由最高领导层进行决策。这是粗糙的人力需求预测法，准确性较差，主要适用于短期预测。

3) 德尔菲法（专家估计法）

它是以书面形式背对背地分几轮征求和汇总专家意见，依靠专家个人经验、知识和综合分析能力对人力需求进行预测。该法是美国兰德公司于20世纪40年代末提出的，开始时主要用于市场需求预测，后在各个领域获得了广泛应用。该方法虽然也是一种主观预测的方法，但是其准确性很强，因此可进行长期预测。

德尔菲法的基本程序如下所述。

(1) 做预测筹划。具体包括设立预测机构；确定预测目标，以问卷形式列出一系列有关人力资源预测的具体问题；确定专家组；准备有关资料等。

(2) 专家预测。向专家们发出问卷，请他们独立思考并书面作答。

(3) 统计与反馈。由预测机构对专家意见进行归纳，并将综合结果反馈给他们。请专家们根据归纳的结果重新思考，允许他们修正自己的预测并说明原因。

(4) 表述预测结果。重复进行3～5次，专家们的意见互相补充、启发，渐趋一致。用文字、图表等形式将专家们的预测结果予以发布。

要想有效地使用该方法应该遵循以下原则。

(1) 为专家们提供丰富而翔实的资料，使他们能作出准确的预测。

(2) 注意提问的方式，要保证所有专家能够从同一角度去理解问题。

(3) 所提的问题应该是专家能够回答的问题，如只问某些关键雇员的预计增加数，而不应问总的人员要求等。

(4) 对专家的预测结果不要求精确，允许专家粗估，但要他们说明对结果的肯定程度。

(5) 选择的专家应该是熟悉和精通这一领域的专业人员。

(6) 向高层领导和专家们说明预测对组织的重要性，以取得他们的强力支持。

专家不受外界因素的干扰，预测结果较客观，准确性有保证；操作也较简便，因此该方法在实践中使用非常普遍。这种方法的难点在于问题的提出和专家的回答要有信度和效度。因此问卷设计及结果处理是非常关键的。

2. 定量方法

1) 回归分析法

该法的基本思路是确定与组织中的人力资源需求量高度相关的因素如产量、销售额等，建立回归方程；然后根据员工变动的历史数据，计算出方程系数，确定回归方程；再根据此方程对未来组织人力资源的需求量进行预测。回归模型包括一元线性回归模型、多元线性回归模型和非线性回归模型。一元线性回归是指只有一个因素与人力资源需求量高度相关。多元线性回归是指有两个或两个以上的因素与人力资源需求量高度相关。如果人力资源需求量与其相关因素不存在线性关系，就应该采用非线性回归模型。多元线性回归与非线性回归非常复杂，通常使用计算机来处理，在此略去。一元线性回归比较简单，可以运用公式来计算。

【例9.1】已知某医院病床数和所需护士数的历史记录如表9-2所示，根据医院的发展计划，要将床位增至700个，则那时将需要多少护士？

表9-2 某医院病床数和所需护士的历史记录

床位数	200	300	400	500	600	650
护士人数	250	270	450	490	640	670

由表9-2中的数据可知两个变量分布大体呈线性趋势，可建立直线趋势方程：

$$Y = a + bX$$

式中：X 表示床位数；Y 表示护士数。

根据最小二乘法，可以得出 a、b 的计算公式：

$$a = \bar{Y} - b\bar{X}$$

$$b = \frac{\sum_{i=1}^{n}(X_i - \bar{X})(Y_i - \bar{Y})}{\sum_{i=1}^{n}(X_i - \bar{X})^2}$$

代入数据可得：$a=20$，$b=1$，$Y=20+X$。

因此，如果床位增加到700张，则需要的护士数为 $Y=20+700=720$(人)。

2) 趋势外推法

这种方法又称时间序列预测法。其基本思路是根据组织过去的人事记录，找出过去若干年员工数量的变动趋势，确定其长期变动趋势，从而对未来的人力资源需求进行预测。

具体做法是把时间作为自变量，人力资源需求量作为因变量，根据历史数据，在坐标轴上绘出散点图；得到趋势曲线，从而建立相应的趋势方程；根据方程便可对未来人力资源需求进行预测。

【例9.2】已知某企业过去12年的人力资源数量如表9-3所示，预测未来第3年的人力资源需求量为多少？

表9-3 某企业过去12年的人力资源数量

年度	1	2	3	4	5	6	7	8	9	10	11	12
人数	510	480	490	540	570	600	640	720	770	820	840	930

根据表9-3，将年度作为横坐标，人数作为纵坐标，绘制出散点图。

根据散点图可建立直线趋势方程 $Y = 390.7 + 41.3X$。

因此，未来第3年的人力资源需求量为 $Y = 390.7 + 41.3 \times 15 = 1010$(人)。

9.3.3 人力资源供给预测

一般来说，组织内部未来人力资源供给预测是组织人力资源供给的重要部分。组织未来人力资源需求应优先考虑内部人力资源供给。影响组织内部人力资源供给的因素包括组织内部人员的自然流失，例如伤残、退休、死亡等；内部流动，例如晋升、降职、平调等；跳槽，包括辞职和解聘。

其供给预测方法常用的有技能清单法、管理人员接替模型等。

1. 技能清单法

技能清单主要反映员工的竞争力，体现员工工作能力情况，包括受教育水平、培训背景、以往求学和工作经历、技能特长以及主管的评价等信息。人力资源规划人员可以根据该清单的内容估计现有员工调换工作岗位可能性的大小，预测哪些人员可以补充可能出现的空缺岗位，从而保证组织所有的岗位都有合适的员工。

2. 管理人员接替模型

它是预测组织内部管理人员供给简单而有效的方法。该方法被认为是把人力资源规划和组织战略结合起来的一种有效的方法。该方法形成的职位置换图，以图表的形式详细记录了各个管理人员的当前工作绩效、晋升的可能性和所需要的训练等内容。通过它，可以清楚地看到组织内部各岗位的空缺及员工候补的情况，为组织内部人力资源供给预测提供了依据。

该方法的主要步骤如下所述。

(1) 确定管理人员接替模型所包括的管理岗位。

(2) 确定各个岗位上的可能接替人选。

(3) 评价接替人选目前的工作情况和是否达到提升的要求；根据评价结果，当前绩效可划分为"优秀""令人满意"和"有待改进"三个级别；提升潜力可划分为"可以提升""需要培训"和"值得推敲"三个级别。

(4) 了解本人的职业发展需要，并引导其将个人的职业目标与组织目标结合起来。其最终目标是确保组织在未来能够有足够的合格管理人员的供给。管理人员接替模型如图9-2所示。

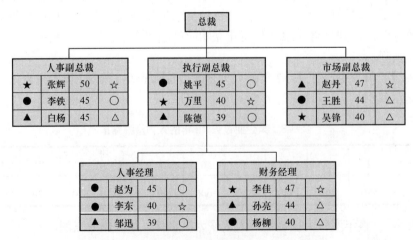

图9-2 管理人员接替模型

9.3.4 人力资源供需平衡

人力资源供需平衡是人力资源规划的主要目的，供求预测就是为制定具体的人力资源供需平衡规划而服务的。人力资源供求预测结束后，一般会得到三种结果：人力资源供大于求；人力资源供小于求；人力资源总量平衡，结构不平衡。一般说来，组织的人力资源总是处于失衡状态，供求完全平衡是一种极端的情况，实践中基本不会出现。组织需根据供求预测不同结果，制定相应的措施，调整组织人员，实现供需平衡。

1. 组织人力资源供小于求(人力资源短缺)

1) 利用组织现有人力资源

(1) 加班。加班是一种最直接的避免预期人员短缺的办法，在实践中很常用，但其效果不太好，仅适用于短期临时性的工作。员工加班，组织需要支付较高的人工成本、组织成本，但员工在加班时期的绩效水平并不高。因此，该方法一般只能作为一种暂时性的措施。

(2) 内部人员调动。组织内部的人员短缺多是结构性短缺，即 A 岗位短缺，B 岗位持平，C 岗位可能是有剩余的。合理调动内部人员是解决人员结构性短缺的有效方法。通过内部人力资源的岗位流动，可将相对富余的合格人员调往空缺岗位，以增加劳动力供给。

(3) 制订有效的激励计划，如培训、工作再设计等，可以调动员工的生产积极性、主动性，提高劳动生产率，减少对人力资源的需求量。

(4) 提高企业的资本有机构成，以资本来替代劳动力，相对减少人力资源需求量。

2) 利用组织外部人力资源

(1) 临时雇用。对于一些临时性的工作，组织可以雇用临时工以解决暂时性的人员短缺。

(2) 外部招聘。制订招聘计划，有计划地面向全社会招聘所需正式员工，从根本上解决人员匮乏的问题。

(3) 非核心业务外包。组织根据自身状况，将非核心业务部分或整体承包给外部组织去完成。非核心业务外包之后组织内部从事相应工作的人力资源需求就会减少，也就相应地减轻了组织人员短缺的压力。

2. 组织人力资源供大于求(人力资源剩余)

(1) 裁员。解雇员工是组织解决人力资源过剩最直接的方法。裁员是一种短期行为，虽然可以有效降低组织的人工成本，但对员工的伤害较大，负面影响深远。

(2) 自然减少与提前退休。在人力资源规划的推出和实际供需矛盾产生之间是有一段时间的。因此，在这段时间内组织人员的自然减少如退休、病休、辞职等也将起到缓解人员过剩的作用。短期内该方法难以发挥作用。

提前退休是减少目前劳动力数量的一种有效途径。组织制定优惠措施鼓励接近退休年龄的员工提前退休。组织实行提前退休计划，不仅可以减少预期出现的人员过剩，还可以降低组织的成本。

(3) 减少员工工作时间，并随之降低工资水平。这是解决组织临时性人力资源过剩的有效方式。

(4) 工作分享，即采用由多个员工分担以前只需一个或少数几个人就可完成工作的方式，组织则根据员工实际完成的工作量来计发工资。此方法的实质上也是减少员工工作时间、降低工资水平。

(5) 再培训。再培训是一种减少组织预期人员过剩的方法，也是一种员工培训与开发的方法。组织预测到有员工过剩的时候，可以采用待岗再培训的方法。一方面解决了人员过剩的问题；另一方面提高了员工的知识与技能水平，一举两得。该方法需要组织有雄厚的资金实力作为后盾。

(6) 通过开拓新的经济增长点来吸收过剩的人力资源。如扩大经营规模、开发新产品等。

3．组织人力资源总量平衡，结构失衡

人力资源供求结构失衡表现为组织中有些部门或岗位员工过剩，而另一些部门或岗位则人员不足。解决措施如下所述。

(1) 通过组织内部人员的合理流动(晋升、平调、降职等)，以满足空缺岗位对人力资源的需求。

(2) 对过剩员工进行有针对性的培训，使其转移到人员短缺的岗位上。

(3) 进行组织内外人力资源流动，以平衡人员的供需，即从组织外部招聘合适人员以补充到相应的岗位，同时将冗余人员从组织中清除出去。

▋引导案例解析

首先，应对经理层的管理岗位进行职能分析，明确其岗位职责与能力要求；其次，对组织的内部外部以及管理层员工自身等多个方面的因素进行分析，合理预测职位的空缺数量；再次，考虑组织内部与外部的人力资源供给，尤其是组织内部员工的能力分析，是否能满足现有管理人员职位的需求；最后，将供需综合分析，得出人力资源的规划方案，是内部消化，还是外部招聘，抑或是内外结合。

 课堂实训&案例讨论

五金制品公司的人力资源规划

冯如生几天前才调到五金制品公司的人力资源部当助理，一上任就接受了一项紧迫的任务，要求他在10天内提交一份本公司5年的人力资源规划。虽然老冯从事人力资源管理工作已经多年，但面对桌上那一大堆文件、报表，不免一筹莫展。经过几天的整理和苦思，他觉得要编制好这个规划，必须考虑下列各项关键因素。

首先是本公司现状。它共有生产与维修工人825人，行政和文秘性白领职员143人，基层与中层管理干部79人，工作技术人员38人，销售员23人。

其次，据统计，近五年来职工的平均离职率为4%，没理由预计会有什么变化。不过，不同类别的职工的离职率并不一样，生产工人离职率高达8%，而技术人员和管理干部则只有3%。

最后，按照既定的扩产计划，白领职员和销售员要新增10%～15%，工程技术人员要增加5%～6%，中、基层干部不增也不减，而生产与维修的蓝领工人要增加5%。有一点特殊情况要考虑：最近本地政府颁布了一项政策，要求当地企业招收新职工时，要优先照顾妇女和下岗职工。本公司一直未曾有意排斥妇女或下岗职工，只要他们来申请，就会按同一

种标准进行选拔，并无歧视，但也未予特殊照顾。如今的事实却是，销售员除一人是女性外全是男性；中、基层管理干部除两人是妇女外，其余也都是男的；工程师里只有三个是妇女；蓝领工人中约有11%妇女或下岗职工，而且都集中在最底层的劳动岗位上。

冯如生还有5天就得交出计划，其中包括各类干部和职工的人数、从外界招收的各类人员的人数以及如何贯彻市政府关于照顾妇女与下岗人员政策的计划。

此外，五金制品公司刚开发出几种有吸引力的新产品，所以预计公司销售额五年内会翻一番，冯如生还得提出一项应变计划以应对这类快速增长。

(资料来源：百度文库，https://wenku.baidu.com/view/66b805a70fe910ef12d2af90242a8956becaa8d.html)

【案例讨论】
(1) 老冯在编制人力资源规划时要考虑哪些问题？
(2) 他该制定一项什么样的招工方案？
(3) 在预测公司人力资源需求时，他能采用哪些技术？

【案例解析】、【企业实战&经典案例】与【阅读参考】可登录清华大学出版社网址(http://www.tup.tsinghua.edu.cn 或 http://www.tup.com.cn)查看。

任务9.4 人力资源规划的编制方法

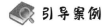

苏澳玻璃公司的人力资源规划

近年来苏澳公司常为人员短缺所困惑，特别是经理层次人员的空缺常使公司陷入被动的局面。苏澳公司最近进行了公司人力资源规划。人事部的管理人员负责收集和分析目前公司生产部、市场与销售部、财务部、人事部四个职能部门的管理人员和专业人员的需求情况以及劳动力市场的供给情况，并估计在预测年度各职能部门内部可能出现的关键职位空缺数量。苏澳公司的四名人事管理人员克服种种困难，对经理层管理人员的职位空缺作出了较准确的预测，制定了详细的人力资源规划，使该层次上人员空缺率减少了50%，跨地区的人员调动也大大减少。另外，从内部选拔工作任职者人选的时间也减少了50%，并且保证了人选的质量，合格人员的漏选率大大降低，使人员配备过程得到了改进。人力资源规划还使公司的招聘、培训、员工职业生涯规划与发展等各项业务得到改进，节约了人力成本。

(资料来源：百度文库，https://wenku.baidu.com/view/ccf86bb1a200a6c30c22590102020740bf1ecd6f.html)

9.4.1 人力资源规划的编制

在收集相关信息、预测人力资源供求的基础上，就可以编制人力资源规划了。人力资源规划应包括的内容如表 9-4 所示。

表 9-4　某公司人力资源规划

1．规划的时间段					
2．规划的目标					
3．具体内容	执行时间	负责人	检查人	检查日期	预算
(1)					
(2)					
4．规划制定者					
5．规划制定时间					

1．规划的时间段

规划的时间段即确定规划期间的长短，要具体列出开始时间和结束时间。长期人力资源规划，时间跨度较长；短期人力资源规划，时间跨度较短，多以一年为限。

2．规划的目标

规划的目标即确定规划所要达到的目的。一般表现为确定规划期内组织相关岗位上人员应增加或减少的具体数字。应在人力资源供求预测结果比较的基础上确定目标。该目标一般包括用数字表示的人员增减量和时间期限两个部分。比如，某一汽车制造商可能会制定一个在今后 3 年内将生产流水线上的操作工裁减 45%的目标。类似地，该公司同时还有可能会制定一个在今后 3 年内将研发人员的数量增加 30%的目标。

3．具体内容

这是人力资源规划的关键部分。主要包括以下内容。

(1) 内容。要具体明确。比如，某公司招聘 15 位电器工程师等。

(2) 执行时间。写明从开始执行到执行结束的具体日期。例如，2003 年 9 月 1 日至 2004 年 4 月 30 日。

(3) 负责人，即负责执行此项目的负责人。如人力资源部副经理王明先生。

(4) 检查人，即负责检查该项目执行情况的人。如分管人力资源的公司副总裁陈凯先生。

(5) 检查日期。写明具体的检查日期与时间。如 2004 年 5 月 1 日上午 9 点。

(6) 预算。写明该项目的具体预算。如人民币 10000 元整。

4．规划制定者

规划制定者可以是一个人，如某公司人力资源部经理周彤；也可以是一个部门，比如某公司人力资源部。

5．规划制定时间

规划制定时间即该规划被正式批准生效的日期，如董事会通过的日期、总经理批准的日期或总经理工作会议通过的日期等。

上述所制定的人力资源规划方案，并不是确定不可修改的，要能通过实践检验，同时在实施过程中要注意专人负责，确保规划的执行。另外，根据 PDCA 循环(即由计划(Plan)、实施(Do)、检查(Check)、行动(Action)构成的循环)，在实施过程中也要进行定期检查，以确保实施效果与目标保持一致，一旦出现偏差，则应及时修正。

9.4.2 人力资源规划的评价

为确保人力资源规划的实施效果与目标保持一致，正确、及时的评价不可缺少。评价的指标主要体现在三个方面。

1．规划的执行度

人力资源规划负责人应定期检查，以保证有关部门如实执行规划。如预算是否到位；人员招聘情况如何等。

2．规划是否合理

规划的合理性将大大提升规划的执行度，因此在实施过程中要注重评价规划是否合理，主要就以下几个问题进行合理性判断。

(1) 人力资源规划者对问题的熟悉程度和重视程度。规划者对人力资源问题的熟悉程度越高、重视程度越高，人力资源规划的合理性就越大。

(2) 人力资源规划者与提供数据者以及使用人力资源规划的管理人员之间的工作关系。这三者之间的关系越好，制定的人力资源规划就可能越合理。

(3) 人力资源规划与相关部门进行信息交流的难易程度。信息交流越容易，越可能制定出合理的人力资源规划。

(4) 人力资源规划在管理人员心目中的地位和价值。管理人员越重视人力资源规划，人力资源规划者也就越重视人力资源规划的制定过程，制定的规划才能客观、合理。

3．规划的效果

在评价时可以通过以下方面的比较来鉴别规划的效果。

(1) 实际招聘人数与预测需求人数的比较。
(2) 劳动生产率的实际提高水平与预测提高水平的比较。
(3) 实际的执行方案与规划的执行方案的比较。
(4) 实际的人员流动率与预测的人员流动率的比较。
(5) 实施行动方案后的实际结果与预测结果的比较。
(6) 劳动力的实际成本与预算成本的比较。
(7) 行动方案的收益与成本的比较。

在对人力资源规划的审查与评价过程中还要注意选择正确的方法，以保证评价的客观、公正与准确。

9.4.3 人力资源规划的修正

修正是评价的下一步工作，谁也不能保证人力资源规划一经判定后就完全正确，对评价的结果进行及时的反馈是实行人力资源规划不可缺少的步骤。通过反馈，我们可以知道原规划的不足之处，根据环境的变化和实施中的反馈信息，可以及时修正原规划使其更符合实际，更好地促进组织目标的实现。

课堂实训&案例讨论

金达无缝钢管有限公司的冗员难题

金达无缝钢管有限公司(以下简称"金达公司")于1970年成立，1972年正式投产。该公司原为一家地道的军工企业，80年代初开始转民用。目前拥有正式职工约2300人，临时工800多人。

金达公司在20世纪80年代曾经是地方财政的顶梁柱，每年上缴的利税占了地方财政收入的一半以上。90年代以后随着天津无缝钢管厂的兴起，被抢占了大部分北方市场，加上本公司内部管理的混乱，经济效益下滑，富余人员也开始显现出来。2000年金达公司进行了调整，管理逐渐规范，企业效益开始回升。在解决富余人员方面，公司主要采取了以下几种方法。

(1) 内部退养。该公司规定凡55～60岁的男性职工，50～55岁的女性干部职工，45～50岁的一般女职工；或工龄满30年的男性职工，工龄满25年的女性职工，都可内部退养。到目前为止，公司内部退养职工达500多人。

(2) 下岗。公司1998年和2001年分别搞过两次下岗，1998年有大约300人下岗，2001年有大约130人下岗。由于再上岗、退休以及解除劳动合同等原因，公司目前下岗人数实为160人左右。值得一提的是公司在实行下岗制时把握了几个原则：A.夫妻双方均在公司工作的必须保证一人上岗；B.单身且有子女的职工不下岗；C.军人配偶不下岗；D.特困家庭职工不下岗。

(3) 竞争轮岗制。金达公司2001年对生产车间工人实行了这种制度，称为"末位淘汰制"。末位淘汰制在生产工人中展开，分工种进行。考核的内容包括工作技能、工作业绩和工作态度三个方面，期末先由工人所在小组对本人进行评议，然后在该工种工人中进行通评，其中约5%掉入"末位"的工人被"淘汰"。不过企业对淘汰下来的工人并不扫地出门，而是让他们接受相关技能和文化教育，到了下一个考评期末，又有处于末位的工人被淘汰，岗位出现空缺，这时前个考评期间被淘汰下来的工人经培训考试合格后可重新上岗。当惯了"主人翁"的国企工人感受到了很大的压力，工作质量和效率有了明显的提高。

尽管金达公司采取各种措施减掉了1/5的冗员，公司的经营状况也逐年好转，但冗员问题仍然困扰着企业。据保守估计，目前企业的富余人员仍占在岗职工的20%以上。

(资料来源：豆丁网，https://www.docin.com/p-2358864893.html)

【案例讨论】

(1) 评价公司所采用的解决富余人员的办法。

(2) 对于公司仍然面对的大量富余人员,你有何建议与具体措施?

【案例解析】、【企业实战&经典案例】、【知识巩固】可登录清华大学出版社网址(http://www.tup.tsinghua.edu.cn 或 http://www.tup.com.cn)查看。

参 考 文 献

[1] 曹洪启. 健全企业培训制度为企业发展提供人才保障[J]. 中国职工教育，2014(4).
[2] 王晨. 企业人力资源培训的战略化管理分析[J]. 产业与科技论坛，2016(15).
[3] 吴颖. 新形势下的国企人力资源管理创新与变革[J]. 企业改革与管理，2016(7).
[4] 郑刚，崔勋. 基于身份多元化的国有企业人力资源管理研究综述与研究趋势[J]. 经济管理，2012(8).
[5] 周坤. 企业人力资源培训的问题与对策[J]. 企业改革与管理，2017(18).
[6] 邓艺煊. 浅析中小型民营企业员工培训的现状及对策[J]. 人力资源管理，2017(9).
[7] 徐晓荣. 中小企业人力资源培训存在的问题及对策解析[J]. 企业改革与管理，2017(3).
[8] 韩序，崔新阁. 企业人力资源培训的问题及对策分析[J]. 人力资源管理，2016(8).
[9] 曹颖. 浅议企业人力资源培训的问题与对策[J]. 人力资源管理，2015(12).
[10] 唐镛. 人力资源与劳动关系管理[M]. 北京：清华大学出版社，2017.
[11] 赵曙明. 人力资源管理——理论、广泛、工具、实务[M]. 北京：人民邮电出版社，2014.
[12] 李立轩. 人力资源开发与管理[M]. 北京：高等教育出版社，2017.
[13] 刘金章. 现代人力资源管理[M]. 北京：高等教育出版社，2016.
[14] 顾全根. 人力资源开发与管理[M]. 北京：高等教育出版社，2015.
[15] 钱程. 人力资源管理实务[M]. 北京：北京大学出版社，2019.
[16] 赵曙明. 人力资源管理与开发案例精选[M]. 北京：北京师范大学出版社，2018.
[17] 项秉榔. 人才为王[M]. 杭州：浙江工商大学出版社，2018.
[18] 潘琦华. 人力资源管理[M]. 北京：高等教育出版社，2018.
[19] 唐敏. 日本企业内教育的终身学习理念[J]. 成人教育，2014(4).
[20] 李双. 依据企业需求发展成人教育[J]. 中国成人教育，2011(9).
[21] 张巧萍. 浅谈企业培训效果评估的方法[J]. 石油教育，2006(2).
[22] 史笑颜. 如何提高培训的效果[J]. 生产力研究，2003(6).
[23] 朱思颖，黄靖如，徐杰. 论中小企业人力资源培训的问题及对策[J]. 现代经济信息，2016(24).
[24] 贺电. 平衡法理论回应社会主要矛盾变化的新思考[J]. 社会科学战线，2018(12).
[25] 蔡昉. 人口转变、人口红利与刘易斯转折点[J]. 经济研究，2010(4).
[26] 夏珍. 劳动力市场分割与大学生自愿性失业[J]. 消费导刊，2008(9).
[27] 林毅夫，任若恩. 东亚经济增长模式相关争论的再探讨[J]. 经济研究. 2007(8).
[28] 徐长玉. 中国劳动力市场培育研究[D]. 西北大学，2008.
[29] 王德劲. 我国人力资本测算及其应用研究[D]. 西南财经大学，2007.
[30] 徐林清. 中国劳动力市场分割问题研究[D]. 暨南大学，2004.
[31] 李湘萍. 在职培训经典研究文献评述——基于在职培训研究视角、方法与发现的评述[J]. 中国职业技术教育，2007(5).
[32] 吴要武，赵泉. 中国城镇劳动力市场态势分析[J]. 中国劳动，2007(1).
[33] 张晓辉. 农村劳动力就业结构研究[J]. 中国农村经济，1999(10).
[34] 许有志，王锐兵，王道平. 面向服务的敏捷知识管理及关键技术研究[J]. 情报杂志，2008(3).
[35] 谢洪明，葛志良，王成. 社会资本、组织学习与组织创新的关系研究[J]. 管理工程学报，2008(1).

[36] 于海波，郑晓明，方俐洛，等. 我国企业组织学习的内部机制、类型和特点[J]. 科学学与科学技术管理，2007(11).

[37] 于海波，方俐洛，凌文辁. 组织学习及其作用机制的实证研究[J]. 管理科学学报，2007(5).

[38] 朱瑜，王雁飞，蓝海林. 组织学习、组织创新与企业核心能力关系研究[J]. 科学学研究，2007(3).

[39] 王琳. 知识管理与组织学习：渊源、比较与融合[J]. 情报理论与实践，2007(3).

[40] 韦雪艳. 创业机会识别过程及其与组织学习模式关系的动态机制[J]. 西安电子科技大学学报(社会科学版)，2007(3).

[41] (美) 德西蒙人力资源开发[M]. 北京：清华大学出版社，2003.

[42] 黄健. 造就组织学习力[M]. 上海三联书店，2003.

[43] 许学国. 组织学习力提升机制研究[D]. 同济大学，2005.

[44] 李正卫. 动态环境条件下的组织学习与企业绩效[D]. 浙江大学，2003.

[45] 张本波. 中国人力资源开发现状与展望[J]. 中国人力资源开发，1999(12).

[46] 戚鲁. 人力资源能本管理与能力建设[M]. 北京：人民出版社，2003.

[47] 李玲. 人力资本运动与中国经济增长[M]. 北京：中国计划出版社，2003.

[48] 周超. 职工参与制度法律问题研究[D]. 西南政法大学，2005.

[49] 《劳动与社会保障法学》编写组. 劳动与社会保障法学[M]. 北京：高等教育出版社，2017.

[50] 黄海嵩，中国企业劳动关系状况报告[M]. 北京：企业管理出版社，2017.

[51] 贝弗里·J. 西尔弗. 劳工的力量[M]. 北京：社会科学文献出版社，2016.

[52] 道格拉斯·麦格雷戈. 企业的人性面[M]. 长春：北方妇女儿童出版社，2016.

[53] 常凯，中国劳动关系报告[M]. 北京：中国劳动社会保障出版社，2009.

[54] 胡翎丰. ZS 证券公司经纪人培训体系优化研究[D]. 山东大学，2017.

[55] 陈秀棉. R 公司人才培养体系构建[D]. 厦门大学，2014.

[56] 周倩. 商业银行个人理财顾问胜任力模型研究[D]. 西南财经大学，2014.

[57] 陈国海. 员工培训与开发[M]. 北京：清华大学出版社，2012.

[58] 孙宗虎. 员工培训管理实务手册[M]. 北京：人民邮电出版社，2009.

[59] 张剑. 现代人力资源管理理论与实务[M]. 北京：北京交通大学出版社，2009.

[60] 蔡昉. 超越人口红利[M]. 北京：社会科学文献出版社，2011.

[61] 周三多，陈传明，鲁明泓 管理学—原理与方法[M]. 5 版. 上海：复旦大学出版社，2008.

[62] 张亚. 管理学—原理与实务[M]. 北京：北京理工大学出版社，2011.

[63] 人力资源和社会保障部人事考试中心编写. 人力资源管理专业知识与实务(中级)[M]. 中国人事出版社，2019

[64] 全国经济专业技术资格考试参考用书编委会编写. 高级经济实务人力资源管理[M]. 北京：中国人事出版社，2020

[65] 杜映梅. 绩效管理[M]. 北京：中国发展出版社，2007.

[66] 朱莉莉. 人力资源市场服务业务经办实务[M]. 上海：复旦大学出版社，2013.

[67] 杨涛，许亚平，郝海滨. 人力资源管理概论[M]. 北京：清华大学出版社，2018.

[68] 郑大奇，王彦芳. 薪酬支付的艺术[M]. 北京：北京言实出版社，2000.

[69] 陈清泰，吴敬琏. 可变薪酬体系原理与应用[M]. 北京：中国财政经济出版社，2001.

[70] 赵曙明. 人力资源管理研究[M]. 北京：中国人民大学出版社，2001.

[71] 宋源. 人力资源管理[M]. 上海：上海社会科学院出版社，2017.

[72] 李志刚. 酒店人力资源管理[M]. 重庆：重庆大学出版社，2016.

[73] 尹隆森，孙宗虎. 岗位评价与薪酬体系设计实务[M]. 北京：人民邮电出版社，2005.

[74] 朱莉莉. 人力资源市场服务业务经办实务[M]. 上海：复旦大学出版社，2013.

[75] 程延园. 员工关系管理[M]. 2版. 北京：中国人民大学出版社，2008.

[76] 刘磊，韩佳. 员工关系管理实务[M]. 北京：中国物资出版社，2010.

[77] 郭庆松. 企业劳动关系管理[M]. 北京：南开大学出版社，2001.

[78] 吴国存. 人力资源开发与管理概论[M]. 天津：南开大学出版社，2001.

[79] 张德. 人力资源开发与管理[M]. 第3版. 北京：清华大学出版社，2007.

[80] 廖泉文. 招聘与录用[M]. 3版. 北京：中国人民大学出版社，2015.

[81] 刘俊敏. 我的第一本招聘面试实战指南[M]. 北京：人民邮电出版社，2016.

[82] 姚裕群. 招聘与配置[M]. 2版. 大连：东北财经大学出版社，2016.

[83] 〔美〕斯蒂芬•P•罗宾斯. 组织行为学[M]. 北京：中国人民大学出版社，2001.

[84] 李原. 企业员工的心理契约——概念、理论及实证研究[M]. 北京：复旦大学出版社，2006.

[85] 李原，孙健敏. 雇用关系中的心理契约：从组织与员工双重视角下考察契约中"组织责任"的认知差异[J]. 管理世界，2006(11).

[86] 彭剑锋，饶征. 基于能力的人力资源管理[M]. 北京：中国人民大学出版社，2003.

[87] 林嘉、杨飞、林海权. 劳动就业法律问题研究[M]. 北京：中国劳动社会保障出版社，2007.

[88] 王红. 人力资源第三方服务工作手册[M]. 北京：中国劳动社会保障出版社，2018.

[89] 杨明娜. 绩效管理实务[M]. 3版. 北京：中国人民大学出版社，2018.

[90] 陈国海. 员工培训与开发[M]. 2版. 北京：清华大学出版社，2016.

[91] 国务院法制办公室. 中华人民共和国劳动合同法(实用版)[M]. 北京：中国法制出版社，2018.

[92] 国务院法制办公室. 中华人民共和国劳动争议调解仲裁法注解与配套[M]. 4版. 北京：中国法制出版社，2017.

[93] 斯坦威(STANDWAY). 人力资源管理必备制度与表格范例[M]. 北京：北京联合出版公司，2015.

[94] 李新建. 员工关系管理[M]. 天津：南开大学出版社，2009.

[95] 杨光瑶. 从入职到离职：员工关系管理[M]. 北京：中国铁道出版社有限公司，2020.

[96] 任康磊. 员工关系管理与职业发展从入门到精通[M]. 北京：人民邮电出版社，2020.

[97] 敬嵩. 员工关系管理[M]. 北京：中国电力出版社，2014.

[98] 鲍立刚. 员工关系管理技能应用[M]. 北京：机械工业出版社，2018.

[99] 龚艳萍. 企业管理[M]. 北京：清华大学出版社，2016.

[100] 雍德军. 企业员工培训浅议[J]. 北京：合作经济与科技，2018(16).

[101] 石金涛，唐宁玉，顾琴轩. 培训与开发[M]. 2版. 北京：中国人民大学出版社，2002.

[102] 葛玉辉. 员工培训与开发[M]. 北京：清华大学出版社，2014.

[103] 杜映梅. 绩效管理[M]. 北京：中国发展出版社，2007.

[104] 张惠晨. 绩效管理——与员工进行持续有效的绩效沟通[J]. 中国质量，2004(7).

[105] 冯勇成. 绩效反馈中的批评技巧[J]. 中国劳动，2005(9).

[106] 风铃. 善用与上司的沟通管道[J]. 中外管理，2006(3).

[107] 陈强，张丽平. 绩效沟通中的反馈技巧[J]. 商场现代化，2006(11).

[108] 钱路. 绩效反馈面谈，不容粗糙的艺术[J]. 人力资源，2007(5).

[109] 蓝群辉，杜国志. 绩效沟通：绩效管理的核心[J]. 高等教育与学术研究，2007(4).